관광산업 지식을 이해하기 쉽도록 설명

관광학개론

홍민정 · 박경호 공저

Introduction to **Tourism**

(주)백산출판사

Prologue

인간의 이동을 시초로 하여 인류의 발전과 함께 다양한 형태로 발전되어 온 관광은 현재 글로벌 무한 경쟁 시대 속에서 각국의 국가전략사업으로 육성되고 있는 중요한 산업 중 하나이다.

우리나라 역시 "보이지 않는 수출"이라 불리는 관광산업에 대한 중요성에 주목하고, 1975년 정부가 관광산업을 국가전략산업으로 지정 · 육성한 이래 거듭 변화와 발전을 이룩함으로써 국가경제에 있어 관광산업이 차지하는 비중이 한층 높아졌다. 더불어 성숙된 시민의식 수준과 경제발전을 통해 이제는 관광이라는 활동이 우리의 여가생활에 있어 빠질 수 없는 필수불가결한 요소가 된 것은 자명한 사실이다.

이렇듯 현대사회에서 경제적 측면뿐만 아니라 사회 · 문화적 측면에 있어서도 관광의 중요성과 의의가 높아지면서 우리나라에서도 관광산업의 부흥을 위해 제도적 · 법적 측면의 완화 및 재정지원, 국제협력강화 등을 통해 관광산업의 경쟁력 강화를 위해 적극 노력해 왔다. 이러한 노력의 결과로 2012년 방한 외래 관광객 1,000만명 시대에 진입한 이래, 2019년에 들어와서는 1,750만명을 유치함으로써 역대 최고치를 기록하였다. 이러한 성과는 관광산업을 국가경제 기반산업으로 육성하기 위한 정부의 지원과 함께 힘써온 관광업계의 노력이 뒷받침된 결과라 볼 수 있다. 이를 통해 우리나라 관광산업의 양적 성장과 함께 질적 성장에 대한 필요성이 야기되기도 하였다.

관광산업은 순조롭게 성장할 것이라 예측되었지만 팬데믹 악재로 인해 현재 전 세계적으로 관광산업의 침체기라 볼 수 있을 만큼의 암울한 상황에 처하게 되었다. 하지만 정부를 비롯한 각계의 관광정책 대응 전략 수립 및 시행, 전 세계적으로 점진적 입국제한 완화 조치를 통해 관광산업이 입은 타격을 회복하기 위해 모두가 노력하고 있다.

이렇듯 오늘날 관광환경의 급격한 변화로 인해 관광산업 역시 시대에 맞춘 변화가 필요한 시점이라 생각된다. 이 중대한 시점에서 시대 상황에 걸맞은 관광학 교재를 개편한다는 것이 결코 쉬운 일은 아닐 것이다.

그럼에도 모든 점에서 부족한 본서는 관광학을 처음 배우는 학생들에게 관광학은 무엇이며, 관광과 관련해 필수적으로 알아야 할 기본적 개념들과 함께 관광산업에 대해 개괄적으로 살펴보면서 관광이라는 학문에 대해 이해하기 쉽도록 설명하는 데 초점을 맞추어 꾸며 보았으나, 시간의 촉박함과 준비 부족으로 인해 미흡한 점이 있음을 자성하는 바이며, 앞으로 관심 있는 분들의 질책을 받아 수정하고 보완해 나갈 것을 약속드린다.

그리고 이 책이 완성되기까지에는 많은 분들의 도움과 충언이 있었음을 감안하면서, 이 자리를 빌려 도움주신 모든 분들께 감사의 인사를 드린다.

끝으로 경제적 여건이 어려운 현시점에서 부족한 이 책의 출판을 기꺼이 승낙해 주신 백산출판사 진욱상 회장님께 깊은 감사의 말씀을 드린다.

2022년 1월
저자 씀

Contents

Chapter 1 관광이란 무엇인가

Chapter 2 관광의 역사

Chapter 3 관광의 효과

Chapter 5 관광개발

Chapter 6 관광행정조직과 관광기구

제 1 장

관광이란 무엇인가

관광이란 무엇인가

제1장

제1절 관광의 기초개념

1. 관광의 어원

1) 동양에서의 관광의 어원

오늘날 우리가 일상적으로 사용하고 있는 동양에서의 '관광(觀光)'이란 용어의 어원은 기원전 8세기경 중국 고대국가인 주(周)나라 때 편찬된 易經(역경)[1]에서 비롯되었다고 한다. 당시 중국인의 사상적 배경을 담고 있는 易經의 관괘(觀卦)의 하나인 풍지관(風地觀)에 보면, "觀國之光 利用賓于王(관국지광 이용빈우왕)"이라는 표현이 있는데, 이 구절 속의 "觀國之光"에서 '觀光'이라는 용어가 유래되었다고 전해지고 있다.

이 '觀國之光'의 설명에 대해서는 학자들마다 해석이 다르고 또 어느 시기에 어느 학자가 觀光이라는 말로 옮겨 놓았는지 지금까지의 연구로는 알려져 있지 않다. 그러나 당시의 '나라의 빛을 본다'는 관국지광(觀國之光)은 그 나라의 정치·경제·사회·문화 등 백성을 다스리는 정치제도를 살피는 것으로 해석, 「유람시찰일국지정책풍습위관광(遊覽視察一國之政策風習爲觀光)」, 즉 한 나라의 정

1) 易經이란 五經(詩經, 書經, 周易, 禮記, 春秋) 가운데 하나인 周易(주역)이라고도 불리는 고대 중국의 철학서이다. 가장 난해한 경서(經書)로 길흉을 판단하여 점을 치며, 음양원(陰陽元)을 가지고 천지간의 만상(萬象)을 설명하고 있다.

책과 풍습을 유람하면서 시찰하는 의미로서의 '관국지광'임에는 이론이 없는 것 같다.

예를 들어 3세기경 중국의 삼국시대에 위(魏)나라 조조(曹操)의 아들로서 문재(文才)였던 조식(曹植)이 "시이준걸래사 관국지광"(是以俊傑來仕 觀國之光: 이로써 재주와 슬기가 뛰어나고 어진 사람이 와서 벼슬을 살며 나라의 풍광을 본다)라는 문구를 남겼다. 또 중국 당나라 시대에 오언율시(五言律詩)에 뛰어났던 맹호연(孟浩然: A.D. 688~740)은 그의 저서 「맹호연집(孟浩然集)」에서 "하신우휴명 관광래상경"(何幸遇休明 觀光來上京: 어찌 다행이 시간을 내어 관광차 서울로 올라 왔다)이라는, 현대적 의미에 가까운 관광용어를 사용하였다고 한다.

2) 한국에서의 관광의 어원

관광이라는 용어가 언제 우리나라에 들어왔으며, 언제부터 친숙한 용어로 자주 인용되었는가에 대하여는 이제까지 별로 알려진 바 없다. 또한 언제 이 어구가 현대적 의미로 관광현상을 지칭하는 뜻으로 바뀌어졌는가에 대해서도 밝혀진 바 없다. 단지 역사기록을 참조해 볼 때 삼국시대부터 지식인들 사이에서 간간이 이 어구가 사용되지 않았나 짐작될 뿐이다. 특히 14세기 말, 즉 여말선초(麗末鮮初)의 문헌에 자주 등장하고 있는 점에 주목할 따름이다.

신라 말기 대학자인 최치원(崔致遠)의 계원필경(桂苑筆耕) 속의 한 구절에는 "人百已千之觀光六年銘牓尾"(인백이천지관광육년명방미: 남이 백번하면 나는 천번 해서 관광 6년만에 과거급제자 명단에 오르게 되었다)라는 말이 기록되어 있는데, 여기서 '觀光六年'이란 '중국에 가서 선진문물을 살피며 체류한 지 6년'이란 뜻으로 해석하고 있다.

고려시대에 들어와서는 두 건의 용례가 발견된다. 그 하나는 고려사절요(高麗史節要)인데, 고려 예종 11년(1115년)에 중국 宋나라 임금이 우리나라 사신에게 "… 觀光上國 盡損宿習 …"(관광상국 진손숙습: 우리나라를 관광하여 낡은 관습을 전부 버리도록 하고…)라고 교시하였다는 기록이 있다. 다른 또하나는 고려 말인 우왕 10년(1385년)에 당시의 유명한 문사(文士)였던 정도전(三峰 鄭道傳)도 '觀光'

이라는 용어를 사용한 것으로 밝혀지고 있다. 정도전은 당시 그의 친구인 이숭인(李崇仁)이 중국 북경에 하정사(賀正使: 신년하례 단장)로 떠난 뒤 그의 문집에서 이르기를, 명나라의 명을 받아 중국으로 간 그의 친구 이숭인이 그곳의 선진문물을 돌아보고 귀국하게 되면 자신은 그의 견문록 제목을 '관광집(觀光集)'이라고 붙여 주겠노라고 서술하였다고 한다.

이러한 사료(史料)로 미루어 볼 때 중국과 교류하던 당시 고려 지식인들, 그리고 더 거슬러 올라가 최치원 등 신라 지식인들 사이에서 관광이라는 용어가 이미 보편적으로 통용되고 있었음을 짐작할 수 있으며, 그런 의미에서 그 어원은 적어도 8~9세기 통일신라 때까지 거슬러 올라간다고 볼 수 있다.

그 후 조선시대에 들어와서는 관광이라는 용어는 지식인 사회에서 아주 일반화된 용어로 자리잡은 것 같다. 조선 건국 직후인 태조 5년(1396년)에 도읍을 개경으로부터 지금의 서울인 한성으로 옮기면서 정도전, 조준 등은 신도업지(新都邑地)의 지명을 정하였는데, 서울 북부에 지금의 동(洞)에 해당하는 10개의 방(坊)을 설치하면서 그 중 한 방(坊)의 명칭을 "觀光"으로 정하였다고 조선왕조실록은 기록하고 있다(朝鮮王朝實錄, 太祖 卷九 및 世宗 卷一 八).[2)]

우리나라에서 관광이라는 말이 오늘날과 같은 뜻으로 사용된 것은 제2차 세계대전 이후의 일이지만, 당초에는 국제관광만을 뜻하는 경향이 있었으나, 지금에 와서는 국제뿐만 아니라 국내도 관광이라 부르고 있다.

3) 서양에서의 관광의 어원

우리가 사용하고 있는 관광이라는 말은 영어의 투어리즘(tourism)에 해당된다고 할 수 있다. 서양에서는 18세기 후반부터 19세기 초반까지 유럽, 특히 영국에서 교육적 · 문화적 목적으로 행해졌던 상류층 젊은이들의 유럽여행을 두고 '그랜드 투어(grand tour)'라고 불렀다고 한다. 이 시기 영국 귀족들은 자신들의 자녀를 국제적인 신사로 키우기 위해 개인교사와 함께 프랑스, 독일, 오스트리아, 스위스, 이탈리아 등지를 여행하도록 하였다. 이러한 그랜드 투어에 참여한 여행자를 의미

---

2) 김사헌, 관광경제학(서울: 백산출판사, 2012), p.54에서 재인용.

하는 '투어리스트(tourist)'라는 용어는 1800년경에 사용되기 시작했으며, '투어리즘(tourism)'이라는 용어는 1811년에 스포츠 잡지인 「The Sporting Magazine」에 최초로 언급된 것으로 옥스포드 영어사전(Oxford Dictionary)은 밝히고 있다.

Tourism이라는 말은 영어로 '짧은 기간의 여행'을 뜻하는 tour의 파생어이고, tour라는 말은 라틴어의 도르래를 의미하는 tornus라는 말에서 유래한 것으로서 처음에는 순회여행(巡廻旅行)을 의미했다고 한다.

따라서 tourism은 주유(周遊)를 의미하는 'tour'에 행동이나 상태 혹은 ~주의(主義) 등을 나타내는 접미어 '-ism'이 붙어 만들어진 말로서, 문맥에 따라서는 관광, 관광대상, 관광사업을 의미하기도 한다. 또 tour에 접미어 '-ist'가 붙어서 만들어진 tourist는 관광객을 의미한다. 이와 같은 투어(tour), 투어리스트(tourist), 투어리즘(tourism) 등의 용어가 일반적으로 사용된 것은 1930년대 이후의 일이라고 한다. 그 후 1975년부터는 모든 국제기구에서 관광의 영어적 표현을 tourism으로 통일하였다.

한편, 독일에서는 제2차 세계대전 이전에는 관광을 뜻하는 용어로서 'Fremden(외국의, 외국인)'과 'Verkehr(왕래 또는 교통)'의 합성어인 'Fremdenverkehr'를 사용하였는데, 전후에는 'Tourismus'로 바뀌었으며, 프랑스에서도 'tourisme'이라는 용어를 사용하고 있다.

2. 관광에 관한 여러 학자들의 정의

관광의 정의는 역사적인 변천과정을 통하여 많은 국내외 학자들에 의하여 매우 다양하게 정의되면서 발전하여 왔다. 원래 관광연구는 경제학자들이 국제관광을 '무형의 수출(invisible export)'로서 주목함에 따라 그 연구가 시작되었는데, 최초 관광연구의 과제는 관광에 의한 경제효과를 측정하는 데 있었다. 여기서는 여러 학자들의 관광에 관한 여러 학제적(學際的)인 연구 가운데서 대표적인 연구만을 소개하고자 한다.

먼저 우리가 검토할 수 있는 관광에 관한 정의 가운데서 가장 오래된 것으로는 1911년에 발표된 **슐레른**(H. Schulern)의 정의를 들 수 있다. 그는 "관광이란 일정한 지구(地區) · 주(州) 또는 타국에 들어가서 머물다가 되돌아가는 외래객의 유입(流入) · 체재(滯在) 및 유출(流出)의 형태를 취하는 모든 현상과 그 현상에 직접 결부되는 모든 사상(事象), 그 중에서도 특히 경제적인 모든 사상을 나타내는 개념"이라고 했다.[3)]

다음으로 로마대학의 **마리오티**(A. Mariotti)는 1927년에 발간한 「관광경제학강의(*Leizioni di Economia Turistica*)」에서 외국인 관광객의 이동에 따른 관광활동을 여러 가지 측면에서 다루고 있는데, 특히 관광의 경제적 의미를 강조하였다. 관광경제학강의의 사상적 체계를 완성하였고, 특기할 만한 것은 관광흡인중심지이론(觀光吸引中心地理論)이다.

관광이론에 관한 연구가 왕성하였던 1930년대 독일의 **보르만**(A. Bormann)은 1931년 출판된 자신의 저서 「관광학개론(*Die Lehre von Fremdenverkehr*)」을 통해 "관광이란 직장에의 통근과 같이 정기적 왕래를 제외하고 휴양의 목적이나 유람, 상용(商用) 또는 특수한 행사의 참여나 기타의 사정 등에 의하여 거주지에서 잠시 떠나는 여행"이라고 하였다. 이러한 그의 주장은 현실적으로 관광현상에 대한 이론적 비판의 여지는 있으나, 전반적인 관광현상을 포괄적으로 수용하고 있다는 점에서 종합학문으로서의 관광이론 체계는 높이 평가되어진다고 하겠다.

영국의 **오길비**(F.W. Ogilvie)[4)]는 관광연구자로서 투어리스트의 이동에 관한 문제를 취급한 사람인데, 1933년에 그의 저서 「관광객이동론(*The Tourists Movement*)」에서 "관광하는 사람은 복귀할 의사를 가지고 일시적으로 거주지를 떠나지만, 1년 이상을 넘지 않는 기간 동안에 돈을 소비하되, 그 돈은 여행하면서 벌어들인 것이 아닐 것"이라고 하여 이른바 '귀한예정소비설'을 주창하였다. 즉 오길비는 관광의 본질을 '타지에서 얻은 수입을 일시적 체재지에서 소비하는 것'에 있다고 본 것이다.

보르만과 같은 시대에 활약한 **글뤽스만**(R. Glücksmann)은 독일 베를린 상과대학 관광사업연구소 소장으로서 관광론의 체계화를 시도하고 관광동기의 분류를

3) 鈴木忠義(스즈키 타다요시), 現代觀光論(東京: 有斐閣, 1974), p.8.
4) 오길비(F.W. Ogilvie)는 영국 에든버러대학 경제학부 교수로 세계의 관광사업계에 남긴 업적은 높이 평가되고 있다.

포함한 관광원인의 분류를 제시한 사람이다. 그는 1935년에 출판된 저서인 「일반 관광론(*Allgemeine Fremdenverkehrskunde*)」에서 "관광이란 체재지에서 일시적으로 머무르고 있는 사람과 그 지역에 살고 있는 사람들과의 여러 가지 관계의 총체로서 정의할 수 있다"고 했다. 따라서 그의 주장에 따르면 관광연구의 접근 범위는 지리학을 비롯하여 기상학, 의학, 심리학, 국민경제학, 사회학, 경영경제학 등의 학문분야까지 포함하는 것으로, 관광론은 관광에 관한 기초는 물론 원인과 수단 및 영향 등에 관해 광범위한 연구분야가 되어야 한다고 했다.

1942년에 **훈지커**(W. Hunziker)와 **크라프**(K. Krapf)는 공동으로 저작한 「일반 관광학개요(*Grundriss der allgemeinen Fremdenverkehrslehre*)」에서 "광의의 관광은 본질적으로 외국인이 여행지에 머무르는 동안 일시적으로나 계속하여 주된 영리활동의 추구를 목적으로 정주하지 않는 경우로서, 외국인의 체재(滯在)로부터 야기되는 모든 관계나 현상에 대한 총체적 개념을 의미한다"고 하였다. 이는 이제까지 단순한 개념보다는 새로운 개념으로의 전환을 도모한 것이다.

오스트리아의 **베르네크**(P. Bernecker)는 1962년 그의 저서 「관광원론」에서 "상업상 혹은 직업상의 여러 이유에 관계없이 일시적 또는 개인의 자유의사에 따라 이동한다는 사실과 결부된 모든 관계 및 모든 결과를 관광이라고 규정할 수 있다"고 하여 관광주체로서의 관광객의 역할을 중시하면서 '관광주체론'을 주창하였고, 관광현상 속에서 겸목적 관광을 인정하였다.

그리고 **메드상**(J. Medecine)은 1966년에 "관광이란 사람이 기분전환을 하고 휴식을 하며, 또한 인간활동의 새로운 여러 가지 국면이나 미지의 자연풍경에 접촉함으로써, 그 경험과 교양을 넓히기 위하여 여행을 한다든가, 정주지(定住地)를 떠나서 체재함으로써 성립하는 여가활동의 일종이다"라고 정의하고 있다.

한편, 일본의 경우에는 전후 관광연구자들의 관광에 관한 정의가 다수 존재하는데, 그 중에서 가장 일반적인 것으로는 1961년에 발표된 **이노우에 마스조**(井上万壽藏)의 「관광교실」이 있다. 이노우에는 이 책에서 "관광이란 인간이 다시 돌아올 예정으로 일상생활권을 떠나 정신적 위안을 얻는 것이다"라고 하였다. 그는 정신적 위안이 관광의 본질이며 관광욕구란 것은 정신적 위안을 구하는 마음이라고 했다. 이 밖에 **쓰다 노보루**(津田 昇)의 「국제관광론(1969)」, **스즈키 타다요시**(鈴木忠義)의 「현대관광론(1984)」, **시오다 세이지**(鹽田正志)의 「관광경제학(1974)」, 그리고 일본관광정책심의회 보고서인 「관광의 현대적 의의와 그 방향(1969~1970)」 등에서 각각 관광의 정의를 내리고 있으나 내용면에서는 대동소이하다고 본다.

끝으로 국제적인 측면에서 관광에 관한 정의를 살펴보면 **세계관광기구**의 정의가 가장 권위 있는 것으로 알려져 있는데, 즉 "방문 주요 목적이 방문국 내에서 보수를 얻는 활동을 제외하는 것으로 1박 이상 12개월을 넘지 않는 기간, 거주지 이외의 나라에서 통상의 생활환경을 벗어나 여행하는 것"으로 정의되어 있어 공연이나 돈벌이 목적 이외의 상용여행도 포함시키고 있음을 알 수 있다.

3. 관광의 개념정의

이상에서 소개한 여러 학자들의 관광에 대한 정의(定義)를 통해서 볼 때, 관광은 한마디로 요약(要約)할 수 없는 복잡한 사회현상이라 생각된다. 따라서 관광을 간단명료하게 정의한다는 것은 그리 쉬운 일이 아니다. 다만, 여러 학자들의 정의를 종합해서 관광개념을 규정한다 하더라도 가급적 일상적인 용어법에서 어긋나지 않도록 해야 하며, 일반적으로 누구나 쉽게 이해할 수 있는 현실적 감각에 따른 개념정의가 바람직하다고 생각된다.

사실 관광이 인간생활의 여러 가지 요소들이 종합되어진 사회 · 문화적 현상으로 인식되고, 그에 따라 하나의 사회과학으로 영역을 찾아가고 있는 것은 최근의 일이라고 본다. 관광이 아직 하나의 학문으로 인정받기에는 많은 부문에서 미진한 점이 있고, 위에서 소개한 바와 같이 한마디로 정의를 내릴 만큼 학자들 간에 합의도 도출되어 있지 않다.

하지만 지금까지 학자들에 의해 논의된 관광의 정의를 종합해 보면, 관광은 변화를 추구하려는 인간의 욕구로 인하여 자기의 생활범주를 벗어나 새로운 환경 속으로 이동하는 행위로서 심신의 변화를 추구하고 다시 일상생활로 돌아올 때까지 변화된 여러 환경을 즐기는 인간활동의 일체를 의미한다고 하겠다.

다시 말해서 관광은 인간이 일시적으로 반복되는 일상생활을 벗어나지만, 다시 그 일상생활로 복귀할 것을 전제로 다른 지역의 제도 · 풍습 · 자연 등을 감상하며 배우고 견문하는 행위를 총칭한다. 그리고 넓은 의미에서는 여기에서 파생되는 여러 산업적 효과와 정치 · 경제 · 사회 · 문화 · 기술 등의 여러 환경적인 효과를 관광의 범주에 포함시키기도 한다.

따라서 본서에서는 관광을 다음과 같이 정의내리고자 한다.

"관광이란 사람이 일상생활권에서 떠나, 다시 돌아올 예정으로 이동하여 영리를 목적으로 하지 않고, 휴양(休養) · 유람(遊覽) 등의 위락적 목적으로 여행하는 것이며, 그와 같은 행위와 관련을 갖는 사상(事象)의 총칭이다."

4. 관광의 중요성

관광은 현대사회에서 국민 모두가 관심을 가지고 있고 또 실제로 참여하고 있는 여가문화할동의 하나로서 점차 그 중요성을 더해가고 있다. 예를 들어 주말이면 관광을 하기 위해 도시를 탈출하여 고속도로를 메우는 승용차 행렬을 통해서도 알 수 있듯이, 이러한 현상은 현대사회의 인간생활에서 관광이 차지하는 비중을 입증해주고 있다고 하겠다. 어떠한 이유로 관광이 인간의 삶 속에서 이렇듯 중요성을 띠고 있을까 하는 의문은 관광이 가지는 기본적 성격을 이해했을 때 보다 명확히 되어질 것이다.

일차적으로 관광은 외래관광객이 소비하는 관광외화획득이라는 경제적 효과의 측면에서 이해하는 것이 필요하다. 이 때문에 세계 각국은 관광을 국가전략산업으로 육성하고 있다. 더불어 관광은 국제화 · 세계화로 가는 우리나라 국가사회 발전에 핵심적인 역할을 수행하는 국제교류활동으로서, 국민적 참여를 통해 한국과 세계를 하나로 연결시키는 문화행동이다. 오늘날 관광은 국제교류를 통한 국제친선 도모 및 세계평화에 기여하는 민간외교적 효과까지도 창출한다.

그래서 오늘날 서양사람들은 관광산업을 일컬어 '굴뚝 없는 수출산업', '교실 없는 교육', '언론 없는 통신', '의전 없는 외교'라고 국민들에게 홍보하면서 일석사조(一石四鳥)의 효과를 갖는 주요한 산업이라고 홍보하고 있는 것이다.

이와 같은 중요성을 지니는 관광의 이념으로서는 자유성, 평등성, 행복성, 평화성, 교육성, 인간성 회복 등으로 예거할 수 있다.

관광은 구속에서 해방되고 자유롭게 이동하는 차원에서 자유성에 기초한다. 따라서 거주 · 이전의 자유는 일반적 자유권으로서 인간의 자유로운 이주 및 이동을 보장하는 자유권적 기본권이다. 따라서 이동뿐만 아니라 자유롭게 휴식할 수 있는 여가의 자유가 보장되어야 하고, 미래의 사회복지관광에 따른 공공복리에 적합한 자유의 분배 또한 있어야 한다. 이는 모든 국민의 행복권(幸福權)과 자유롭게 여행할 수 있는 자유권(自由權)과 여행권(旅行權)을 보장하고 이를 위하여 국가는 지원을 아끼지 않음을 뜻한다.

또한 관광은 모든 사람에게 기회가 균등하게 주어진다는 차원에서 평등성에 근거하여 행해지고 있다. '관광헌장'에서는 "모든 국민은 관광할 수 있는 권리를 가진다. 관광할 수 있는 여행의 권리는 어떤 조건에 있어서도 평등한 기회와 이용의 기능을 가진다"고 규정하고 있다.

한편, 구속에서 해방되어 빛을 본다는 것은 인간이 추구하는 지고지선(至高至善)의 행복을 의미한다. 또한 관광이 교류를 통하여 상호 이해를 증진시킨다고 하는 것은 관광을 통해 인류평화에 기여할 뿐만 아니라 남을 이해하고 또 교류함으로써 상호 배우는 교육성(教育性)을 가진다. 따라서 관광이라는 여가활동을 통하여 균형된 삶을 찾을 수 있으며, 심신을 단련시키고 결국은 인간성회복에도 기여하게 되는 것이다.

제2절 관광과 유사개념

관광과 유사하거나 상호 관련성을 가진 개념은 많다. 이 중에서도 여가와 레크리에이션 또는 위락, 행락, 놀이, 여행 등 유사개념은 우리들의 일상 생활주변에서 자주 사용되는 관계로 각 개념에 대한 사회적 가치가 부여되어 버린 경우가 많다.

그럼에도 유사개념 자체의 명확한 정립은 앞으로 관광현상의 학문적 연구, 나아가 관광의 학문적 체계확립의 선결조건이라고 생각되므로, 여기서는 먼저 유사 개념들의 본질을 파악해 보고 이를 다시 관광이라는 개념과 상호 대비시켜 그 상관성을 규명해 보기로 한다.

1. 여가

1) 여가의 어원

오늘날 우리가 사용하고 있는 여가(leisure, 레저)의 어원은 '자유스러워진다'라는 뜻을 가진 라틴어 리세레(licere)에서 유래하였다고 한다. 이 말은 프랑스어의 'leissir' 즉 '허락되다'로 발전하였고, 오늘날 영어의 레저(leisure)로 진전되었다. 이 말은 고대 이래 귀족계급은 일을 할 필요가 없으며, 따라서 그들이 지적 · 문화적 및 예술활동을 할 자유를 부여받고 있다는 것을 함축해주고 있다.

여가에 해당하는 그리스어 스콜레(scole)는 '정지, 중지, 평화 및 평온'을 의미하는데 비하여, 로마어의 오티움(otium)은 '아무것도 하지 않은 것'(doing nothing)을 의미하며, 어원상 전자는 자기계발(self-cultivation)을 위한 적극적인 정신활동상태를 뜻하는데 반하여, 후자는 소극적인 무위(無爲)활동상태를 뜻한다. 다른 관점에서 스콜레가 자신의 교양을 높이는 적극적 행위인 반면, 오티움은 아무것도 하지 않는 소극적 행위로 보는 경우도 있다. 그러나 이들 어원은 모두 정지상태와 평화상태를 내포하며 시간적 의미가 부여되어 남은 시간(spare time)에서 자기를 위한 시간(time for oneself)으로 발전하였다.[5)]

2) 여가의 정의

(1) 여가의 시간적 정의

인간은 직업이나 생활양식 등에 따라 다소 다르겠지만, 일반적으로 일상생활이 반복되는 사이클을 벗어나지 않는다. 그리하여 인간의 생활시간을 크게 생활필수시간, 노동시간 및 자유시간으로 대별하게 될 때, 여가는 보통 1일 24시간이라는

5) 김광득, 여가와 현대사회(서울: 백산출판사, 2017), pp.15~16.

절대적인 시간의 한계 속에서 생활필수시간과 노동시간 등 구속시간을 뺀 나머지 자유시간으로 볼 수 있다.

(2) 여가의 활동적 정의

여가는 개인이 생활의 만족과 삶의 질(quality)을 추구하고자 자유로이 선택하는 활동으로서 수면, 식사, 노동과 같이 고도로 상례화된 활동(routinized activity)이 아닌 것을 말한다.

(3) 여가의 상태적 정의

여가에 대한 다분히 주관적인 정의로서 주요 철학자나 심리학자, 그리고 종교학자들에 의해 대변되어 왔다. 오늘날 인간이 필요로 하는 여가는 단순한 자유시간(free time)이 아니라 자유정신(free spirit) 내지 자유의지(free will)이며, 우리의 바쁜 일상생활사로부터 심리적으로 해방시켜 줄 수 있는 신(神)의 은총에 대한 감사의 마음과 평화상태임을 강조하고 있다.

(4) 여가의 제도적 정의

여가에 대한 제도적 정의는 여가의 본질을 노동, 결혼, 교육, 정치, 경제 등 사회제도의 상태나 가치패턴과의 관련성을 검토하여 그 의미를 규정하고자 하는 것이다.

(5) 여가의 포괄적 정의

여가는 복합적이며 다양한 면을 가지고 있어, 앞서 언급한 네 가지 속성으로는 여가의 본질을 폭넓게 수용할 수 없다는 시각이 최근에 들어와 자주 논의되고 있다. 따라서 여가는 시간적, 활동적, 상태적 그리고 제도적 요소가 적절히 배합된 복합적 속성을 갖는다고 할 수 있다. 이에 따라 현대사회에 있어서 점차 복잡성을 띠고 있는 여가를 제대로 파악하기 위해서는 여가의 다면적 속성을 포괄할 수 있는 개념정의가 요구된다고 하겠다.

(6) 결론

이상의 개념들을 종합하여 보면 결국 여가는 생리적 필요, 개인 및 사회적 의무와 책임으로부터 벗어나 자유로운 시간 동안 자유의사에 의해 이루어지는 활동이라고 할 수 있으며, 일상생활에서는 노동과 상반되는 개념으로 파악되며, 대체로 네 가지 측면에서 정의가 이루어지고 있다. 즉 여가의 시간, 활동, 상태, 제도적인 관점이다.

본서에서는 여가를 "개인이 노동과 가사활동, 생리적 필수활동 및 기타 사회적 의무와 책임으로부터 자유로운 상태 아래에서 휴식, 기분전환, 자기계발은 물론이며 사회적 참여를 위해 이루어지는 모든 활동과 시간"으로 정의하고자 한다.

3) 여가의 기능

활동개념으로서의 여가에는 자유시간에 행해지는 자유로운 활동이라는 형태로 '자유'를 강조하는 뜻과, 자유시간에 행해지는 창조적인 활동이라는 형태로서 '창조성'을 강조하는 뜻의 두 가지 정의가 포함되어 있다고 하겠다. 그렇지만, 일반적으로 활동개념으로서의 여가는 자유시간에 행해지는 자유로운 활동이라는 형태로서 '자유'를 강조하는 뜻에서 사용되는 경우가 많은데, 이럴 경우 여가의 기능으로서 휴식, 기분전환, 그리고 자기계발 등이 열거된다. 따라서 여기서는 이와 같은 여가의 기능에 관하여 살펴보기로 한다.

(1) 휴식기능(休息機能)

휴식은 피로를 회복시킨다. 이런 면에 있어서 여가는 일상생활, 특히 근로생활에서 기인하는 스트레스에 의해서 가해진 육체적 · 정신적 마멸을 회복시킨다. 오늘날 노무(勞務)는 상당히 경감되어 왔을지는 모르나, 노동밀도(勞動密度)의 증대, 생산공정(生産工程)의 복잡화, 대도시지역에 있어서 통근거리의 장거리화 때문에 근로자는 아무 일도 하지 않은 채 있는다든지, 또는 조용히 여유 있게 쉬는 것이 점점 긴요해지고 있다. 그런 필요성은 특히 경영관리층에서 더욱 절실하다.

(2) 기분전환(氣分轉換) 기능

기분전환은 인간을 권태로부터 구출한다. 세분화된 단조로운 작업은 노동자의 인격에 부정적 영향을 가져온다. 그리고 현대인의 소외감은 일종의 자기상실의 결과에서 오는 것이기 때문에, 일상적인 세계로부터 탈출의 필요성이 생기게 된다. 이와 같은 탈출은 지역사회의 법률적 · 도덕적 규율을 범하는 형태를 취하는 경우도 있고, 다른 한편에서는 사회병리적 요소를 포함하게 되기도 한다.

그러나 반대의 입장에서 보면, 그것은 평행유지적 요인이 되고, 사회적으로 필요한 수련이나 규율을 지켜나가는 하나의 수단이 되기도 한다. 그 곳에서 기분전환을 시켜 보상적 경험(補償的 經驗)을 추구한다든가, 일상적 세계와 격리된 세계로 도피한다든가 하는 행동이기도 하다. 현실의 세계에서 탈출을 하게 되면, 장소나 리듬이나 스타일의 변화추구(여행, 유희, 스포츠)가 된다. 탈출이 가공의 세계(영화, 연극, 소설)로 향하게 되면 등장인물에 자기를 투사하고, 주인공과 자기를 동일시하여 그 기분을 즐기는 등의 행동이 나타난다. 이는 공상적(空想的) 세계에 의존하여 공상적 자아(自我)를 만족시키려고 하는 행동이다.

(3) 자기계발(自己啓發) 기능

자기계발은 자기의 능력을 발전시키는 것이다. 여가는 일상적 사고(思考)나 행동으로부터 개인을 해방시키고 보다 폭넓고 자유로운 사회적 활동에의 참가나 실무적이고 기술적인 훈련 이상의 순수한 의미를 가진 육체 · 감정 · 이성(理性)의 도야를 가능케 한다. 유희단체 · 문화단체 · 사회단체에 자발적으로 가입하여 활동하는 데에 여가의 계발적 기능이 나타난다. 학교교육에서 채워졌다고는 하지만, 사회가 끊임없이 진보해지고 복잡해져 감에 따라 시대에 뒤떨어지기 쉬운 지식능력은 여가를 통하여 다시 한번 자유로이 뻗어나갈 기회가 주어진다. 또한 옛것이나 새로운 것을 불문하고 여러 정보원(신문 · 잡지 · 라디오 · TV)을 적극적으로 이용하는 태도도 키워나간다.

여가는 평생 계속하는 자발적인 학습의 형태를 낳게 하고, 새로운 창조적인 태도의 형성을 돕는다. 의무적 노동으로부터 해방되어 개인은 스스로 선택한 자유로운 훈련을 통하여 개인적 · 사회적인 생활형태 가운데서 자아실현(自我實現)의 길을 펼쳐 나가는 것이다. 이러한 여가이용은 기분전환적인 이용만큼 일반적인 것은 아니지만, 대중문화 일반에서 본다면 대단한 중요성을 가진다. 이상의 세 가지 기능은 흡사 대립하고 있는 것처럼 보이기도 하지만, 상호간에는 밀접한 관련을 가지고 있다. 실제로 이들은 각 개인이 처해 있는 상황에 따라서 정도의 차이는 있어도 모든 사람들의 일상생활에서 거의 인정되고 있다. 또한 이 세 가지 기능은 계기적 관계(繼起的 關係)에 설 경우가 있는가 하면, 공존하고 있는 때도 있다. 순차적으로 기능하는 때도 있고, 동시적으로 작용할 때도 있으며, 또한 중층적(重層的)으로 작용할 때도 있어서 각각 분리하기가 어렵다. 각 기능은 보통 하나의 우월적 요소로 존재함에 지나지 않는다.

프랑스의 사회학자 듀마즈디에르(J. Dumazedier)는 여가를 '휴식', '기분전환', '자기계발'과 같은 세 가지 기능을 가진 활동의 총칭으로 파악하면서, "여가란 개인이 직장이나 가정 그리고 사회로부터 부과된 의무에서 벗어났을 때에 휴식이나 기분전환을 위하여, 혹은 소득과는 관계없는 지식이나 능력의 배양 및 자발적인 사회참여와 자유로운 창조력의 발휘를 위하여, 오로지 임의적으로 행하는 활동의 총체"라고 정의했는데, 이 정의는 이해하기 쉬운 설명이어서 오늘날 널리 이용되고 있다.

2. 레크리에이션

레크리에이션(recreation, 위락)은 그것이 개인이나 집단에 의해서 여가 중에 영위되는 활동이고 그 활동으로 인하여 얻어지는 직간접적 이득 때문에 강제되는 것은 아니며, 그 활동 자체에 의하여 직접적으로 동기가 주어진 자유롭고 즐거운 활동이다.

레크리에이션은 라틴어의 recreate에서 유래한 말로서 기분을 전환하다(refresh)와 저장하다(restore)의 의미를 가진 것으로 인간을 再(re)生(creation)시키고, 인생에 활력을 회복시키며, 또한 이것은 노동과 더 많은 관련이 있는 사회기능적이고 교육적인 것이다. 그라지아(Grazia)는 이를 "노동으로부터 인간이 휴식을 취하고 기분전환을 하고 노동 재생산을 위한 활동"으로 정의하고 있으며, "각 개인이 자발적으로 행하여 그 행위로부터 직접 만족감을 얻어 즐길 수 있는 모든 여가의 경험"으로 인식하고 있다.

따라서 여가와 레크리에이션의 관계는 전자를 시간개념으로 보고 후자를 활동개념으로 보려는 견해가 지배적인데, 레크리에이션은 사회적인 편익을 증진하고

자 조직되는 자발적 활동으로서 다음과 같은 특징을 지닌다.

① 레크리에이션은 육체, 정신 및 감정의 활동을 표현하기 때문에 단순한 휴식과 구별된다.
② 레크리에이션의 동기는 개인적 향락과 만족의 추구이므로 노동의 동기와 구별된다.
③ 레크리에이션은 선택의 범위가 무한정하기 때문에 수많은 형태로 나타난다.
④ 레크리에이션은 자발적 의사에 의해 참여한다.
⑤ 레크리에이션은 여가시간에 행해지는 활동이다.
⑥ 레크리에이션은 시간, 공간, 인원 등의 제한이 없고 실행과 탐색이라는 보편성을 지닌다.
⑦ 레크리에이션은 진지하며 목적을 가지고 행하여진다.

이러한 점에서 레크리에이션은 여가시간에 영위되는 자발적 활동의 총체로서 여가의 하위개념이라고 하겠다.

여가와 레크리에이션의 차이점을 좀더 상세히 살펴보면, 여가는 포괄적이고 덜 조직적이며 개인적인 동시에 내적 만족을 추구하는데 반하여, 레크리에이션은 범위상 한정적이고 비교적 조직적이며 동시에 사회적 편익을 강조하고 있다. 또한 여가가 보통 시간의 기간이나 마음의 상태를 말하는데 비해 레크리에이션은 공간에서의 활동을 가리킨다. 나아가 여가가 쾌락과 자기표현을 위한 것이라면, 레크리에이션은 활동과 경험의 직접적 결과로서 발생한다.

레크리에이션과 관광의 차이점은 시간과 활동공간의 차이에 있다고 하겠다. 관광도 넓은 의미에서는 레크리에이션활동의 하나이지만, 그러나 관광은 일상거주지와는 멀리 떠나는 활동이라는 데에 차이점이 있다. 비교적 관광은 이동의 거리가 멀고 시간적으로도 길지만, 레크리에이션은 일상공간의 주변에서도 일어난다. 물론 관광은 일상거주지를 떠나 다시 일상생활권으로 돌아오기까지의 전 과정에서 일어나는 수많은 복합적인 현상이며 그 영향이 크다는 특징을 가지고 있기도 하다.

3. 놀이

놀이(play)라는 개념도 여가 및 레크리에이션과 더불어 관광과 밀접한 관련성을 가진다고 하겠다. 인간을 놀이하는 존재, 즉 '유희하는 인간'(Homo Ludens)으로 보는 호이징하(John Huizinga, 1955)나 그 비판적 계승자라고 할 수 있는 카이요와(Roger Caillois, 1994)는 놀이를 인간의 본질이며 동시에 문화의 근원으로 파악하고 있다. 이들의 견해에 따르면, 문화가 놀이의 성격을 상실하게 되면 마침내 문화는 붕괴의 길을 걷게 된다고 한다. 특히 호이징하는 놀이를 인간의 본질, 나아가 문화의 근원으로 파악하고, 놀이의 본질과 그 표현형태를 인류역사의 전과정 속에서 파악한 후 놀이가 문화를 만들어 내며 또한 그것을 지속시킨다고 결론짓고 있다. 호이징하는 놀이의 특성으로서 다음 네 가지를 들고 있다.

① 인간의 자발적 자유의사에 의해 행해진다.
② 일상생활의 막간에 이용되며 탈일상적이고 사심이 없다.
③ 전통화 · 반복화라는 지속성을 가지며, 놀이공간으로 미리 구획되어진 공간에서 행해진다.
④ 게임이 끝나면 놀이집단은 영구히 내집단화되어진다.

한편, 카이요와(Roger Caillois)는 놀이의 기준 또는 특성으로서 ① 참가의 자유, ② 일상생활로부터의 격리, ③ 과정과 결과의 불확실성, ④ 생산성을 목적으로 하지 않음, ⑤ 규칙의 지배, ⑥ 가상성 등 6가지를 들고 있다. 이와 같은 놀이의 특성을 볼 때, 그것이 곧 여가의 한 형태로서 자유의사에 근거한 활동인 것은 틀림없지만, 질서 · 규칙 · 전통화 등의 관점에서 보면 레크리에이션 또는 관광과 개념적으로 다름을 알 수 있다.

그러나 놀이는 또한 관광과 여러 가지 공통적인 측면도 없지 않다. 그레번(Graburn, 1983: 15)은 그 공통속성을 다음과 같이 지적한다.

"인간의 놀이는 관광에서 말하는 여행이라는 요소를 갖고 있지는 않지만, 관광이 지닌 여러 속성을 공유한다. 즉 놀이가 지닌 정상규칙으로부터 이탈, 제한된 지속성, 독특한 사회관계, 그리고 터너(Turner)가 유동(flow)이라고 이름한 몰입과 열중성을 지닌다. 관광과 마찬가지로 놀이로서 게임은 일상생활의 구조와 가치관과는 다르면서도 그것을 강화시켜 주는 의례(rituals)인 것이다."

4. 여행

여행(travel)은 의미 그대로 어떤 수송수단을 통해서든 한 장소에서 다른 장소로 이동하는 행위로서 목적이나 동기에 관계없이 모든 이동행위를 일반적으로 지칭할 때 사용하는 포괄적인 개념이다. 여행은 그 본질이 이동이라는 점에서 다른 개념들보다 관광과 더욱 밀접한 관계를 가진다. 그래서 여행과 관광은 동의어로 착각될 만큼 현실사회에서 혼용되기도 한다. 특히 우리나라에서는 일반적으로 관광의 의미를 이동, 즉 교통과 가장 밀접히 관련시켜 보는 경향이 강하다.

관광은 본질적으로 여행의 한 형태라고 볼 수 있으며, 여행은 대체로 다음과 같이 정의된다. "여행자는 출발의 원점으로 되돌아오거나 그렇지 않아도 되며, 어떤 목적을 가지고 여하한 교통수단에 의존하여 한 장소에서 다른 장소로 이동하는 행위"로서 관광과는 관계없이, 뚜렷한 목적이나 동기에 관계없이도 행히여지는 것이다. 이와 같이 오늘날 이 travel(여행)은 단순형태의 여행을 가리킬 때 사용하는 개념이다.

5. 관광과 인접개념과의 관련성

이상에서 우리는 인접개념들 중 비교적 중요하다고 생각되는 여가 · 레크리에이션 · 놀이 · 여행 등의 본질을 포괄적으로나마 파악하여 보았다. 그런데 이들 유사개념들은 우리가 논의삼는 관광이라는 현상과 유기적으로 연관되어 서로 간의 명확한 상관관계를 밝히기가 어렵다. 최근에는 이들 개념들 간의 상호관련성에 대해 많은 연구들이 나타나고 있으나, 인접개념 간의 유사성과 관광현상의 개념적 실체를 명료하게 파악하기에는 부족한 점이 많아 보인다.

관광과 인접 유사개념 간에는 공통성(共通性)과 상이성(相異性)을 동시에 가지고 있기 때문에 각자를 따로 분리시켜 적절한 개념정의를 내리기는 결코 쉬운 일이 아니다. 그러나 위의 논의를 바탕으로 하여 각 개념들의 고유특성을 분명히 밝혀봄으로써 관광의 실체가 무엇인가를 파악해 볼 필요가 있다. 이는 기초이론의 확립을 위해서는 반드시 극복해야 할 연구과제로 보기 때문이다.

먼저 관광과 레크리에이션(위락)의 차이점은 무엇인가? 그 차이는 종류의 문제라기보다는 오히려 정도의 문제이다. 레크리에이션 특히 야외레크리에이션은 — 골프 · 스키 등의 스포츠에서 볼 수 있듯이 — 성격상 관광보다 역동성(dynamism)과 신체적 노력(physical exertion)의 정도가 더 크다. 또한 레크리에이션은 관광보다 육체적 또는 정신적 회복이라는 목표추구의 정도가 더 크며, 역내(域內: intra)란 의미가 강하다. 반면에 관광은 레크리에이션이나 여가보다 견문획득을 통한 지식의 향상, 혹은 자기계발(自己啓發: self-enlightenment)이라는 성취욕구 성향이 더 크다고 볼 수 있다.

관광이 여가나 레크리에이션(특히 야외위락)과 크게 다른 점은 '상당한 정도의 거주권역 이탈'(displacement)이라는 공간이동성에 있다. 옥외 혹은 야외라는 개념도 역시 어느 정도의 공간적 이탈을 전제하고 있지만, 문자 그대로 '문 밖'이면 충분한 것이지 자신이 거주하는 지역사회를 상당히 이탈하여 다른 지역 또는 이국문화 환경을 접촉한다는 의미는 시사해 주지 않는다.

그러나 다른 문화나 다른 환경을 접촉할 수 있는 상당한 거리의 이동이라고 해서 관광을 이주(移住: migration)와 혼동해서는 안 된다. 이주는 회귀를 전제하지 않는 영구체류를 목적으로 한다는 점, 그리고 유흥목적의 이동이 아니라 생계목적의 이동이라는 점에서 다르다.

이동(移動)이라는 점에 관한 한, 관광은 여행(travel)과 같은 부류에 속한다. 그래서 흔히들 관광을 여행과 동일시하는 경향도 적지 않다. 관광이라는 개념 속에는 여행 등 온갖 뉘앙스가 뒤섞여 있어 실체화에 어려움이 있다고 보아 미국여행통계센터(USTDC) 같은 기관은 아예 관광이라는 용어를 쓰지 않고 여행이라는 용어로 일관해 오기도 하였다(Frechtling, 1976).

그러나 앞에서도 밝혔지만, 서로간에 분명히 다른 점은 여행이라는 개념은 단지 이동이라는 현상만을 그 속성으로 하고 있을 뿐, 목적이나 동기를 전제하지 않는다는 것이다. 즉 여행이란 개념은 관광과 같이 유흥이나 위락을 목적으로 하거나 자기발전을 도모하는 것이 아닌, 행위목적이나 행위동기를 묻지 않는 포괄적 이동개념이다. 따라서 모든 관광행위는 전부 여행 속에 포함되지만, 역으로 모든 여행이 전부 관광일 수는 없다. 즉 여행은 관광의 필요조건은 되지만 충분조건은 될 수 없다.

〈표 1-1〉 관광과 인접개념과의 관련성

	여가	레크리에이션	놀이	여행
활동 개념	자유로운 상태에서의 모든 활동과 시간	여가 중에 영위되는 활동 자체에 의해 직접적 동기가 발생하는 자유롭고 즐거운 활동	자발적 자유의사에 의한 탈일상적인 제한된 지속성을 띄는 활동	목적이나 동기에 관계없는 포괄적 이동개념
공간적 개념	사회적 의무와 책임으로부터 자유로운 상태	활동이 행해지는 한정적 범위	미리 구획된 공간에서 행해짐	어떤 수송수단을 통해서든 한 장소에서 다른 장소로 이동하는 행위
강조	자유(시간적 개념), 내적만족	사회적 편익을 증진하고자 조직되는 자발적 활동	탈일상성과 규칙의 지배	단순 형태의 여행을 지칭

제3절 관광의 구성요소

1. 관광의 구조

관광은 일반적으로 주변 환경에 의해 영향을 주고받는 관광주체, 관광객체, 관광매체라는 3대 범주에서 이루어지고 있으며, 이들 세 가지의 요소들이 연속적·기능적으로 상호 의존관계를 통하여 발생하는 하나의 체계(system)라고 말할 수 있다. 이러한 관광체계는 정치적 환경, 경제적 환경, 사회적 환경 및 생태적 환경과 밀접한 상호작용관계에 있으며, 관광체계를 구성하는 관광매체인 관광시장, 관광교통, 관광기업, 그리고 관광행정 등 네 가지 요소간의 연속적 · 기능적 통합을 통하여 현상화하는 것이다.

이와 같이 관광의 구성요소는 첫째, 관광수요의 유발자이자 이동의 주체인 관광객(관광주체)과, 둘째, 관광객의 욕구를 충족시키는 관광대상(관광객체), 셋째, 관광객과 관광대상을 연결해주는 각종 서비스(관광매체) 간의 상호작용인 관광활동의 체계라고 볼 수 있다. 그리고 이러한 관광체계는 상호 매우 밀접한 연관성을 지니고 있어 구성요소 중 한 가지라도 정상적이지 못할 경우 온전한 관광현상이 이루어질 수 없다.

관광주체, 관광객체, 관광매체를 일반적으로 관광의 3요소라 한다. 먼저 세 요소를 살펴보고 관광체계의 성격을 규명해보도록 한다.

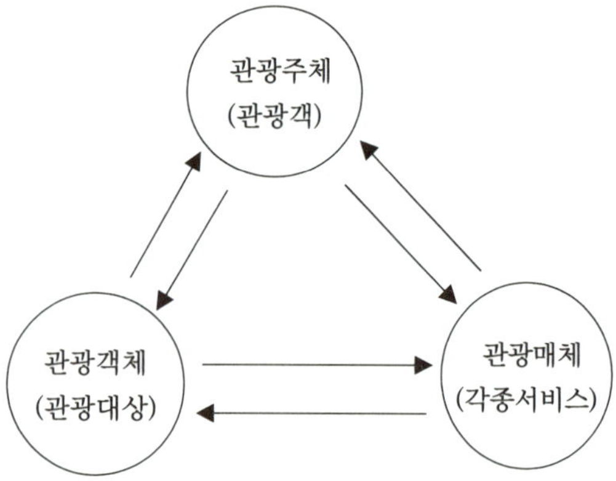

[그림 1-1] 관광의 구조

2. 관광주체

관광의 구성요소로서 가장 중요한 것은 말할 것도 없이 관광을 하는 사람으로, 관광을 행하는 주체(主體) 곧 관광주체를 관광객(觀光客)이라 말한다. 관광객이 관광을 하고 싶어하는 관광욕구와 관광동기로부터 관광은 시작된다. 관광객은 관광의 수요자인 동시에 소비자이며 관광시장(觀光市場)을 형성하는 최대의 요소가 된다. 즉 관광주체가 가지는 사회경제적인 여건과 관광동기는 관광수요를 구성하는 중요한 결정요인이 되는 것이다.

3. 관광객체

관광의 주체인 관광객은 관광욕구나 동기에 따라 관광대상(觀光對象)을 찾게 된다. 이와 같이 관광욕구를 충족시켜 주는 역할을 하는 것이 관광대상이다. 관광대상은 관광목적물이며 관광의욕의 대상이 되고 관광행동의 목표가 되는 것이다. 그러므로 관광대상은 보는 것에만 한정되지 않으며, 보고, 듣고, 맛보고, 배우고, 행하고, 생각하는 모든 것을 포함한다. 관광대상은 관광자원(觀光資源)과 그 자원을 살려서 관광객의 욕구충족에 직접적으로 기여하는 관광시설(觀光施設)로 대별된다.

전자인 관광자원은 유형적 자원(자연 · 인문), 무형적 자원(인적 · 비인적), 문화적 자원(유형문화재 · 무형문화재 · 기념물 · 민속자료) 등으로 구성되며, 후자인 관광시설은 하부시설(항만 · 공항 · 주차장 · 통신시설 등의 기반시설)과 상부시설(여행 · 행정 · 숙박시설 · 레크리에이션 시설 등)로 이루어진다.

4. 관광매체

관광의 주체와 객체를 연결시키는 역할, 즉 관광주체의 욕구와 관광대상을 결합시키는 역할을 하는 것을 관광매체(觀光媒體)라고 한다. 이들 관광매체를 분류하면, ① 시간적인 매체인 숙박시설 · 관광객이용시설 · 관광 편의시설, ② 공간적인 매체인 교통기관 · 도로 · 운수시설, ③ 기능적인 매체인 여행업 · 통역안내업 · 관광기념품판매업 · 관광정보와 선전물 등이 있다. 관광매체의 대부분은 관광시장 내의 사업에 의해서 제공되고 있으며, 그 내용은 다음과 같다.

1) 관광시장

관광시장(觀光市場)은 관광수요를 창출하는 관광객(관광주체)의 행동체계가 원활히 활동할 수 있도록 하는 기본적 매체기능을 가지고 있다. 관광시장은 국적(國籍)구분에 따라 내국인시장과 외국인시장으로 구분할 수 있고, 활동공간의 측면에서는 외래시장, 해외시장, 국내시장으로 분류할 수 있다. 이 체계는 관광을 하려는 욕구와 동기 · 지각 · 학습 · 성격 · 태도 등의 심리적 요소뿐만 아니라, 문화 · 사회계층 및 집단과 준거집단 등의 사회적 요소에 따라 작용한다.

2) 관광교통

관광교통(觀光交通)은 관광행동의 주체를 관광자원과 시설에 직접 연결시켜 주는 이동체계를 말한다. 관광은 관광객의 이동(회기이동)이 전제되기 때문에 교통수단에 대한 논의 없이 관광체계를 거론하기는 힘들다. 그리고 교통은 보통 목적지까지 도달하는 수단인 동시에 목적지에서 이동수단으로 정의된다. 따라서 관광교통에는 공간적 차원의 이동체계와 국내외 교통수단 그리고 하드 · 소프트웨어적 교통체계, 영리적 · 비영리적 교통수단도 모두 고려할 수 있다.

3) 관광기업

관광기업(觀光企業)은 관광객에게 관광대상에 대한 정보를 제공하거나 상품화하여 이윤을 추구하는 기업체계를 말한다. 관광기업은 대개 관광의 준비와 숙박 및 활동과 관련된 여행업, 관광숙박업, 관광안내업, 관광시설업 등으로 구성되어 있다. 그리고 이 체계는 관광객의 행동을 유도하고 관광대상의 개발을 담당하며, 주로 제품 · 가격 · 유통 · 촉진 등의 요소로 구성되어 있다.

4) 관광정책과 관광행정

관광정책(觀光政策)과 관광행정(觀光行政)도 관광성립에 필요한 요소로서 결정적인 역할을 한다. 여기서 정책이란 관광에 대한 국가의 방침을 뜻하며 행정이라는 방침에 의거한 구체적인 시책을 의미한다. 따라서 관광행정은 관광체계의 핵심적 요소들이 원활한 상호작용을 할 수 있도록 조정 또는 규제하는 체계인 것이다.

이 체계는 관광체계의 기능적 발전을 위한 지원적 · 보조적 역할을 수행하며 행정목표, 행정조직, 행정기능, 행정인력, 행정예산, 행정정보 등으로 구성되어 있다. 따라서 현대의 관광은 관광시장, 관광교통, 관광대상, 관광기업 간의 핵심적 상호작용관계 속에서 성장하고 있으며, 특히 개발도상국과 같이 관광이 아직 충분히 발전하지 않은 국가에서는 관광행정체계의 지원적 역할이 필수적이다.

제4절 관광학의 학문적 성격 및 연구방법

1. 관광학의 성격

관광학이 어떤 내용을 가지고 있으며, 어떤 역할을 담당하고 있는 것인가의 성격론(Charakteristik)에 관해서는 관광학이 성립된 때부터 논의되어져 왔다. 그와 같은 논의를 통해서 명백해진 것은 관광학이 언제나 실천적 의식(實踐的 意識)과 결부되어 있다는 점이다. 이는 관광 특히 국제관광이 한 나라에 가져다 주는 경제적 이익이 강하게 의식되어, 그와 같은 이익의 증대를 위한 여러 가지 정책을 추구하는 것이 관광학에 부과된 과제였다는 점으로 미루어 보아도 명백하다. 이와 같이 관광학을 필요로 하는 목적이 뚜렷했었다는 것이 관광학의 성격을 사변적(思辨的)이라기보다는 오히려 실천적(實踐的)인 것으로 만들었다고 할 수 있겠다.

오늘날 관광이라는 사회현상이 갖는 사회적 의의는 국내적으로나 국제적으로 옛날과는 비교도 할 수 없을 정도로 커졌고, 그 가치가 널리 인식되기에 이르렀으나, 관광학의 성격과 역할은 본질적으로 달라지지는 않았다. 그것은 오늘날에 와서도 관광현상을 건전하게 발달시키기 위한 여러 방책을 탐구하는 기초로서 기본적 이해를 얻기 위한 연구에 두고 있으므로, 그 의식(意識)은 단순한 지적 유희(知的 遊戱)가 아니라 실천적인 것이라 생각한다. 여기서 실천적인 것이라고 하는 것은 반드시 기술적이며 실용적인 것만을 의미하는 것이 아니라, 실증(實證)을 통한 과학적 · 객관적인 것이라야 한다는 것이다. 이와 같은 생각이 오늘날 관광학을 연구하고 있는 학자들 사이에서는 일치된 견해라고 할 수 있다.

관광의 연구는 화석(化石)을 연구하는 것이 아니며, 산이 그곳에 있기 때문에 올라가는 것도 아니다. 그것은 관광이 지니는 현대적 의의가 너무나 클 뿐만 아니라, 그 연구가 매우 시급한 것이라서 하는 것이다. 관광은 유람이며 생활에 별로 긴요한 것이 아니라고 생각되었던 때도 있었지만, 오늘날에 와서는 관광은 국민의 정신위생과 건전한 육체를 유지하기 위해서, 한걸음 더 나아가 항구적인 세계평화를 위해서도 그야말로 필요불가결한 생활요건이 되고 있다.

2. 최초의 관광연구

관광학은 관광과 관련한 모든 사상(事象) 즉 관광현상을 연구대상으로 하는 학문인데, 본격적으로 과학적인 연구가 시작된 것은 19세기 말부터라고 한다. 먼저 1899년 이탈리아 정부통계국장인 보디오(L. Bodio)는 "이탈리아에 있어 외래객 이동 및 소비액에 대해서"라는 보고서를 작성하여 발표하였는데 이것이 관광연구의 효시로 알려져 있다.[6] 당시 이탈리아에서는 외화획득을 목적으로 외국인 관광객을 유치하는 것이 국가의 주요 사업이 돼 있었는데, 이는 외국인 관광객의 동태를 파악하고 국제관광의 진흥을 도모하기 위해서였다고 한다.

20세기에 들어오면서 유럽에서는 미국인 관광객을 유치하려는 움직임이 활발해지면서 국제관광통계 분야에서의 연구가 계속 진행되었는데, 보디오에 이어 이탈리아의 니체훼로(A. Nicefero)가 1923년에 발표한 똑같은 논문인 "이탈리아에 있어서 외국인의 이동" 및 베니니(R. Benini)가 1926년에 발표한 논문 "관광객 이동의 계산방법의 개량에 관하여" 등 두 편이 발표되었다. 이 밖에도 관광통계에 관한 많은 논문이 유럽의 여러 나라, 특히 독일, 이탈리아, 스위스 등을 중심으로 발표되었으며, 경제학적인 전문서적들이 출간되었다.

이와 같은 현상은 유럽대륙과 북미대륙 간의 관광객 이동의 증가가 그 배경이 되었으며, 그 중에서도 19세기 말엽부터 20세기인 1920년대까지의 미합중국으로부터의 관광객 증가는 유럽 각국으로 하여금 관심을 갖게 만들었으며, 그 동태

6) 당시 이탈리아를 방문하는 미국인 관광객의 동태를 파악하여 대미(對美)선전을 강화할 목적으로 수행된 통계관련 보고서로서 관광객수, 체재기간, 소비액 등을 조사하였다.

를 분석해서 대미(對美)선전을 강화함으로써 달러를 벌자는 것이 목적이었다.

이들 관광통계에 관한 많은 논문들의 주된 내용은 ① 관광객의 수, ② 체재기간, ③ 소비액 등에 관한 것으로 이것들을 어떠한 방법으로 조사하는 것이 타당한가 하는 것이었다.

3. 관광학의 연구방법

1) 관광학 연구의 접근방법

관광학이 하나의 과학으로 성립하기 위해서는 필연적으로 과학적 문제가 제기된다. 일반적으로 과학의 특성은 그 대상에 있는 것이 아니라 어떠한 대상이든간에 그 대상에 접근하는 방법에 있는 것이다. 여기서 과학적 방법이라 함은 일반적으로 연구하려는 대상을 객관적 · 체계적으로 정밀하게 관찰 · 검증 · 분류 · 해석함으로써 보편적인 이론을 도출하는 과정이라고 할 수 있다.

관광을 체계적으로 연구하는 방법에는 두 가지가 있음을 알 수 있다. 하나는 관광현상이 매우 복잡한 현상이라는 이유로 관광을 연구하려는 관광학을 단순히 사회과학의 한두 가지 학문뿐만 아니라, 자연과학 등 다른 수많은 학문분야를 고르게 취급한 종합문화과학적인 것이 아니면 안된다는 입장이다. 즉 글뤽스만(R. Glücksmann)의 견해는 이러한 입장을 대표하고 있다.

다른 하나는 관광현상의 복잡한 다양성을 인정하면서도 연구의 방법을 한정하지 않는 연구는 성립할 수 없다는 입장이다. 관광연구를 종합문화과학, 개별과학 가운데 어떤 방법으로 접근하느냐 하는 것에 관해서 후자의 입장을 취한다면, 그것은 이른바 기성과학(旣成科學)의 한 분야의 성과에 비추어 관광현상을 해명하고, 그러한 사실을 모아서 쌓은 후에 개별과학의 응용과학으로서 관광학을 수립하려는 입장이다.

즉 그것을 최초로 실천한 사람은 마리오티(A. Mariotti)교수이며, 그 마리오티의 입장을 이론적으로 뒷받침한 사람은 보르민(A. Bormann)이다. 훈지커(W.Hunziker)와 크라프(K. Krapf)는 이념적으로는 종합문화과학이 바람직하다고 인정은 하면서도 기술적인 어려움과 실용상의 가치에서 경제학에 기울어진 관광연구를 하였다는 점에서 개별과학의 응용학으로 관광학을 수립하려는 입장에 속한다.

2) 관광론에서 관광학으로

관광연구의 체계화는 순수이론으로서의 관광학이라기보다는 이론으로서의 관광학에 정책론을 포함한 보다 큰 범주, 말하자면 관광학으로서의 체계가 아직 정비되지 못한 단계의 관광론에서부터 시작되었다. 그것은 아마도 당시 관광연구자들이 스스로 관광의 학문체계가 불충분하다는 것을 인식했기 때문인 것 같다.

그래서 글뤽스만은 자신의 저서를 『일반관광론』이라 불렀고, 또한 보르만도 『관광론』이라 불렀다. 여기에서 두 사람의 저서는 모두가 지식의 집합체로서의 '논(論)'이라는 점에서는 동일하다. 그런데 마리오티교수는 『관광경제학강의(*Lezioni di Economica Turistica*)』라는 명칭을 사용하고 있다. 이탈리아어의 economica에는 '경제'와 '경제학'의 두 가지 의미가 있으나, 여기에서는 '경제'의 의미로 사용했음을 마리오티교수 자신이 인정하고 있다. 이상에서 보는 바와 같이 제2차 세계대전 이전까지는 '관광학'이라는 명칭은 전혀 사용하지 않았고, 오로지 '관광론'이라는 명칭만이 있었던 것이다.

훈지커도 1942년 이전에는 다른 사람처럼 '관광론'이란 용어법을 쓰고 있었지만, 1943년에 저술한 『과학적 관광론의 체계와 주요 문제(*System und Hauprobleme einer wissenschaftlichen Fremdenverkehrslehre*)』란 책에서는 처음으로 '과학적인 관광론'이란 용어를 사용하였고, 그 후로는 계속해서 오늘날까지 '관광학'이란 용어를 사용하고 있다.

3) 응용학으로서의 관광학

훈지커(W.Hunziker)와 크라프(K. Krapf)의 입장과 마찬가지로 관광연구를 통해 개별과학의 응용학으로서 관광학을 수립하려는 관련 연구가 활발히 이루어지고 있다. 이러한 응용학으로서의 관광학은 크게 관광경제학, 관광경영학, 관광입지론, 관광사회학의 네 가지로 분류해 볼 수 있다.

먼저 관광경제학은 관광현상의 경제적 측면을 그 연구의 대상으로 하는 학문으로서, 관광학을 경제학이라는 개별과학의 응용학으로 연구하는 입장으로 볼 수 있다. 관광경제에 관한 대표적인 연구로 스위스 베른 대학의 크라프의 '관광소비'를 들 수 있다. 그는 이 연구를 통해 경제학적 관점에서 경제사상과 관광과의 관계 및 관광 수요의 성질 등을 상세히 다루었다. 이후 시오다세이지(鹽田正志)에 의해 관광경제학은 더욱 체계화 되었는데 대표적으로 『관광학연구 I』 중의 「관광경제학의 기초개념과 방법」 논문을 들 수 있다. 그는 근대경제학의 분석방법을 적용하여 관광경제를 이해하고자 하였으며, 이 연구를 통해 관광경제를 "관광현상의 경제적 측면 내지는 관광현상 가운데서 화폐라는 척도를 가지고 계량할 수 있는 부분"이라 정의하였다. 이는 복잡한 관광현상을 근대 경제학의 법칙을 통해 설명하려고 하였다는 점에서 응용경제학의 한 측면으로 볼 수 있을 것이다.

다음으로 관광현상의 경영적 측면을 그 연구의 대상으로 하는 관광경영학을 들 수 있다. 이는 관광학을 경영학이라는 개별과학의 응용학으로서 연구하려는 입장으로 볼 수 있다. 일반적으로 경영학의 중심과제는 조직론에 있는데 반하여, 관광경영학 분야의 대표적 연구로서 1959년 스위스의 훈지커가 발표한 「관광경영학」은 이를 포함한 관광에 대한 포괄적인 경영론의 입장으로 볼 수 있다. 그는 관광에 있어 관광경영의 위치를 설명하며 관광경영을 기업범위와 경영범위로 나누어 각각의 특징을 제시하였으며, 관광경영학의 연구대상 및 범위를 체재, 여행, 그리고 이들을 위한 급부를 수반하는 경영으로 분류하였다.

다음으로 관광현상의 지리적 측면을 그 연구의 대상으로 하여 관광학을 지리학이라는 개별과학의 응용학으로서 연구하려는 관광입지론을 들 수 있다. 관광입지론의 대표적인 연구 성과로는 경제지리학 부문의 관광입지론 관련 연구들을 들 수 있다. 먼저 프랑스 각지의 데이터를 통한 실증연구를 수행한 프랑스 관광연구의 1인자로 불리는 드페르(P. Defert)의 '관광입지론'(1960)에 주목해 볼 수 있으며, 관광입지 관련 모델과 수식화를 제시한 토트(H. Todt)의 「관광목적지의 공간적 질서에 대하여」(1965) 연구를 들 수 있다. 마지막으로 관광학을 사회학이라는 개별과학의 응용과학으로서 연구하려는 관광사회학의 입장을 들 수 있는데,

이는 관광현상의 사회적 측면을 그 연구의 대상으로 하고 있다. 인간생활 내에서의 관광현상을 밝히고자 하는 관광사회학은 오늘날 사회가 점차 복잡다양해지며 관광현상 역시 같은 경향을 보이고 있기 때문에 자연스레 사회학이라는 관점에서 관광현상을 이해하고자 하는 흐름은 당연한 현상이라 보여진다.

특히 여가의 증대 및 여가문화의 발전으로 국내외 관광산업이 성장하며 다양한 관광현상을 토대로 사회학 관점에서의 관광 관련 연구가 활발히 진행되고 있다. 이러한 관광사회학은 사회구조의 복잡화, 다양화라는 시대적 배경을 토대로 하여 1960년대 이후 관련 연구가 활발히 진행되기 시작하였다.

대표적으로 독일의 크네벨(H. J. Knebel)의 「근대관광에 있어서의 사회학적 구조변화」(1960) 연구는 사회학적 의미에서의 관광객 형태변화를 이야기하고 있으며, 1962년 페쉴(A. E. Pöschl)은 「관광과 관광정책」 연구를 통해 관광현상과 관련된 흥미로운 주장을 펼치기도 하였다. 이는 관광의 발전은 선형이 아닌 계단형, 폭발적 전개가 이루어지며 관광현상에 있어 도시와 농촌 사이의 중력과 원심력의 법칙 및 한계생산력의 법칙으로 이루어진다는 것으로써 그가 주장한 "관광의 발전법칙"에 주목해 볼 수 있다.

이상으로 관광학은 응용학의 관점에서 봤을 때, 앞에서 설명한 경제, 경영, 지리, 사회학의 분야 이외에도 다양한 분야에 걸쳐 응용학으로서의 실증적인 연구가 이루어져 오고 있다.

4. 관광학의 금후 방향

지금까지의 관광연구에는 두 가지 접근방식이 존재해 왔음을 알고 있다. 즉 하나는 종합사회과학으로서의 관광학이며, 다른 하나는 개별과학의 응용학으로서의 관광학이다. 이와 같은 두 가지 입장이 오래도록 상치하며 지속되고 있다는 것은 그들 나름대로의 이유와 신념이 있었기 때문일 것이다.

개별과학의 응용학으로서의 관광학 연구는 상당한 수준까지 도달하여 전문화되었고, 그 분석기법도 매우 실용적인 것이 되었다. 그러나 이러한 경향은 "나무를 보고서도 숲 전체를 보지 못하는 위험성을 내포하고 있다"고 한 시오다 세이지(鹽田正志)의 지적은 적절한 표현이라 하겠다(鹽田正志, 1974:71).

반면에 종합사회과학으로서의 관광학 즉 위로부터의 관광학이 지닌 문제점에 대해서도 역시 시오다(鹽田)가 다음과 같이 가장 잘 요약하고 있다. 즉 "…… 숲 전체의 모습을 파악하는 데는 좋을지 모르나, 이 방식은 지식의 집적(集積)은 있어도 법칙(法則)은 없고, 따라서 그것은 진실된 학문이라고 보기는 어려우며, 관광학이라는 호칭은 편의적인 것밖에는 안 된다. 왜냐하면, 모든 분야의 여러 법칙들을 동일한 차원에서 파악할 수는 없기 때문이다. 또한 엄밀한 법칙으로서 자연과학의 법칙과 대수법칙(大數法則)[7]으로서 사회과학의 법칙을 하나의 과학의 이름아래 한 울타리 안에 둘 수는 없는 일이며, 또 사회과학의 법칙이나 윤리학 같은 정신과학의 법칙을 동일시할 수도 없다.

관광학의 형성배경은 기존학문의 분화나 이론의 진화에 기인한다기보다는 새로운 삶의 문제의 출현에 더욱 근거하고 있음을 의미하며, 학문 자체의 자발적인 인식보다는 사회의 요구와 요청에 더욱 기초하고 있음을 보여준다. 이렇게 볼 때 오늘의 관광학이 소유하는 현실성과 실천성의 특징은 너무나 당연한 귀결이라 할 수 있으며, 바로 이 점에서 관광학의 존재이유를 찾을 수도 있다.

따라서 관광학의 연구자세로서는 철학적 이해와 사회과학적 연구방법을 병행시켜 나가야 할 것이며, 다방면의 교양과 지식을 바탕으로 하여 점차 독자적인 학문적 연구방법을 다져나가야 할 것으로 본다.

한편, 관광학은 학문의 성격상 종합학문에 속한다. 그러므로 어느 특정 학문적 연구에 의존하기보다는 다양한 학문분야로부터 다각적인 접근이 이루어지는 이른바 학제적(學際的) 접근방법(interdisciplinary approach)이 시도되고 있다.

결론적으로 관광은 종합학문으로서 철학적인 관광학의 이해와 여러 학문으로부터의 응용을 통하여 연구해 나가야 관광학의 문제를 풀어갈 수 있다고 본다.

7) 大數의 法則(law of large numbers)이란 관찰표본수가 적으면 틀릴 확률이 많으나, 관찰표본수가 많아지면 맞을 확률이 아주 높아지는 일종의 확률법칙을 뜻한다. 사회과학에서 내새우는 법칙이란 이러한 대수의 법칙에 바탕을 둔 확률법칙에 그 근거를 두고 있다. 예컨대, 우리나라에 사는 어떤 특정 개인의 수명은 예측하기 어려우며 법칙화할 수도 없다. 그러나 수십만명의 평균수명을 종합해 본다면 우리나라 사람의 평균수명을 예측할 수 있다.

제2장

관광의 역사

관광의 역사

제2장

역사는 현재와 과거와의 대화이며 그러한 대화과정을 통하여 현재의 의미가 떠오르는 것이다. 이러한 역사의 시점에서 「현재」와 「새로운」 시대를 반영하는 중요한 사회현상인 관광의 과거와 현재를 되새겨 보고자 한다. 근대의 경제적인 풍요로움은 「대중관광(大衆觀光)」이라는 관광형태를 잉태하였으며 이에 대체하는 「새로운 관광」은 「탈 근대(脫近代)」라는 새로운 시대의 도래와 깊은 관련성을 가지고 있다. 이러한 현대관광의 의미를 이해하기 위하여 관광의 역사에 대하여 고찰해 보고자 하는 것이다.

현대에 있어 하나의 사회현상으로 자리잡고 있는 관광현상은 그 시대의 사회모습을 대변해주는 대표적인 사회현상으로 볼 수 있으며, 따라서 관광의 역사를 되새겨 봄으로써 현대관광의 의미를 이해할 수 있는데, 여기에 관광의 역사를 배우는 목적이 있다 하겠다. 이러한 목적을 달성하기 위해서는 먼저 관광의 역사에 대한 시각을 명백히 하고 이를 검토함으로써 관광의 역사를 배우는 의미가 보다 쉽게 이해될 것으로 본다.

제1절 관광의 발전단계

관광현상은 환경에 따라 크게 변화하는 특색을 보이고 있는데, 이는 관광이 외부환경에 의해서 끊임없이 영향을 받아왔으며, 외부환경의 영향은 시대에 따라 다르고, 특정한 사회적 분위기에 따라서도 다르게 나타나기 때문이다.

이러한 관광현상의 변천과정을 살펴봄으로써 인류의 오랜 역사 중에서 관광의 개념을 규정지을 수 있는 사회현상을 찾아보고 그 차이점과 유사점을 함께 밝히는 데 있어서 학자에 따라 관광의 역사를 구분하는 시각이 약간의 차이를 보이고 있다.

그러나 관광의 일반적인 발전단계를 관광내용, 즉 관광객층, 관광동기, 조직자, 조직의 동기 등의 특성에 따라 구분하면 다음과 같이 요약할 수 있다. 즉 여행(tour)의 시대, 관광(tourism)의 시대, 대중관광(mass tourism)의 시대, 신관광(new tourism)의 시대로 구분할 수 있다. 다만, 세계의 역사부분에서는 주로 유럽을 대상으로 했으며, 이러한 발전단계를 도표로 요약해본 것이 〈표 2-1〉이다.

〈표 2-1〉은 일본의 관광학자인 시오다 세이지(鹽田正志)교수가 유럽의 관광을 중심으로 관광의 발전단계를 그린 도표를 참고하여 최근의 신관광(new tourism)과 뉴노멀(new normal)의 시대를 포함하여 재작성한 것이다.[1)]

1. 여행(tour)의 시대

고대 이집트, 그리스와 로마시대로부터 1830년대까지를 총칭하여 여행(tour)의 시대라고 할 수 있다. 이 시대의 특징은 귀족과 승려, 기사 등이 속하는 특수계층이 종교와 신앙심의 향상을 위한 교회중심의 개인활동으로서 여행을 하였고, 관광사업의 형태는 자연발생적인 특징을 지니고 있었다.

고대 그리스와 로마시대의 경우, 올림피아(Olympia)에서 열렸던 경기대회 참가를 위한 여행행위나 신전참배 등의 종교활동을 위한 여행이 주류를 이루고 있었다. 로마시대 후기에는 교통학문의 발달로 지적 욕구의 증대에 따른 탐구여행, 종교 및 예술활동을 위한 여행, 식도락 관광 등의 형태로 발전하였다. 그리고 중세시대에는 십자군 전쟁의 영향으로 일부 중간층도 관광에 참여하게 되고 가족단위의 관광형태도 생겨났으며, 주로 수도원이 숙발시설 기능을 담당하였다.

1) 시오다 세이지(鹽田正志)는 일본의 亞細亞大 교수로서 그의 저작물로는 관광경제학서설(1960), 관광경제학, 관광학연구 I (1974) 등이 있다. 스즈키 타다요시(鈴木忠義)의 현대관광론(東京:有斐閣, 1974)에 나오는 도표를 참고로 하여 new tourism과 new normal 시대를 추가하여 재작성하였다.

〈표 2-1〉 관광의 발전단계

단계구분	시기	관광객층	관광동기	조직자	조직동기
• 여행(tour)의 시대	고대부터 1830년대 말까지	귀족, 승려, 기사 등의 특권계급과 일부의 평민	종교심 향락	교회	신앙심의 향상
• 관광(tourism)의 시대	1840년대 초부터 제2차 세계대전 이전까지	특권계급과 일부의 부유한 평민(부르주아)	지적욕구	기업	이윤의 추구
• 대중관광 (mass tourism) • 복지관광 (social tourism) • 국민관광 (national tourism) 의 시대	제2차 세계대전 이후 근대까지	대중을 포함한 전국민(장애인, 노약자, 근로자 포함)	보양과 오락	기업 공공단체 국가	이윤의 추구, 국민복지의 증대
• 신관광 (new tourism) 의 시대	1990년대 이후 2010년대 말까지	일반대중과 전국민	개성관광의 생활화	개인 가족	개성추구와 특별한 주제 또는 문제해결
• 뉴노멀 (new normal) 의 시대	2010년대 말 이후	대중(소규모 조직 구성)	지역관광, 비대면 관광의 확산	개인	힐링형 여가 증대 건강, 위생 추구

(주) 鈴木忠義(스즈키 타다요시), 現代觀光論(東京: 有斐閣, 1974), p.8. 및 저자 재구성

우리나라의 경우를 살펴보면, 신라시대의 화랑 등에 의한 집단수련이 있었고, 관리의 지방시찰, 과거시험, 종교활동 등에 의한 상류층 중심의 수련여행이 있었던 시기로서, 전반적으로 소규모의 개별적 여행이 주류를 이루고 있었으며 시대상에 따라 특별한 목적을 띤 일부계층의 특별한 여행이었다고 할 수 있다.

2. 관광(tourism)의 시대

관광(tourism)의 시대는 서비스를 통하여 관광사업의 토대를 마련한 시기로

1840년부터 제2차 세계대전 이전까지를 말한다. 이 시기의 관광은 귀족과 부유한 평민이 지적 욕구를 충족시키기 위한 형태로 발전하여 단체여행이 생성되었으며, 이에 따라 이윤추구를 목적으로 하는 기업이 등장함으로써 중간매체적인 서비스 사업이 태동하게 되었고, 영국의 토마스 쿡(Thomas Cook)이 도입한 여행알선업이 그 시초가 되었다.

르네상스(Renaissance) 이후 중세에서 근대로 접어들면서 순례(巡禮)를 중심으로 관광여행이 증가하고 여관이 등장했으며, 유럽대륙횡단여행이 성행하는 단계로 발전하였다. 이러한 발전을 거듭하던 관광이 19세기 산업혁명을 계기로 교양관광(grand tour) 시대가 대두되고 온천 · 휴양지를 중심으로 호텔이란 숙박시설이 등장하면서 더욱 성황을 누리게 되었다.

마침내 근대 '관광산업의 아버지'라 불리는 토마스 쿡이 1841년에 단체 전세열차를 운행하면서 처음으로 관광여행자를 모객(募客)한 것이 오늘날 여행사에 의하여 단체관광이 판매되는 효시가 되었다.

또한 이 시기에는 교통 · 통신의 발달로 기차, 자동차, 선박여행이 시작되었으며, 이는 향후 관광의 대중화를 구축하는 중요한 기초가 되었다.

3. 대중관광(mass tourism)의 시대

대중관광의 시대는 제2차 세계대전 이후 현대에 이르는 대량관광시대를 가리킨다. 이 시기는 조직적이고 대규모적인 관광사업의 시대로서, 중산층 서민대중을 포함한 전국민이 관광을 여가선용과 자기창조활동 등의 폭넓은 동기에 의해서 이루어지는 사회현상으로 받아들여지는 시대이다. 한편으로는 여행할 만한 여유가 없는 계층을 위해 정부나 공공기관이 적극 지원함으로써 국민복지 증진이라는 목적을 위해 '복지관광(social tourism)'운동의 이념을 확산 · 수용하여 적극적인 관광정책을 추진하기에 이르렀다.

이러한 복지관광의 실현 측면에서 건전한 여가활동을 위해 장애자, 노약자, 저소득층, 소외계층의 관광활동을 지원하는 관광정책이 많은 국가에서 시행되고 있다. 또한 관광활동을 국민의 기본권으로까지 인식하는 국민관광경향이 늘고 있다. 이에 부응하여 국민 모두가 관광에 참여할 수 있는 기회가 주어지고 생활화되어 대중적으로 참여하게 되는 국민관광(national tourism)의 붐이 일어나게 되며, 이에 따른 관련시설도 늘어나고 있다.

4. 신관광(new tourism)의 시대

1990년대 이후 관광의 개념은 다품종 소량생산의 신관광(new tourism)의 시대로서, 생산력의 증가로 잉여물이 생겼고 여가시간의 대폭적인 증대로 인해 인간의 욕구는 보다 자아실현이나 문화를 향유하려는 보다 고차원적인 욕구로 변해왔다. 이러한 현상은 당연히 여가와 관광의 추구로 나타나 교통수단이라는 기술력의 뒷받침 아래 여가와 관광현상에서 비약적인 증가 · 발전을 가져오게 되었다.

이러한 시대적인 흐름을 반영하여 관광을 통한 자기표현을 추구하는 개성이 강한 계층이 주도하는 새로운 흐름의 관광형태가 등장하였다. 더 이상 값싼 관광상품, 표준화된 패키지여행을 원하지 않고 부단히 새로운 관광지, 색다른 관광상품을 탐색하며 개성을 추구하고 질적인 관광을 선호하는 관광객이 점증하는 추세인 이러한 현상을 독일의 푼(Auliana Poon)은 신관광혁명(new tourism revolution)이라 명명(命名)하고 있다.

이와 같은 탈(脫)대중관광시대는 신관광시대라고도 불렸는데, 신관광시대의 특징은 관광의 다양성과 개성추구에 따라 특수목적관광(special interest tourism: SIT)이 확대되고 있다는 것이다. 종래의 본능적인 욕구충족의 해결로 보았던 관광을 이제는 전형적으로 어떤 특수한 주제관광으로서 특별관심관광을 이루고 있으며, 문화관광이 이러한 영역을 대표하고 있고 종교관광, 민속관광, 생태관광, 문화유산관광, 요양관광 등 보다 차원이 높으면서도 다양한 형태의 관광을 추구하게 되었다.

5. 뉴노멀(new normal)의 시대

1990년대 이후 지속적으로 이어지던 신관광 시대의 특징과 더불어 글로벌 팬데믹의 영향으로 관광에 있어서도 뉴노멀(new normal) 시대가 도래하였다. 뉴노멀은 2020년 문화체육관광부와 국립국어원에 의해 '새 기준', '새 일상'이라는 우리말로 대체될 수 있는 개념으로, 시대 변화에 따라 새롭게 부상하는 표준을 의미하는 개념이다. 2008년 세계 금융 위기 이후 등장한 이래 지난 2019년 말 발생한 전 세계적인 팬데믹 상황 이후 의미가 널리 퍼지게 되었다.

전 세계적으로 팬데믹 상황 이후 많은 산업에서 변화가 일어나고 있는데 이러한 뉴노멀 시대의 관광산업 변화의 핵심 키워드는 비대면, 건강과 위생 추구, 지역주의 부상, 사회적 기업의 역할 증대 등을 들 수 있다. 여기에 발맞춰 관광산업에도 변화된 수요를 반영한 특수목적관광(SIT) 추구와 더불어 뉴노멀 시대에 적합한 비대면 서비스 확대, 안전관광, 빅데이터 · ICT를 활용한 여행정보시스템 및 여행 플랫폼(platform) 활성화 등으로 관광산업이 재편되고 있다.

제2절 세계관광의 발전과정

1. 고대 · 중세의 관광

1) 고대 이집트와 그리스

기원전 5세기에 태어난 그리스의 역사가인 헤로도투스(Herodotus)는 로마의 키케로(Cicero)에 의해 '역사의 아버지'로 불렸으며, 고대 이집트와 그리스의 역사를 기술한 것으로 알려져 있다. 그는 또 '고대에 있어서 가장 위대한 여행자'로도 불렸고, 그리스를 중심으로 중근동(中近東) · 유럽남부 · 북아프리카 각지로의 여행을 시도하여 각 시대, 각 지방에서 행해졌던 '여행'에 관해서도 기술했었다. 그에 의하면 관광적인 여행의 효시는 신앙(信仰) 때문에 행해진 것으로 보고 있다.

그러나 관광이 유럽에서 본격적인 형태로 나타난 것은 그리스 시대였다. 기원전 776년 이후 올림피아(Olympia)에서 열렸던 경기대회에는 많은 사람들이 여러 곳에서 참가하여 이를 즐겼다고 하며, 에게해(海)에 여기저기 흩어져 있는 여러 섬 중에서도 델로스(Delos)섬에는 반도로부터 많은 사람들이 찾아와서 요양(療養)을 위하여 머물렀던 것으로 전해지고 있다.

또한 그리스 신들의 신전(神殿)이 건축되고 참배자가 많았던 것도 잘 알려져 있으며, 특히 델포이(Delphoi)에 있는 아폴로(Apollo)의 신전이나 아테네(Athenai)의 제우스(Zeus)나 헤파이스토스(Hephaestus)의 신전이 관광명소로 유명했다고 전해지고 있다. 이처럼 그리스의 관광은 당시의 시대적 배경에서 판단하면 체육, 요양, 종교의 세 가지 동기에서 행해졌으며, 즐거움을 위한 여행의 목적이 된 최초의 것은 스포츠와 그 관람이었음을 알 수 있다.

이 시대의 여행자는 민가에서 숙박하는 것이 보통이었고, 숙박시키는 쪽에서는 외래자를 대신(大神) 제우스의 보호를 받는 '신성한 사람'으로 생각하고 후대하는 관습이 있었고, 이와 같은 환대(歡待)의 정신은 호스피탈리타스(Hospitalitas)라고 해서 그 당시에 최고의 미덕으로 여겼으며, 이 말이 오늘날의 '호스피탈리티(hospitality)'의 어원이 되었다고 한다. 영국의 역사가 토인비(A.J. Toynbee)도 말한 바와 같이 그리스 시대 가운데서도 기원전 4세기 중엽 이후의 이른바 헬레니즘(Hellenism) 시대는 '인간존중의 정신'이 지배했던 시대로서 호스피탈리타스도 여기에 그 근원을 갖는 것으로 생각된다.

2) 고대 로마

로마시대에 와서는 공화정(共和政)과 제정(帝政)의 양 시대를 통하여 관광이 한층 번성하였던 것이 기록으로 보아 명백하다. 고대 로마시대의 관광동기 내지 목적은 종교 · 요양(療養) · 식도락(食道樂) · 예술감상 · 등산(登山)이었던 것으로 보인다.

먼저 로마신화에서 여러 신(神)의 신전(神殿)은 본토는 물론 여러 섬의 곳곳에 세워졌으며, 사람들은 각각의 목적에 따라 주신(主神)인 주피터(Jupiter), 미(美)와 사랑의 여신인 비너스(Venus), 풍작(豊作)의 여신 케레스(Ceres) 등의 신전에 참배했다.

로마 사람들은 그리스 사람들보다 훨씬 미식가였으며, 그 내용은 당시의 조리

교본인 '조리의 왕(De re Coquinaria)'을 보아도 알 수 있다. 그래서 그들이 각지의 포도주를 마셔가며 미식을 즐기는 식도락(食道樂)은 가스트로노미아(Gastronomia)라 불렸고, 하나의 관광형태가 되었다. 가을에는 술의 신(酒神) 바커스(Bacchus)를 주신(主神)으로 하는 제례가 행해져 많은 사람들이 몰려들었다고 한다.

이와 같은 미식(美食)으로 인해 많은 비만인(肥滿人)이 생겨났고, 그와 함께 온천요양을 필요로 하는 병자가 늘어났으며, 오늘날의 요양관광(療養觀光)이라는 새로운 관광형태를 낳게 하였다. 남부(南部) 이탈리아의 바이아(Baia)는 이와 같은 유형의 관광중심지 중의 하나가 되었으며, 그에 따라 요양객을 위해 연극이 공연되었고, 또한 카지노(Casino)도 설치되었다. 또 예술관광이란 각지의 명승고적을 탐방하는 것을 말하는 것으로 가깝게는 카프리섬의 티베리우스(Tiberius) 황제의 별장으로부터, 멀리는 이집트의 피라미드 등이 그 대상이었다.

그리고 등산(登山)은 종교적 동기로 인한 것과 과학적 동기로 인한 것으로 나눌 수 있는데, 전자의 예로는 알프스의 산베르나르도(San Bernardo)에 있는 주피터(Jupiter)신전 참배 등이 있고, 후자의 예로는 시칠리아(Sicily)섬의 에트나(Etna) 활화산을 찾는 등산 등이 널리 알려졌었다.

로마시대에 들어와서 이와 같은 관광이 가능했던 배경으로는 교통수단의 정비를 들 수 있다. 기원전 4세기에 건설되었다는 아피아가도(Appian Way)를 비롯하여 로마의 중심 훠로(Foro)로부터는 일곱 개의 가도(街道)가 동서남북으로 뻗었고, 남쪽은 멀리 그리스로 뻗어나가는 해상교통으로 연결되어 있었다. 고대 로마의 도로정비는 주로 전략상의 이유에서였다고는 하나, 그것이 관광의 발전에 기여했던 것은 명백한 사실이다.

당시 육상의 교통수단은 마차뿐이긴 하였으나, 사람의 수와 목적에 맞추어 2인승 단거리용의 2륜마차 키시움(Cisium), 3인용 2륜마차 카렛세(Calesse), 4인승 장거리용의 4륜마차 프레토리움(Paretorium)으로부터 포장과 침대가 붙은 4륜차 카루카 도르미토리아(Carruca Dormitoria) 등 여러 종류가 있었다.

한편, 해상교통도 소형의 트라게토(Traghetto)나 바르카(Barca)로부터 대형의 나베(Nave)에 이르기까지 여러 가지가 있었는데, 대형선으로 로마의 오스티아

(Ostia)항구에서 스페인의 카디스(Catiz)까지는 7일, 나폴리 근처의 포추올리(Pozzuoli)항구에서 그리스의 코린투스(Corintus)까지는 5일이 걸렸다고 한다.

숙박시설은 처음에는 민가를 개조하는 정도의 것이었으나, 관광이 발전함에 따라 대형화되기 시작했으며, 오스티아(Ostia) 등지에서는 4층 건물로서 내부에 리셉션 데스크와 선물가게까지 갖춘 여관이 있었다는 것은 오늘날 오스티아의 유적에서도 확인되고 있다. 이 밖에 그리스에 있었던 것과 같은 간이식당 타베르나(Taverna)나 식당 겸 숙박시설인 포피나(Popina)가 각지에 건설되어 영업을 하고 있었다.

그러나 5세기에 이르러 로마제국이 붕괴되면서 치안은 문란해졌고 도로는 황폐해졌으며, 화폐경제는 다시 실물경제로 되돌아감으로써 관광에서는 악조건이 겹쳤기 때문에 오랜 관광의 공백시대(암흑기)로 빠져들게 되었다.

3) 중세 유럽

유럽에 있어서 관광부활(觀光復活)의 원인이 된 것은 십자군전쟁(十字軍戰爭)이었다. 11세기말(1096)부터 13세기말(1291)에 이르기까지 약 200년간 7회에 걸쳐 편성된 십자군원정은, 서유럽의 그리스도교도들이 성지 예루살렘을 이슬람교도들로부터 탈환할 목적으로 감행한 대원정이었다. 십자군원정이 열광적인 종교심과 함께 호기심 · 모험심의 산물이었다는 것은 일반적으로 널리 알려진 바이지만, 원정에서 귀국한 병사들이 들려준 동방의 풍물에 대한 정보는 유럽인들에게 동방세계에 대한 관심을 갖게 함으로써 동서 문화교류의 계기를 마련하게 되었다.

또한 동방과의 교섭의 결과 교통 · 무역이 발달하고 자유도시의 발생을 촉진하였으며, 동방의 비잔틴문화 · 회교문화가 유럽인의 견문에 자극을 주어 근세문명의 발달에 공헌한 바가 컸다.

비록 명분과 목적에서 예수의 묘(墓)가 있는 예루살렘을 회교도의 손에서 탈환하여 기독교도의 영토로 삼아 순례자의 편의를 꾀하려던 '성지 예루살렘(Jerusalem)의 탈환'은 끝내 달성하지 못했으나, 이슬람교도에게 그리스도교도의 예루살렘 순례(巡禮)를 인정하게 함으로써 중세를 통하여 예루살렘은 종교관광의 최고 목적지가 되었다.

중세 유럽의 관광은 중세세계가 로마법왕을 중심으로 한 기독교문화공동체였던 탓으로 종교관광이 성황을 이루었는데, 예루살렘에 이어 제2의 순례지는 로마였다. 여기에는 교황(敎皇)이 있고 사도(使徒) 베드로나 바울 등이 순교(殉敎)한 땅이기도 하다. 로마 교황이 7대에 걸쳐 프랑스 남부 아비뇽(Avignon)에 유폐당한 14세기와 신성 로마제국 황제 칼 5세가 로마를 약탈한 16세기 초에 일시적으로 황폐되기는 하였으나 오랜 시기 중세를 통하여 로마는 신앙의 중심지였다.

중세 유럽의 제3의 순례지는 스페인의 산티아고 드 콤포스텔라(Santiago de Compostela)였다. 이 곳에서 12사도의 한 사람인 야곱의 유골이 발견되었다고 해서 1082년에 대성당이 건립되었고, 또한 성지로 지정된 이래 프랑스와 스페인 각지로부터 많은 순례자가 모여들었다.

이와 같이 중세 유럽의 관광은 성지순례(聖地巡禮 · Pilglim)의 형태를 취하였고, 그들은 수도원에서 숙박하고 승원 기사단(僧院騎士團)의 보호를 받으면서 가족단위로 장거리의 관광을 즐길 수가 있었다.

2. 근대관광의 발생과 발전

1) 근대관광의 생성조건

관광은 근대의 경제적 풍요로움을 근본적 원인으로 하여 발생한 사회현상이며, 근대를 구체화하는 전형적인 사회현상이라 할 수 있다.

여가활동의 일종인 관광을 실현하기 위해서는 먼저 돈과 시간이 필요하다. 그리고 또하나의 조건으로 관광을 받아들이는 사회규범, 즉 관광을 즐길 수 있는 사회환경을 들 수 있으며, 관광을 유발시키는 이 모든 조건은 경제적 풍요로움이 사회 전반에 걸쳐 확산됨으로써 비로소 성립하게 되는 것이다.

근대 이후 관광이 더욱 확대된 계기로 19세기 말 이후 여행조건의 비약적인 향상을 들 수 있는데, ① 교통의 혁신적 발전, ② 숙박시설의 정비, ③ 관광관련 산업의 복합화와 발전, ④ 관광정보의 보급, 그리고 ⑤ 이동수단의 발달 등이 그것이다.

2) 근대 유럽의 관광

유럽에 있어 15세기에서 19세기 초까지는 르네상스, 대항해(大航海), 종교개혁, 미국의 독립, 그리고 계몽주의가 확산된 시기로 역사의 시대구분은 이를 근세(近世)라고 부른다. 이와 같은 근세는 근대(近代)의 기초가 구축되는 시대이며 또한 여행(旅行)의 역사에서 관광(觀光)의 역사로 전환하는 시기라고도 할 수 있다.

유럽에 있어서의 관광은 위에서 언급한 바와 같이 일부에서는 대항해시대를 맞이하는 등 화려한 일면도 있었지만, 근세에 와서도 종교관광(宗教觀光)의 기조는 달라지지 않았다. 그러던 것이 19세기에 들어서면서 커다란 변화가 나타났다. 이 시대에는 이미 중세 말기에 생긴 여관조합(inn guild)이 발전하여 여관의 수도 많아졌으며 여행이 쉬워진데다, 문예부흥기(文藝復興期)를 맞아 괴테(J.W.v. Goethe), 셸리(P.B. Shelley) 그리고 바이런(G.G. Byron) 등 저명한 작가와 사상가가 대륙을 여행한 후 발표한 작품들이 또다른 관광의 자극제가 되었다. 역사가(歷史家)는 이 시대를 가리켜 '교양관광(教養觀光)의 시대' 또는 '그랜드 투어(Grand Tour)의 시대'라고 부르고 있다.

이른바 산업혁명이 가져온 기술혁신의 하나인 철도의 발달은 특히 영국에서 두드러져서 1850년에는 주요 철도망이 거의 완성돼 있었다. 이와 같은 시대상황에서 등장한 사람이 토마스 쿡(T. Cook)인데, 그의 활약에 의하여 대중의 즐거움을 위한 여행은 새로운 형태로 전개되어 갔다.

영국인 목회자였던 토마스 쿡은 관광분야에서는 최초로 여행업을 창설한 인물로 다양한 아이디어 속에 단체관광(패키지 투어)을 처음으로 시도하였으며, 그 결과 관광의 대중화의 길이 열리게 된 것이다.

토마스 쿡에 의한 여행업의 창설은 처음에는 종교활동에서 시작되었다. 그는 인쇄업을 운영하면서 전도사 및 금주운동가로서 활동하고 있었는데, 당시 도시노동자의 음주습관을 없애기 위하여 관광이라는 건전한 레저활동을 노동자계층에 인식시키며 금주운동을 펼치고 있었던 것이다. 여행과 관련한 그의 특별한 업적은 금주운동 참가를 위한 단체여행의 주최였다. 그는 1841년에 철도회사와의 교섭을 통해 단체할인의 특별열차를 임대하여 570명 참가자들의 전 여정을 관리하여 성공적으로 끝마쳤는데, 이는 근대여행업의 첫걸음이라 할 수 있다.

그 후 토마스 쿡에게 여행수속의 대행을 의뢰하는 사람이 속출하여, 드디어 1845년에는 단체여행을 조직화하고, 교통기관이나 숙박시설의 알선을 전업으로 하는 '여행대리업(당시는 excursion agent)'을 경영하게 되었다. 그의 공적은 누가 무엇이라 하여도 대중의 여행을 손쉽게 한 것에 있으며, '즐거움을 위한' 여행에 참가할 수 있는 사람들을 증대시켰다는 점이다. 이 점에서 토마스 쿡을 '근대관광산업의 아버지'라고 부르고 있으며, 또 그의 등장 이후를 '근대관광의 시대'라고 부른다.

한편, 숙박시설 면에서도 19세기가 되면서 온천지를 중심으로 호화로운 객실과 위락시설을 갖춘 곳이 나타났는데 이를 호텔이라 부르게 되었다. 남부 독일의 바덴바덴(Baden-Baden)의 바뒤셰 호프(Der Badische Hof)나 하이델베르크(Heidelberg)의 유로페이셰호프(Der Europäische Hof), 파리의 그랑 호텔(Grand Hotel) 등이 그것이다.

3) 근대 미국의 관광

미국은 독립 이후 급속한 근대화를 이루어 19세기 말에는 영국을 제치고 세계 경제를 주도하는 대국이 되었다. 경제발전으로 인한 중산층(中産層)의 탄생은 20세기 들어 관광붐을 일으켜 1910~1920년에 걸쳐 미국인의 유럽여행 붐을 조성하였으며, 유럽에서도 미국관광이 유행하여 유럽대륙과 북미대륙 간의 왕래가 빈번하게 되었다.

이렇게 대서양을 사이에 두고 양 대륙 간의 교류가 증가하게 된 배경에는 대형화 · 고속화를 이룬 대형 호화여객선의 등장을 들 수 있다. 20세기 전반은 이러한 대형 호화여객선의 시대라 할 수 있으며, 대형 여객선에 의한 관광은 하와이, 카리브해의 여러 섬, 아프리카, 아시아 등을 대상으로 하는 세계 주유관광의 확대를 실현시켰으며, 또한 미국에서는 20세기 초반에 자동차 붐이 일어나 경제적 풍요로움과 중산층 계급의 대두를 상징함과 동시에 국내관광의 발전에도 기여하게 되었다. 이것이 이른바 '유럽으로의 여행시대'이다.

이와 때를 같이하여 스타틀러(E.M. Statler)와 같은 호텔경영자에 의해서 미국의 호텔기업이 대형화·근대화되는 계기가 마련되었다. '근대호텔의 혁명왕'으로 일컬어지는 스타틀러는 1908년에 버펄로(Buffalo)에서 스타틀러 호텔(Statler Hotel)을 개관함으로써 미국호텔산업에 새 역사를 창조한 인물이다.

영국에서도 근대적인 호텔기업을 발전시킬 수 있는 터전이 마련되기는 하였으나 크게 성장하지 못하였고, 미국에서 오히려 융성한 발전을 가져와 오늘날 호텔기업의 본고장으로 평가되고 있다. 이와 같이 근대에 와서 미국의 호텔이 유럽의 호텔보다도 더 발전을 하게 된 배경이 무엇인가를 다음과 같은 측면에서 살펴볼 수 있겠다.

첫째, 숙박업자들의 개성면에서 미국의 숙박업자들은 유럽에 비해 보다 진취적이고 투기적이며 확장주의적 과감성이 있었던 결과이고, 둘째, 호텔기업의 개성면에서 유럽의 것이 귀족적 냄새를 풍기며 화려하고 안정적인 특성을 보이는데 반하여, 미국의 호텔은 평등적 내지는 대중적 취향의 운영형태를 보여 주었다는 점이다. 이의 주요한 요인은 미국인의 생활습관에서 기인함과 동시에 여행을 어느 나라에 비해서도 좋아하는 사실에서 기인하고 있다. 이는 곧 오늘날까지 국내외를 막론하고 호텔산업의 발전을 유도한 선도적 요소이기도 하다.

특히 20세기 초에, 스타틀러가 전혀 새로운 스타일의 버펄러·스타틀러호텔(Buffalo Statler Hotel)을 설립함으로써 도시를 왕래하는 중산층의 여행자가 투숙할 수 있는 상용호텔의 탄생을 가져옴과 동시에 미국 호텔산업의 새로운 시대를 열었다.

4) 근대 한국의 관광

우리나라에서는 근대에 들어와서도 고려시대의 역참제도(驛站制度)가 지속되어 교통과 통신 및 숙박시설은 역(驛)이 그 기능을 담당했었다. 그러나 임진왜란(壬辰倭亂)과 병자호란(丙子胡亂)을 겪으면서 서서히 그 기능을 상실해가던 역(驛)은 19세기 말에 와서는 통신·교통의 일대혁신과 함께 완전히 그 기능을 잃게 되었고, 사회 내부에 몇 가지 특징적인 현상이 나타났는데, 이러한 변화는 개항기를 기점으로 다시 한번 새로운 형태의 양상으로 바뀌었다.

임진왜란 이후 혼란해진 정국(政局) 속에서 역(驛)·원(院)제도가 유명무실해짐에 따라 객주(客主)와 여각(旅閣) 및 주막(酒幕) 등이 나타난 것이다. 驛[2]이나 院[3]은 관용적(官用的) 성격을 띠고 있으나, 客主[4]와 旅閣[5]은 사용적(私用的) 성격을 띤 것으로 일반여행자보다는 상인을 대상으로 한 여인숙이었고, 酒幕[6]은 서민대중을 대상으로 한 여숙(旅宿)의 성격을 띠고 있었다.

더욱이 강화조약(江華條約)이 1876년에 체결된 후 부산항이 개항되고, 이어 원산 및 인천항이 개항되자 많은 객주가 개항장을 비롯한 도시에 집결되었고, 이들은 객주조합을 결성하여 활동을 활발히 함으로써 개항지에서 외국상품 판매의 중개역할과 더불어 그들의 숙소로 제공되었다.

한편, 개항과 더불어 외국의 물물교환이나 경제적 침투와 함께 많은 외국인이 입국하게 되면서, 이미 있었던 숙박시설의 변천을 가져왔고, 1910년 한일합방(韓日合邦)과 더불어 근대적인 여관이 서울을 비롯하여 전국적으로 생겨났다. 이러한 숙박시설들은 처음에 부산, 인천과 같은 개항지를 중심으로 발생하였는데, 철도교통의 발달과 함께 전국의 주요 철도역 부근을 중심으로 번창해 나갔다. 이에 따라 개항기 무렵에 흔히 볼 수 있었던 행전과 짚신에 괴나리봇짐을 진 나그네와 보통 여염집과 다를 것 없는 초가지붕의 낮은 여인숙의 전경은 교통과 도시의 발달 속에 점차 근대적인 모습의 일본풍 또는 서양풍의 여관에 밀려나게 되었다.

---

2) 중앙관청이 공문을 지방관청에 전달하며, 외국사신의 왕래와 관리의 여행 또는 부임 때 마필(馬匹)을 공급하던 곳으로, 신라 21대 소지왕 9년에 처음으로 베풀었다.

3) 고려와 조선조 때 역과 역 사이에 두었던, 출장하는 관원을 위한 국영의 여관이다. 驛이 완전히 官用에 속한다고 한다면, 院은 반관반민의 성격으로 평민이 관리하였으며, 공용여행자의 숙식 외에 일반민중의 여사(旅舍)로도 사용되고, 또한 빈자(貧者)에게는 음식을, 여행자에게는 약을 무료로 제공하기도 하였다.

4) 조선조 때 주로 인삼, 약종(藥種), 금은, 직물, 피혁 따위 물품을 위임받아 팔거나 또는 거간(居間)하거나 그 상인을 치르던 여관집이다.

5) 상인이 농산물이나 수산물의 매매를 거간하며, 또한 그 물건 임자를 묵게 한 여관집이다. 객주와 같은 뜻으로 쓰이나, 객주는 객상을 숙박시키고, 여각은 여상을 숙박시켰으며, 취급화물·설비·소재 등의 차이로 구별짓고 있다.

6) 서민을 대상으로 한 음식점 겸 여숙(旅宿)으로 주로 시골의 길거리에서 술이나 밥 따위를 팔고 나그네도 치르는 집이었다. 임진왜란 때부터 성행하였는데, 17세기 이후 개인상의 활동이 활발해짐에 따라 도시에서는 객주, 시골에서는 주막이 여숙의 장소로 제공되었다.

근대적인 여관의 발달과 함께 외국인을 대상으로 한 서양식 개념의 호텔도 탄생하였는데, 1888년에 인천에 세워진 대불(大佛)[7]호텔이 그것이다. 그 후 이 호텔 바로 길 건너에 스튜워드 호텔(Steward Hotel)[8]이 문을 열고 우리나라를 찾아오는 유럽인이나 미국인 등이 이용하였으나, 1899년에 경인선철도가 개통됨으로써 반드시 인천에서 숙박할 필요가 없게 되고보니 이용객이 줄어들어 사양길을 걷다가 문을 닫고 말았다. 그리고 1902년에는 서울에도 손탁호텔(Sontag Hotel)[9]이 세워졌지만 오래 유지되지 못하였고, 1905년 경부선의 개통과 1906년 경의선이 개통됨에 따라 철도사업의 부대사업으로 1912년에 부산역과 신의주역에 각기 개관된 부산철도호텔과 신의주철도호텔이 우리나라 근대적 호텔의 효시라고 하겠다.

경인선, 경부선 그리고 경의선 등 철도의 개통은 한일합방을 전후하여 국내인의 여행왕래를 활발하게 하였으며, 특히 일본의 압록강 가교공사(架橋工事)를 준공시켜 개통됨과 동시에 중국대륙의 침략을 시도하면서, 철도 이용객들이 증가함에 따라 1941년에 처음으로 재팬 투어리스트 뷰로(JTB; 日本交通公社의 전신)의 朝鮮支社가 설립되었고, 한반도내 일본인 이동의 편의를 제공하게 되니 일본인의 여행왕래도 빈번해졌다.

그 당시의 여행수단은 오로지 철마(鐵馬)에 의한 것이 대부분이었으나, 이 밖에도 1914년에는 평양(平壤)~진남포(鎭南浦) 사이를 비롯한 9개의 버스 정기노선이 처음으로 등장하였고, 1936년에는 한일 사이에 부관(釜關) 대형 연락선인 '금강환(金剛丸)'이 취항함으로써 두 나라 사람들의 여행을 가속화시켰던 것이다.

위에서 기술한 비와 같이 우리나라의 관광여행은 개항과 더불어 철도의 개통으로 활발해지기 시작했으며, 또한 관광사업도 철도사업의 부대사업으로 태동되기 시작했다고 볼 수 있다.

---

7) 우리나라에서 서양식 개념의 호텔로서는 맨 처음이다. 1888년에 인천에 일본인에 의하여 세워진 3층 11실의 호텔이다. 당시 인천항을 드나들던 구미인(歐美人)들과 일본인들의 숙소로 사용되었다.

8) 대불호텔 바로 길 건너에 중국인에 의하여 건립되었다.

9) 독일인 손탁(Sontag)이 서울 정동(貞洞)에 1902년에 세웠으며, 벽돌 2층의 건물로 2층에는 귀빈실을, 1층에는 보통객실과 식당을 두었다. 객실, 가구, 장식품, 악기, 의류 및 요리가 모두 서양식으로 제공된 숙박시설로서 외국인들의 집합소역할을 하였으며, 청일전쟁 후에는 미국이 주축이 되어 구성된 정동구락부로 외교가의 중심지가 되었다.

3. 현대관광의 출현과 확대[10)]

1) 대중관광의 출현

(1) 대중관광과 대중소비사회

제2차 세계대전 이후의 폐허에서 부흥한 이른바 선진국에서는 1960년대부터 대중관광(mass tourism)의 시대를 맞이하게 된다. 대중관광이란 관광이 대중화되어 대량의 관광객이 발생하는 현상을 말하는데, 미국, 일본 그리고 서유럽의 국가들을 중심으로 대중관광이 시작되었다. 이러한 국가들은 대부분이 근대화의 선발그룹에 속해 있었으며, 전후 경제발전으로 더욱더 고도의 근대화를 달성해가고 있었는데, 선진제국의 경제발전은 대중소비사회를 잉태하는 결과를 가져오게 되었다.

대중소비사회란 공업생산력이 비약적으로 증대하여 대량생산 · 대량소비의 경제활동에 의해 인류사상 미증유의 경제적 풍요로움을 실현한 사회를 말한다. 대중소비사회는 1950년대에 미국에서 출현하기 시작하여 60년대에는 일본과 서유럽 제국에서도 형성되고 있었다.

특히 대중소비사회의 특징인 경제적 풍요로움은 사회 전반에 걸쳐 폭넓게 침투하여 대중레저사회를 형성하게 되었다. 원래 부유한 유한계급층의 소유물로 인식되어 있던 레저(leisure)가 일반대중에게도 향수되기 시작하였고, 그 중에서 가장 인기있는 레저가 바로 관광이었으며, 대중소비사회에 대중관광이 발생하게 된 계기를 마련하게 되었던 것이다.

초기 대중관광은 패키지투어(package tour)에 의한 단체여행으로 실현되었고, 국제적인 차원에 있어서의 대중관광 역시 단체여행의 형태를 띠고 있었는데, 지구의 '북반부'에 위치하고 있는 경제 선진국의 관광객이 지구의 '남반부'에 위치하고 있는 제3세계의 국가나 개발도상국 관광지를 집중적으로 방문하는 관광형태를 보이고 있었다.

10) 岡本伸之(오카모토 노부유키)편, 觀光學入門(東京: 有斐閣, 2001, pp.48~54.

(2) 대중관광시대의 개막

1960년대를 기점으로 미국과 유럽에서는 많은 사람들이 국제관광의 혜택을 누릴 수 있게 되었는데, 제트여객기가 출현함으로써 이를 이용한 관광객이 관광지에 한꺼번에 많이 몰려든 '대중관광'의 개막을 알리는 시기이기도 하였다. '북반부'에 위치한 선진국들의 관광객은 3개의 'S(sun: 태양, sand:해변, sex:성)'를 즐기기 위해 '남반부'의 관광지를 찾았으며, 1950년대에는 225만명이던 관광객이 1967년까지 1600만명으로 증가하였고, 이들 가운데 북미와 서유럽의 관광객이 약 80%를 차지하였다.

이러한 국제대중관광의 활성화를 배경으로 1960년대경부터 관광개발에 의한 '남반부' 국가들의 경제발전에 대해서 국제적으로 논의되기 시작하였다. '남반부' 국가에 있어서의 관광객 지출액은 1950년의 5억달러에서 1967년에는 30억달러까지 급증하게 되자, 1960년대 후반부터 관광을 '무형의 수출(invisible export)'로 간주하게 되었고, 관광개발이 외화획득과 경제발전의 유망한 수단으로서 주목하게 되었던 것이다.

1960년대 후반 국제관광의 현저한 확대에 의해 관광이 지니는 의의를 다시금 인식하고, 국제관광을 촉진하기 위한 국제기관의 활동도 활발하게 되었다. 이러한 시대적 배경하에 국제연합(UN)은 1967년을 국제관광의 해로 정하고 "관광은 평화로 가는 패스포트"라는 슬로건 아래 국제관광의 보급과 관광사업의 진흥을 도모하였다.

한편, 유럽에서는 대중관광의 확대에 따른 '소셜투어리즘'의 실현이 가능하게 되었다. 소셜투어리즘(social tourism)이란 경제적 빈곤이나 신체적 · 정신적 장애 등의 이유에서 관광을 향수(享受)할 수 없는 사람들을 대상으로 관광을 즐길 수 있도록 제반 사회적 지원책을 수행하는 사상(事象)이나 활동을 말하는데, 20세기 중반을 기점으로 스위스와 프랑스를 중심으로 시행된 이후 유럽 전체에 보급되어 대중관광 발전에도 기여하게 되었다.

(3) 대중관광의 확대

1970년대에 들어오면서 국제관광의 경향이 더욱더 확대되는데, 1969년에는 점보 제트여객기가 정기항공노선에 취항하면서 국제관광의 대량화 및 고속화가 급속히 진행되었으며, 이 시기를 기점으로 북미와 유럽에 이어 일본도 국제관광객 송출국 대열에 뛰어들게 된 것이다.

1970년대부터 10년간은 국제연합이나 세계은행 등 국제기관에 의한 국제관광 개발에 대한 지원이 강화되어 국제대중관광에 대응하는 관광지가 세계 각지에 정비되는 시기였다. 사실 1980년대에 들어오면서 대중관광에 의한 문제점들이 조금씩 제기되기 시작하였지만, 그럼에도 국제관광의 확대경향은 순조롭게 계속 진행되었으며, NIES(Newly Industrializing Economies: 신흥공업경제지역)에 이은 ASEAN(Association of South-East Asian Nations: 동남아시아국가연합)의 여러 국가를 시작으로 하는 아시아지역의 경제발전으로부터 1980년대에는 ASEAN 회원국들이 새롭게 국제관광객 송출국이 되었으며, 1990년대에는 해당 국가에서 자국민을 위한 관광촉진정책이 추진되었다.

1990년대에 들어오면서도 선진제국과 아시아에서 송출되는 국제관광객 확대경향은 계속되었으며, 1997년에 시작된 아시아 통화위기로 경제성장이 조금 주춤하게 되지만, 이미 경제적 풍요로움을 획득한 아시아 여러 국가에서의 국제관광에 대한 관심은 계속 고조되고 있다.

2) 새로운 관광의 모색

(1) 대중관광의 폐해와 비판

1970년대에 들어오면서 국제대중관광 확대에 따른 문제점이 제기되기 시작하였다. 관광지의 문화변모, 범죄 및 매춘 발생, 환경오염 및 파괴 등이 대표적인 문제점이었다. 더욱이 호스트(host: 관광지 주민)에 대한 게스트(guest: 관광객)의 경제적 · 사회적 우월성, 그리고 선진국 기업에 의한 경제적 지배 등에 귀착하는 '네오(neo) 식민지주의' 혹은 '네오(neo) 제국주의' 문제도 제기되었다.

이러한 문제는 근대가 안고 있는 '세계시스템 구조'의 불균형이라는 근본적인 문제에 기인하는 것이 크다 하겠다. 세계시스템구조란 사회학자 월러슈타인(I. Wallerstein)이 제시한 현재의 세계 전체를 하나의 사회공간으로 인식하는 모델이다. 그는 세계 전체를 하나의 큰 원으로 보고, 근대화가 세계 전체에 침투 · 형성되면서 근대화를 달성한 핵심부분, 근대화를 달성 중인 중간부분, 그리고 근대화를 달성하지 못한 외각부분 등, 3개의 구조로 성립되어 있다고 하였다. 이러한 세계시스템구조론은 국제사회의 불균형적 · 종속적인 관계를 나타내며 결국 핵심부분에 위치한 부유층이 주변의 빈곤층을 만들어 낸다는 것이다([그림 2-1] 참조).

[그림 2-1] 세계시스템구조

여기에 '남북문제'가 발생하게 되는데, 남북문제란 지구의 남반부에 위치한 빈곤층과 북반부에 위치한 부유층과의 경제격차를 말한다. 그리고 세계시스템구조론은 환경문제와도 관련이 깊다. 근대사회에 있어 경제발전에 의한 자연환경 파괴는 1960년대부터 보고되어 왔지만, 1970년대에는 지구규묘적 환경문제가 인류생존을 위협할 정도로 심각하게 되었다. 근대화에서 형성된 세계시스템구조론은 필연적으로 환경문제를 야기시킨다.

대중관광에는 세계시스템구조론의 2개의 문제가 투영되어 있다. 다시 말하면 세계시스템구조론의 핵심부분과 주변부분과의 관계는 관광에 있어서의 빈곤한 호스트와 부유한 게스트와의 불균형적 관계를 낳았으며, 근대화에 의한 환경문제는 무분별한 관광개발에 의한 자연환경의 오염 및 파괴라는 결과를 초래하게 된 것이다. 이러한 대중관광의 문제, 나아가서는 세계시스템구조론의 문제에 의문을 던진 것이 바로 새로운 관광의 모색인 것이다.

(2) 새로운 관광의 개념

여기에서 말하는 '새로운 관광'이란 용어는 정확한 번역은 아니지만, 영어의 'alternative tourism'의 역어(譯語)로서 사용하고자 한다. alternative tourism이라 함은 대중관광을 대신하는 '또 하나의 관광'이라는 의미를 내포하고 있는데, 1980년대 말부터 관광연구에 빈번히 사용되고 있다.

그러나 alternative tourism에 대한 용어(用語)의 정의가 아직 미흡하며 학술용어로서 부적절하다는 지적을 받고 있기도 하다. 그래서 관광분야에서는 지구환경문제와 관련한 국제회의에서 제안된 '지속가능한 개발(sustainable development)'에서 가져온 '지속가능한 관광'이라는 용어를 많이 인용하고 있는 실정이다.

하지만 여기서는 alternative tourism의 함의를 고찰하고 이상적인 관광을 표현하는 이념으로써 '새로운 관광'이라는 용어를 사용하고자 한다. 즉 새로운 관광이란 대중관광의 폐해를 극복하는 이상적인 관광형태의 총칭(總稱)이라고 하겠다.

(3) 새로운 관광에의 관심 고조

1990년대 이후에도 대중관광은 계속 확대되어 가지만, 일부 북미와 서유럽에서는 새로운 관광이 실천되고 있었다. 이문화(異文化) 존속 및 교류를 지향하는 에스닉투어리즘(ethnic tourism) 혹은 자연환경을 보존하면서 관광을 즐기는 에코투어리즘(eco-tourism), 그리고 관광객 스스로의 목적에 따라 자유로이 실시하는 SIT(special interest tourism) 등이 대표적인 예라 할 수 있다.[11)]

새로운 관광의 발전 및 진흥은 대중관광의 문제에 대응하는 단체 및 기관, 예를 들어 관광관련 국제기관, 각국의 정부관련 행정기관, NGO, 종교단체, 연구자 집단 등에 의해 지원되어 왔는데, 새로운 관광에 대한 관심과 모색이 향후 더욱더 확대되어 갈 것으로 예상된다.

---

11) SIT: 'Special Interest Tour'의 약자로 관광 이외의 특정목적이나 관심을 충족시키는 여행을 가리키는 용어이다. 단순한 단체여행으로는 만족할 수 없는 여행자의 다양한 수요를 흡수하기 위하여 정형화된 상품에 대한 차별화를 시도하여 근년에는 자연보호나 환경관련을 테마로 하는 여행이나 농촌체험 등도 폭넓은 의미에서 SIT에 포함시키고 있다.

3) 현대관광의 발전방향

(1) 새로운 관광과 포스트모던

1970년대에 선진제국의 사회구조는 대중관광을 잉태한 대중소비사회에서 탈(脫)공업사회로 일제히 이전하게 된다. 탈공업사회란 사회학자 벨(D. Bell)이 주창한 정보화사회를 말하는데, 유럽 선진제국의 고도 근대사회는 탈공업사회에 들면서 새로운 발전국면을 맞이하게 된다.

그러나 남북문제와 환경문제가 심각해지자 근대사회가 지니는 한계와 폐해에 대한 논의가 시작되었고, 그 중 하나가 바로 포스트모던론이었다. 포스트모던론은 근대사회를 엄하게 진단하고 고발하였지만, 그 실상을 정확하고 구체적으로 제시하지는 못하였다는 지적을 받고 있다.

여기서 포스트모던을 탐구하는 실천방안으로서 새로운 관광에 주목할 필요가 있다. 예를 들어 에스닉투어리즘(ethnic tourism)이나 에코투어리즘(eco-tourism)은 각각 남북문제나 환경문제에 대한 관광의 변혁적 대응으로 볼 수 있으며, 이러한 실천적 대응은 근대문제를 해결하고 포스트모던을 탐구하는 하나의 계기가 될 수 있으리라 생각되어진다.

(2) 포스트모던과 현대관광의 의미

포스트모던은 이제 뿌리를 조금씩 내리고 있는 우리들의 미래상이며 이와 관련한 관광의 역사를 짚어보는 일은 매우 뜻깊은 일이라 할 수 있을 것이다. 따라서 마지막으로 포스트모던 사회와 관광과의 관계에 대해 살펴보기로 한다.

포스트모던사회가 근대사회가 안고 있는 제반 문제를 극복하여 만들어지는 사회라고 한다면, 그것은 다양한 이질적인 요소가 조화를 이루고 공생한다는 이미지를 가지게 되는 것인데, 이러한 이미지와 관광과의 공통점이 바로 '교류에 의한 창조'인 것이다. 관광에는 이질적인 문화적 · 사회적 배경을 지니는 호스트(host: 관광지 주민)와 게스트(guest: 관광객), 혹은 게스트(guest: 관광객)와 자연과의 접촉에서 새로운 문화나 형태가 창출될 가능성이 있으며, 이러한 '교류에 의한 창조'의 실천이야말로 새로운 관광의 실천과 연결되는 것이다.

현대관광은 여행의 전통적인 교육적 의미를 지금까지 계승하고 있는 근대의 산물인 동시에 포스트모던으로 가는 매개역할을 하는 사회현상으로 볼 수 있는 것이다. 여기에서 현대관광이 지니는 의미를 찾을 수 있으며, 근대에서 탈근대, 다시 말해 모던에서 포스트모던 시대로 전환할 때, 현대관광은 절대 간과할 수 없는 하나의 사회현상으로 볼 수 있다.

제3절 우리나라 관광의 발전과정

우리나라 관광현상의 변천과정을 살피는 데 있어 서양의 관광발전사를 논하는 것과 같이 여행(tour)의 시대, 관광(tourism)의 시대, 대중관광(mass tourism)의 시대, 신관광(new tourism)의 시대로 구분하는 데는 여러 가지 이론(異論)이 있을 수 있다. 그것은 우리나라의 여행이나 관광의 역사와 환경이 서양의 그것과는 많은 차이점을 보이고 있기 때문이다. 일반적으로 서양에서 관광의 시대는 산업혁명을 기점으로 구분하고 있는데 비하여, 우리나라의 경우는 본격적인 산업화가 1960년대부터 일어났으므로 60년대 이후를 관광의 시대라 명명할 수 있을 것으로 본다.

따라서 우리나라 관광의 발전과정을 논할 때에는 서양의 관광사를 논할 때와는 달리 크게 산업화 이전단계와 그 이후의 단계로 구분하여, 그 전단계 즉 1950년대 이전은 관광의 태동기로 인식하고, 산업화 이후는 60년대부터 각 10년 단위의 연대별로 관광의 여명기, 기반조성기, 성장기, 도약기로 명명되는 시기로 구분해 보는 것이 우리나라 관광사를 이해하는 데 유익할 것으로 생각한다.

1. 1950년대 이전(관광의 태동기)

서양에서와 마찬가지로 우리나라의 고대에도 넓은 의미의 관광행위가 이루어졌을 것으로 추측되나, 관광에 관한 문헌상의 기록은 거의 남아 있지 않다.

우리나라는 삼국시대로부터 근대조선시대에 이르기까지 불교문화권의 나라로 우리 민족의 생할양식, 정치, 문화, 제도 등 모든 면에서 불교의 영향을 받아 왔다. 불교가 정착되면서 전국 각지에 사찰이 생겨남에 따라 여행이나 관광활동도 신도들을 중심으로 불교봉축행사 참가와 산중의 사찰을 찾는 여행의 한 형태인 관광이 생성되었다고 할 수 있다. 따라서 사찰의 참배와 유명사찰의 순례는 고대 유럽에서의 신전(神殿) 및 성지(聖地) 순례와 유사한 성격을 띠는 원시관광형태라 하겠다.

백제(百濟)는 중국과의 문화교류가 활발했으며 일본으로의 불교를 전하는 과정에서 교류도 빈번하였다. 이러한 가운데 유학생이나 승려들이 중국뿐만 아니라 인도 및 일본 등으로의 해외 왕래가 자주 있어 온 기록들이 많다.

이후 통일신라(統一新羅)시대에는 불교가 크게 발전했으며, 이와 더불어 이른바 종교여행이 활발했던 것으로 전해진다. 많은 유학생과 승려들이 불교연구를 위해 중국뿐만 아니라 멀리 인도에까지 여행을 했는데, 신라시대의 원효(元曉)와 의상(義湘)이 해로(海路)를 통해 당나라 유학을 했고, 혜초(慧超)는 인도에 들어가 여러 나라를 순례한 후 돌아와 여행기인 「왕오천축국전(往五天竺國傳)」을 남겼다.

고려(高麗)시대에는 신분제도가 철저했으므로 지배계층과 피지배계층의 구별이 뚜렷하여 신분에 따라 행동에 제약이 많았다. 따라서 여행은 지배계층인 귀족계급을 제외하고는 거의 이루어지지 않았으므로, 귀족계급을 중심으로 하는 중국으로의 유학이나 교역활동이 이 시대의 여행행동을 구성하는 대표적 예였다. 당시의 귀족계급의 자제들은 명산(名山)과 사찰(寺刹) 등의 국내여행은 물론 국외에까지 여행을 하였다.

근대조선(近代朝鮮) 이전까지의 관광성격을 띤 여행은 종교적 · 민속적인 내용이 대부분이었다. 따라서 조선시대 초기의 관광유형은 이전의 삼국시대나 고려시대의 관광유형과 흡사하였으나, 조선시대 후기의 쇄국정책, 그리고 일본 및 구미(歐美) 열강들의 침략과 일본의 통치로 말미암아 관광의 발달은 이루어지지 못하였다. 또한 근대에 이르기까지 스스로 국제사회에 활로를 개척하지 못하고 은둔의 나라로 감추어진 채 남아 있었기에 국제간의 교류는 활발하지 못하였으며, 구미(歐美)처럼 인접국가들과의 자유스러운 관광도 이루어지지 못하였던 것이다.

따라서 본격적인 우리나라 관광의 출발은 19세기 말부터라고 할 수 있겠다. 조선 말기에 발발한 운양호(雲揚號)사건으로 인한 문호개방시대를 맞이하여 1876년에 일본과의 강화조약(江華條約), 즉 병자수호조약(丙子修護條約) 체결을 계기로 부산항이 개항되고 이어 원산 및 인천항이 개항되어 많은 해외열강과의 통상과 접촉을 함으로써 기존의 전통적인 여행에 많은 변화를 가져왔다.

개항(開港)과 더불어 외국과의 물물교환 등을 통한 경제적 침투와 함께 많은 외국인이 입국하게 되면서 이미 있었던 숙박시설의 변천을 가져왔고, 1910년 한일합방(韓日合邦)과 더불어 근대적인 여관이 서울을 비롯하여 부산 및 인천과 같은 개항지는 물론 철도역 부근을 중심으로 번창해 갔다.

또한 1899년 9월에는 제물포~노량진 간에 33.2km의 경인철도가 개통됨에 따라 근대적 여행시설이 확충되기 시작했으며, 이밖에 1888년에는 인천에 대불(大佛)호텔(우리나라 최초의 서양식 개념의 호텔임)이 세워지고, 1902년에는 서울 정동에 손탁(Sontag)호텔이 프랑스계 독일 태생인 Sontag에 의해 세워졌다. 하지만, 이러한 시설들은 우리나라 사람들을 위한 것이 아니라 모두가 일본을 비롯한 외국인을 위한 것이었다.

2. 일제시대(관광의 암흑기)

1910년 한일합방 이후 일본의 통치는 우리나라 관광산업에 커다란 변화를 초래하였다. 일본여행업협회(JTB) 조선지사가 1912년에 설치되었고, 일본이 만주대륙 진출을 위해 병참지원 목적으로 한반도에 철도를 부설함으로써 철도여행이 큰 비중을 차지하게 됨에 따라 1914년 서울에 조선호텔, 1915년 금강산에 금강산호텔, 장안사호텔이 각각 세워졌다. 그후 1925년에는 평양철도호텔, 1938년에 당시 최대 규모를 자랑하던 서울의 반도호텔(현 롯데호텔 자리, 8층 111실)이 장안의 화제를 모으면서 개업하였다.

한편, 일본은 러 · 일전쟁의 승리로 인하여 대륙진출이 활발해지자 1914년에 재팬투어리스트 뷰로(JTB: Japan Tourist Bureau; 日本交通公社의 전신)의 한국지사를 개설하였고, 관광사업 및 국제경제상의 중요성을 알리고 일제 강점시대 동안 일본인의 여행편의를 제공하였다.

그러나 이 시기에는 모든 관광시설이 일본인과 외국인을 위한 것이었다. 따라서 우리 국민의 관광여행은 극도로 제한되어 있었고, 관광사업 역시 일본인이 독점하고 있었기 때문에 진정한 의미에서 우리의 관광사업이라 할 수 없었으며, 따라서 일제치하에서의 관광은 일본인을 위한 것이었을 뿐, 우리로서는 관광의 암흑기였다고 하겠다.

3. 1950년대(관광의 여명기)

우리나라 사람이 관광사업을 경영한 것은 1945년 8월 15일 해방 이후부터이다. 해방이 되면서 곧바로 일본여행업협회 조선지사의 명칭을 재단법인 대한여행사(Korea Tourist Bureau)로 변경하였고, 1948년 우리나라를 방문한 최초의 외국인 관광단(Royal Asiatic Society, 70명)이 2박3일의 일정으로 경주를 비롯하여 국내 주요 관광지를 여행하였으며, 같은 해 미국의 노스웨스트 항공사(NWA)와 팬 아메리칸 항공사(PANAM) 등이 서울영업소를 차리고 영업을 개시하였다. 뒤이어 1950년에는 온양 · 대구 · 설악산 · 무등산 · 해운대 등지에 교통부(당시) 직영 관광호텔을 개관하였다. 그런데 해방 직후의 대혼란을 거쳐 1948년에 정부가 수립되었으나 관광행정체계가 미처 확립되기도 전에 1950년 6 · 25전쟁이 발발하여 전국의 관광시설들은 거의 파괴되고 문을 닫게 되었다.

부산으로 피난을 간 정부는 1950년 12월에 교통부 총무과 소속으로 관광계를 신설하여 철도호텔업무를 관장케 하였으며, 1953년에는 노동자들에게 연간 12일의 유급휴가를 실시하도록 보장한 「근로기준법」을 제정 · 공포하였다. 그 후 1954년 2월 10일 대통령령 제1005호로 교통부 육운국에 종전의 관광계를 관광과로 승격시킴으로써 관광사업에 대한 행정적인 체제를 마련하기 시작하였다. 이때의 관광행정의 당면과제는 전화(戰禍)로 파괴된 도로, 숙박시설 등의 관광시설을 복구 · 확장하는 데에만 주력하였을 뿐, 관광관련 법규가 미처 마련되지 않아 국가적인 관광정책은 형성되지 못하였다.

1957년 11월에는 교통부(당시)가 IUOTO(국제관설관광기구, UNWTO 전신)에 가입함으로써 최초로 국제관광기구와의 유대를 갖게 되었으며, 1959년 10월에는

IUOTO 상임이사국으로 피선되었다. 1958년 3월에는 '관광위원회 규정'을 제정하여 교통부장관의 자문기관으로 중앙관광위원회를, 도지사의 자문기관으로 지방관광위원회를 각각 설치하여 관광행정기능을 다소나마 보강하였으나, 실질적으로 관광행정이 이루어지지는 못하였다.

한편, 1950년대 말에는 정부가 관광사업진흥 5개년계획을 수립하여 민간호텔 건설에 정부가 재정융자를 해주었으며 모범관광지 개발을 추진하였다. 이에 따라 국민들은 서서히 국가의 관광정책에 관심을 갖게 되었는데, 이렇게 볼 때 1950년대는 정부가 관광사업에 관심을 표명한 여명기라 할 수 있다.

4. 1960년대(관광의 기반조성기)

우리나라의 관광사업은 1960년대에 들어서 조직과 체제를 갖추고 정부의 강력한 정책적 뒷받침을 마련하는 등 관광사업 진흥을 위한 기반을 구축하기 시작하였다.

1961년 8월 22일 법률 제689호로 제정 · 공포된 「관광사업진흥법」은 우리나라 관광의 획기적인 발전을 위한 최초의 법률이다. 이 법은 관광질서의 확립, 관광행정조직의 정비, 관광지개발을 위한 지정관광지의 지정, 관광사업의 국제화 추진 등을 규정하였다. 1년 뒤인 1962년 7월과 11월에는 이 법의 시행령과 시행규칙이 제정되어 관광사업이 획기적으로 발전할 수 있는 계기를 마련하였다. 또한 문화재 자원의 체계적인 보호와 관리를 위해 「문화재보호법」을 1962년 1월에 제정 · 공포하였다.

1962년 4월에는 「국제관광공사법」이 제정되었고, 이 법에 의하여 국제관광공사(현 한국관광공사의 전신)가 설립되었는데, 이 공사는 관광홍보, 관광객에 대한 제반 편의제공, 외국인 관광객의 유치와 관광사업 발전에 필요한 선도적 사업경영, 관광종사원의 양성과 훈련을 주된 임무로 하였다. 또한 동년에는 유능한 안내원을 확보하기 위하여 통역안내원 자격시험이 처음으로 실시되었다.

1963년 9월에는 교통부(당시)의 육운국 관광과가 관광국(기획과, 업무과)으로 승격되어 관광행정의 범위가 넓어지게 되었고, 동년 3월에는 특수법인인 대한관광협회중앙회(현 한국관광협회중앙회)가 설립되어 도쿄와 뉴욕에 최초로 해외선전사무소를 개설하였다.

1965년 3월에는 제14차 아시아 · 태평양관광협회(PATA) 연차총회 및 워크숍을 유치하였고, 같은 해에 국제관광공사, 세방여행사 등의 6개 단체가 ASTA(미주여행업협회)에 정회원으로, 교통부 등 18개 업체가 준회원으로 가입하였다.

또한 1965년 3월에는 대통령령 제2038호로 「관광정책심의위원회 규정」을 제정 · 공포하고, 이를 근거로 국무총리를 위원장으로 하는 '관광정책심의위원회'를 발족하고, 여기서 관광정책에 관한 주요 사항을 심의 · 의결케 함으로써 이 기구의 법적 지위를 높임과 동시에 기능을 강화하였다.

1967년 3월에는 「공원법(公園法)」이 제정 · 공포되어 국립공원위원회가 구성되고, 동년 12월에는 지리산(智異山)이 국내 최초로 국립공원으로 지정되었다.

그리고 1968년에는 '관광진흥을 위한 종합시책'이 교통부에 의하여 공표되었는데, 그 내용은 1971년까지의 관광시책으로서 ① 관광지역의 조성, ② 문화재의 관광자원화, ③ 고도(古都)보전의 제도 확립, ④ 온천장 및 해수욕장의 개발, ⑤ 산야개발과 여가이용 등을 설정하였다.

이상과 같이 1960년대의 한국관광은 발전과정의 기반조성시대로 볼 수 있으나, 1964년 도쿄올림픽과 그 이듬해 한국과 일본의 국교정상화로 많은 일본인이 방한하면서 한국의 관광시장은 종래의 미국으로부터 일본으로 바뀌는 전환점이 되었다. 따라서 1960년대는 관광사업이 정착 · 발전하기 시작하고, 종합산업으로 체계적인 발전의 초석을 놓은 시기라 할 수 있다.

5. 1970년대(관광의 성장기)

1970년대는 정부가 관광사업을 경제개발계획에 포함시켜 국가의 주요 전략산업의 하나로 육성함과 동시에 관광수용시설의 확충, 관광단지의 개발 및 관광시장의 다변화 등을 적극 추진하고, 이에 따른 관광행정조직의 보강 및 관광관련 법규를 재정비함으로써 우리나라 관광산업이 규모와 질적인 면에서 크게 성장한 시기였다고 하겠다. 이러한 시기에 관광진흥을 위해 시도되었던 주목할 만한 사항들을 살펴보면 다음과 같다.

1970년에는 국립공원과 도립공원이 지정되고, 한미합작투자로 조선호텔이 개관되었다. 또한 1971년에 경부고속도로의 개통을 계기로 전국적으로 관광지 개발이 촉진되었고, 청와대에 관광개발계획단이 설치되었으며, 전국의 관광지를 10대 관광권으로 설정하여 관광지 조성사업이 본격적으로 추진되기 시작하였다. 그리고 동년 11월에는 한국관광학회가 발족하였다.

1972년 12월 정부는 관광사업의 육성을 위해 「관광진흥개발기금법」을 제정하여 제도금융으로 관광기금을 설치 · 운용하도록 하였다. 그리고 1972년 하반기부터 우리나라 기업의 경제무대가 급속히 국제화되어가는 가운데 외국관광객이 급증함으로써 정부는 관광법규의 재정비에 착수하였다.

1975년 4월에는 「관광단지개발촉진법」이 제정되었다. 이 법은 경주보문관광단지와 제주중문관광단지 등과 같은 국제수준의 관광단지개발을 촉진케 함으로써 관광사업 발전의 기반을 조성하는 데 기여토록 하기 위해 제정되었으나, 1986년 12월 「관광진흥법」의 제정으로 이에 흡수되어 폐지되었다.

1975년 12월에는 우리나라 최초의 관광법규인 「관광사업진흥법」을 폐지하고, 동법의 성격을 고려하여 「관광기본법」과 「관광사업법」으로 분리 제정하였다. 즉 과거 「관광사업진흥법」의 진흥적(振興的) · 조성적(造成的) 부분은 「관광기본법」으로, 규제적(規制的) 부분은 「관광사업법」으로 정비한 것이다. 여기서 「관광기본법」은 우리나라 관광법규의 모법(母法)이며 근본법(根本法)의 성격을 갖는다.

한편, 1973년부터 국제관광공사(현 한국관광공사의 전신)의 기구가 민영화되었고, 동년 4월에는 대한관광협회중앙회도 기구를 개편하고 조직을 강화하여 한국관광협회로 그 명칭을 바꾸었다.

교통부 관광국도 1972년부터 기구를 개편 · 확장하여 기획과, 진흥과, 지도과, 시설과를 설치하여 관광행정을 확대함으로써 보다 전문적으로 관광진흥 및 사업의 지도업무에 임하게 되었다.

1978년 12월에는 역사상 처음으로 외래관광객 100만명을 돌파하는 성과를 거두었고, 1979년에는 제28차 PATA총회가 서울에서 개최되었으며, UNWTO(세계관광기구, 2006.1.1.까지는 WTO로 표기)에서는 9월 27일을 '세계관광의 날'로 지정하였다.

6. 1980년대(관광의 도약기)

1980년대는 우리나라 관광이 도약한 시기라 할 수 있다. 1979년 6월 OPEC이 기준유가를 59% 인상함으로써 일어난 제2의 유류파동이 세계적인 경기침체를 가져와 1980년 초에는 우리나라 관광사업이 일시적으로 불황을 맞기도 하였으나, 이후 경제성장정책의 가속화는 다시 국민의 관심을 여가생활에 집중시켜 여가활동에 대한 관심과 만족이 확산되었던 시기이다. 따라서 1980년대에 들어서는 복지행정의 차원에서 국민복지를 향상시키고 건전 국민관광을 정착시키기 위하여 국민관광진흥시책을 적극 펴나가게 되었고, 국제관광과 국민관광의 조화 있는 발전을 이루기 위한 정책이 추진되었다. 특히 1981년부터 해외여행의 부분적 허용과 50세 이상의 관광목적 해외여행에 대한 자유화(1981년 1월 1일)는 우리나라 관광의 대중화가 시작되는 분기점이라 할 수 있다.

그리고 1983년 ASTA총회, 1985년 IBRD/IMF총회, 1986년 ANOC총회와 아시안게임, 1988년 서울올림픽 개최와 같은 대규모 국제행사의 성공적 개최는 해외시장에서 한국여행에 대한 관심을 고조시키고 한국관광의 수요를 촉진시키는 데 크게 기여하였다. 또한 1989년 1월 1일부터는 내국인의 해외관광이 완전히 자유화됨으로써 관광분야에서도 양방향 관광(two-ways tourism)이 활발하게 이루어지게 되었다.

7. 1990년대(관광의 재도약기)

1980년대에 이어 1990년대는 우리나라 관광의 재도약기라 할 수 있다. 1990년 7월 13일 정부는 전국을 5대관광권 24개소권의 관광권역으로 설정한 정부계획을 확정함으로써 관광선진국 대열에 진입할 수 있도록 관광개발 및 보전에 힘을 기울이게 되었다.

1992년 4월에는 교통부가 관광정책심의위원회의 의결을 거쳐 '관광진흥중장기계획'을 정부계획으로 확정하였으며, 1992년 9월에는 '관광진흥탑' 제도를 신설하고 관광외화획득 우수업체를 선정하여 매년 관광의 날(9월 28일)에 수여했다.

1993년에는 제19차 EATA(동아시아관광협회)총회를 유치하였고, 동년 8월 7일부터 11월 7일까지 총 93일 동안 치러진 대전 엑스포(EXPO)는 세계에 우리나라의 저력을 과시한 전시이벤트였다.

1994년에는 우리나라 관광업무의 담당부처가 교통부 육운국에서 문화체육부 관광국으로 이관되었으며, 특히 '94 한국방문의 해'는 외국인들의 방한을 촉진하고 한국의 역사 · 문화를 비롯해 발전상을 외래객들에게 알리는 우리의 노력이 결실을 맺은 해이기도 하다. 또 1994년 4월에는 PATA(아시아 · 태평양관광협회)의 연차총회, 관광교역전 및 세계지부회의 등 3대 행사가 성황리에 개최되었다. 그리고 종래 「사행행위등 규제 및 처벌특례법」에서 사행행위영업(射倖行爲營業)으로 규정해오던 카지노업을 1994년 8월 3일 「관광진흥법」 개정 때 관광사업의 일종으로 전환 규정하였다. 또 1996년 12월 30일에는 「국제회의산업 육성에 관한 법률」을 제정 · 공포하였는데, 이 법은 국제회의의 유치를 촉진하고 그 원활한 개최를 지원하여 국제회의산업을 육성 · 지원함으로써 관광산업의 발전과 국민경제의 향상 등에 이바지함을 목적으로 한다.

1997년 1월 13일에는 「관광숙박시설지원 등에 관한 특별법」이 제정되었는데, 이 법은 2000년 ASEM회의, 2002년의 아시안게임 및 월드컵축구대회 등 대규모 국제행사에 대비하여 관광호텔시설의 부족을 해소하고 관광호텔업 기타 숙박업의 서비스 개선을 위하여 각종 지원을 함으로써 국제행사의 성공적 개최와 관광산업의 발전에 이바지함을 목적으로 제정된 한시법(限時法)이었다.

1998년 5월에는 중국인 단체관광객에 대한 무비자 입국과 러시아 관광객에 대한 무비자 입국 및 복수비자 허용 등을 실시함으로써 한국의 관광이 선진국으로 진입하는 계기가 되었다고 할 수 있다.

8. 2000년대(관광선진국으로의 도약기)

2000년대는 뉴밀레니엄을 맞이하여 21세기 관광선진국으로의 힘찬 도약을 준비하는 시기라고 할 수 있다.

2000년에는 국제관광교류의 증진과 국내관광수용태세 개선을 위해 주력했다.

제1회 APEC 관광장관회의와 제3차 ASEM회의를 성공적으로 개최하여 국제적 위상을 한층 제고하였다. 특히 2000년 6월 15일 역사적인 첫 남북정상회담을 갖고 난 후 발표한 6 · 15 '남북공동선언'을 계기로 남측의 백두산, 평양, 묘향산 방문 등 남북관광교류의 확대를 위한 중요한 토대가 이루어진 해라고 할 수 있다.

2001년에는 동북아 중심의 허브공항 구축의 일환으로 인천국제공항이 개항하였으며, '2001년 한국방문의 해' 사업을 통해 관광의 선진화를 위한 제반 사업이 수행되었고, 관광산업의 국제화를 위하여 제14차 세계관광기구(UNWTO) 총회를 성공적으로 개최하였다.

2002년에는 '한국방문의 해'를 연장하고, 한 · 일월드컵 축구대회 및 부산 아시안게임의 성공적인 개최로 국가 이미지는 한층 높아져 외래관광객의 방한욕구를 증대시켰다. 또한 관광진흥확대회의의 정기적인 개최로 법제도 개선, 유관부처의 협력모델을 도출하고 관광수용태세 개선에 만전을 기하였다.

2003년도는 동북아경제중심국가 건설을 위한 원년으로 아시아 관광허브건설 기반 구축과 개발중심의 관광정책에서 문화예술 및 생태적 가치지향의 관광정책으로의 전환과 국제적 관광인프라 확충을 추진하는 데 중점이 주어졌다. 그러나 연초부터 전 세계적으로 확산된 사스(SARS)와 이라크전쟁, 조류독감 등의 영향으로 전 세계적으로 관광시장이 위축된 한해이기도 했다.

그러나 2004년에 들어서면서 국제환경의 악영향으로 큰 위기를 맞이했던 관광산업은 점차 회복세로 접어들었다. 2004년 방한 외래객수는 전년 대비 22.4% 증가한 사상 최대지인 582만명을 기록했으며, 관광수입 또한 최근 6년 사이 처음으로 증가세를 나타냈는데 전년 대비 6.6% 증가한 57억달러를 기록했다. 또 정부는 관광산업의 중요성과 그 가치를 인식하고, 급증하는 국민관광수요를 선도 · 대비할 수 있는 관광진흥 5개년계획(2004~2008년)을 수립 · 추진하였으며, 2004년 4월 1일에 개통된 고속열차인 KTX는 전국을 2시간대 생활권으로 연결시켜 국민생활에 큰 변혁을 가져왔을 뿐만 아니라 국민관광부문에 대한 파급효과도 매우 큰 것으로 본다.

2005년도에 들어와 한국과 일본은 2005년을 '한 · 일 공동방문의 해'로 지정하고 관광교류 및 국제행사 공동개최 등의 국제친선의 노력을 기울였으나, 근래 일본의 독도 영유권 주장 및 역사교과서 왜곡 등이 문제화되면서 일본인 관광객의 증가폭이 둔화되었다.

2006년에 들어와서는 관광산업 경쟁력 강화대책으로 관광산업에 대한 조세부담 완화, 신규투자 및 창업촉진을 위한 제도개선, 해외 관광시장의 획기적 확대여건 조성, 국민 국내관광 활성화, 관광자원의 품격과 부가가치 제고 등 다섯 개 분야에 걸쳐 총 62개 과제 추진 등 획기적인 범정부적 대책을 발표하였다.

2007년 4월에는 한국 고유의 관광브랜드 'Korea, Sparkling'을 선포하고 홍보를 다각화하는 한편, 중저가 숙박시설인 '굿스테이(Goodstay)'와 중저가 숙박시설 체인화 모델인 '베니키아(BENIKEA)' 체인화 사업 운영을 위한 기반을 구축하였다.

2008년도에 들어와서는 관광산업의 국제경쟁력 강화를 위해서 2008년을 '관광산업의 선진화 원년'으로 선포하고, '서비스산업 경쟁력 강화 종합대책' 등 범정부 차원의 대책을 본격적으로 추진하였다. 따라서 2008년 4월에는 서비스산업선진화(PROGRESS- I) 방안의 일환으로 「관광진흥법」, 「관광진흥개발기금법」, 「국제회의산업 육성에 관한 법률」 등 이른바 '관광3법'상의 권한사항을 제주자치도지사에게 일괄 이양하기로 결정하는 등 적극적이고 지속적인 노력이 추진되었다.

2009년도에는 전 세계 대다수 국가가 관광산업의 침체상태를 면치 못하였으나, 우리나라는 환율효과 등 외부적 환경을 바탕으로 하여 적극적인 관광정책 추진으로 관광객이 증가하여 9년만에 관광수지 흑자로 전환하는 데 성공하였다. 특히 가시적 성과로는 2011년 UNWTO 총회 유치(2009.10), 의료관광 활성화 법적 근거 마련(2009.3), MICE · 의료 · 쇼핑 등 고부가가치 관광여건을 개선한 것 등이다.

9. 2010년대(관광선진국으로의 재도약기)

2010년도는 환율하락, 신종플루 및 구제역 발생, 경기침체 지속이라는 대내외적인 위협요인을 극복하고 관광산업의 장기적인 경쟁력 확보에 주력하였다. 문화체육관광부는 '관광으로 행복한 국민, 활기찬 시장, 매력있는 나라 실현'이라는 비전 아래 외래관광객 1,000만명 유치목표 조기 달성을 위해 크게 4개 부문 즉 수요와 민간투자 확대로 내수진작, 창조적 관광콘텐츠 확충, 외래관광객 유치 마케팅 강화, 관광수용태세 개선방안 마련에 중점을 두었다.

2011년에는 외래관광객 1,000만명 시대 달성을 목전에 두고, 관광산업의 국제 경쟁력 강화를 위한 대책 마련에 정책역량을 집중하였다. 2010~2012 한국방문의 해 사업을 계기로 외래관광객 유치 확대를 위한 대책을 모색하였으며, 관광인프라 확충을 위한 제도개선과 규제개혁을 통해 선진형 관광산업으로 도약하기 위한 제도적 기반을 마련하였다.

여기서 주목할 것은 2012년에 한국을 방문한 외국인 관광객이 1,114만명을 기록하면서 드디어 외래관광객 1,000만명 시대가 개막되었다. 외래관광객 1,000만명 달성은 우리나라가 세계 관광대국으로 진입하고 있음을 알리는 쾌거인 동시에, 우리나라 관광산업이 이제 양적 성장만이 아니라 질적 성장까지도 함께 이룩해야 한다는 과제를 안겨주었다.

2013년에 들어와서는 외래관광객 1,200만명을 돌파하였고, 2014년에는 전년 대비 16.6%의 성장률을 보이며 1,400만명을 돌파하여 역대 최대 규모를 기록하였다.

그러나 2015년에 들어와서는 메르스(MERS, 중동호흡기증후군)의 영향 등으로 전년 대비 6.8% 감소한 1,323만명을 기록하여 한때 외래관광 유치에 위기를 맞기도 했으나, 2016년에 들어와 전년 대비 31.2% 증가한 1,720만명을 유치함으로써 역대 최고치를 기록하였다. 이러한 성과는 더욱 수준 높은 서비스를 제공하기 위해 힘써 온 관광업계의 노력과 관광분야를 5대 유망 서비스산업으로 선정하여 집중적으로 육성해 온 정부의 지원이 어우러진 결과라 할 수 있다.

이에 문화체육관광부를 비롯한 관광관련 단체들은 외래관광객 2천만명 시대를 앞당기기 위해 이에 걸맞은 관광수용태세를 완비하고, 국민의 삶의 질을 높일 수 있는 여건을 조성하기 위해 다양한 정책과 사업을 추진하고자 하였다.

이어 2017년도에는 우리나라 방문 외래관광객 중 가장 큰 비중을 차지하던 중국인 관광객의 비중이 전년 대비 46.8%에서 31.3%로 -48.3% 급감하며 국내 인바운드 관광시장의 타격이 큰 해였다. 이에 국내 인바운드 관광시장에 있어 한국을 방문하는 외래 관광객 국가의 다변화를 위한 노력 및 관광객들이 더욱 다양하게 경험할 수 있는 관광 인프라와 즐길거리를 개발해야 함을 시사하기도 하였다.

2017년에는 방한 중국인 외래 관광객의 급감으로 인하여 전체 외래관광객 수 1,334만명으로 방한 외래관광객 2천만명이라는 목표는 달성하지 못하였다. 하지만 2017년도에 외래관광객 수가 크게 급감하였기 때문에 2018년에는 기저효과로 다시 증가세를 보이기 시작하여 1,535만명을 달성하였고, 이후 개별여행객 등의 증가로 인하여 꾸준히 증가세를 보여 2019년에는 1,750만명으로 다시 1,700만명대를 달성하였다.

이러한 기세를 몰아 외래관광객 2천만명 시대라는 목표를 곧 달성할 수 있을 것이라 기대하던 관광산업에 COVID-19 글로벌 팬데믹 악재가 닥치게 된다. 전세계적인 팬데믹의 영향으로 2020년 외래관광객수는 전년 대비 -85.6%, 252만명에 그쳐 글로벌 관광산업의 침체기가 도래하게 된다. 이후 정부를 비롯해 전세계적으로 백신접종률 향상과 점진적 입국제한 완화 조치를 통해 관광산업이 입은 타격의 회복과 재부흥을 위해 모두가 노력하고 있다.

제 3 장

관광의 효과

관광의 효과

제3장

관광의 효과란 관광이란 행동과 그 집합(集合)으로서의 현상이 가져온 영향을 어떤 기준으로 평가한 것을 말한다. 관광은 다양한 행동이며, 매우 현대적인 사회 현상이라서 그것이 가져오는 영향은 매우 여러 방면에 걸쳐 있으므로 관광을 어떤 각도에서 파악하는가에 따라 그 효과의 의미도 달라지게 된다.

관광의 효과라고 말하는 경우, 종래에는 먼저 국제관광을 통한 외화획득, 즉 국제수지의 개선에 관한 효과만을 강조하였다. 그러나 점차적으로 국제 및 국내의 관광왕래가 활발하게 이루어져 감에 따라 국제수지의 면만이 아닌 여러 가지 경제적 효과가 인정되기에 이르렀다. 즉 관광에 직 · 간접적으로 관련되는 사업에 대한 투자의 촉진이나 고용기회의 증대 등이 그것이다.

또한 관광은 다른 나라의 풍토나 문물을 알고, 문화적 교류를 가져오게 하는 등의 비경제적 효과가 있다는 것이 예부터 널리 알려져 왔다. 더구나 대중관광(mass-tourism)의 시대가 도래하면서 교육적 · 문화적 효과, 국민후생적 효과 등이 주목을 받게 되었고 점차 그 비중이 증대되어지고 있는 추세이다. 그러므로 현대에 있어 관광의 효과는 이들을 종합한 상호 관련성이 있는 것으로 이해하는 것이 바람직하다.

제1절 관광의 경제적 효과

관광은 즐거움을 위한 여행이지만, 관광객은 일련의 소비활동으로 이루어지는 복합적인 현상이기도 하다. 관광객은 관광행위를 수행하면서 여러 가지 소비활동을 수반하게 되는데, 이러한 과정에서 발생하게 되는 경제적 효과에는 국제수지 개선과 외화획득, 경제발전에의 기여, 지역개발의 촉진 등이 있다.

1. 외화획득과 국제수지의 개선

국제관광에 의한 외화획득은 국제수지를 개선하는 데 커다란 역할을 한다. 그것은 외래관광객의 소비가 관광수용국에는 외화수입이 되며, 외국인 관광객의 증가가 외화획득의 증대에 직접적으로 기여하게 되는 것이기 때문이다. 더욱이 부존자원(賦存資源)과 자본이 빈약하고 공업제품의 수출이 곤란한 나라에 있어 국제관광객을 받아들이는 것은 외화를 획득하는 데 매우 유효한 수단이 되고 있다.

제품수출 등에 의해서 외화를 획득하는 경우, 외화로써 지급되는 수출대금의 전부가 외화수입이 되는 것은 아니다. 왜냐하면, 그 상품을 만드는데 필요한 원자재(原資材) 등을 수입하는 경우가 많기 때문이며, 외화를 지출하고 있는 부분이 있기 때문이다. 물론 그와 같은 점은 관광의 경우에도 마찬가지지만, 관광에 의한 외화의 획득은 일반수출에 비해 외화가득률(外貨稼得率)이 훨씬 높은 것이 특징이다. 여기서 '외화가득률'이란 획득한 외화수입에서 그 외화를 얻기 위해 지출된 외화를 뺀 나머지 실질적인 외화수입이며, 이 순외화수입(純外貨收入)이 획득한 외화수입 가운데 몇 %인가를 비율로 나타내는 것을 말한다.

그리고 관광에 의한 외화획득은 제품수출 등의 상품무역에 의한 외화획득과는 다른 유리한 특징을 갖고 있다. 즉 상품무역에 있어서는 각 나라의 보호무역주의에 의한 관세장벽, 민족자원주의에 의한 원자재의 수입곤란, 수출시장에 있어서 환경의 악화 등의 문제를 항상 안고 있고, 경우에 따라서는 수출대상국 국민의 민족감정, 국제경제정책 등의 영향을 받아 상품배척이라는 문제가 일어나는데 반하여, 관광은 오히려 국제친선이나 문화교류에 기여하면서 외화를 얻을 수 있다는 점이다.

2. 고용증대 및 경제발전에의 기여

국제관광, 국내관광 어느 것이든지 관광은 관광객과 관광대상과를 결부시킴으로써 국가 또는 지역의 경제발전에 기여한다. 특히 관광 특유의 상품이나 서비스에 대한 수요의 증대가 가져오는 경제적 효과는 대단히 큰 것이라 할 수 있다.

관광소비의 구조는 교통비, 숙박비, 식사비, 오락비, 상품구입비 등으로 구성되는데, 이들의 관광소비는 직접적으로 국가나 지역의 수입과 이어지는 것이다. 관광소비의 증대는 관광객을 직접적인 이용자로 하는 관광사업의 성립 · 발전을 촉진한다. 예를 들면, 숙박시설의 건설, 오락시설의 신설, 교통기관의 정비, 전문적 서비스 사업의 성립 등은 관광객 왕래의 증대에 기인하는 투자활동의 결과라고 생각할 수 있다.

관광사업의 발전은 이와 관계가 있는 모든 사업의 발전을 촉진시킴과 동시에 새로운 고용의 기회를 제공한다. 더욱이 고용기회(雇傭機會)의 증대는 새로운 구매력을 낳게 하고, 수요를 확대시키며, 이른바 승수효과(乘數效果)를 나타내게 되는 것이다.

이러한 것들이 관광의 경제적 활동을 자극하는 기본적 구조이며, 관광경제를 지배하는 법칙과 그 자체는 일반경제의 그것과 같은 것이다. 즉 수요와 공급의 관계나 시장원리 등을 적용하는 점은 같지만, 관광경제의 경우에는 수요자(관광객)가 공급자 측에 직접 찾아옴으로써 경제활동이 성립한다는 점에 특색이 있다.

3. 지역개발의 촉진

국제관광에 비해 국내관광의 경제적 효과는 일반적으로 가볍게 인식되기 쉽다. 그것은 국제관광이 외화의 수입에 직결되어 있는데 비해 국내관광은 화폐의 국내이동과 재배분을 가져올 뿐이라는 평가가 있기 때문이다. 그러나 국내관광이

지역경제의 발전에 크게 이바지한다는 점은 두말할 필요도 없거니와 재화의 지역적 이동이 미치는 영향을 가볍게 생각해서는 안될 것이다.

국제관광의 경우에도 숙박, 토산품 구입이라고 하는 구체적인 소비활동은 특정한 지역을 중심으로 이루어지는 것이며, 그러한 의미에서 볼 때 국내 · 국제를 불문하고 관광의 경제적 효과는 우선 지역경제의 발전으로 나타날 수 있다고 생각할 수 있다.

지역경제에 대하여 효과가 발생되는 과정은 앞에서 이미 설명한 것과 기본적으로 같다. 해당 지역에서의 관광에 관한 소비의 증대는 관광에 관한 여러 가지 사업을 성립시키는 것이 되고, 거기에서 다음과 같은 경제적 효과가 생겨나게 된다.

첫째로 고용의 기회를 증대시킨다. 관광에 관한 사업은 그 성격에서 비교적 단순한 서비스노동을 많이 필요로 하고, 그렇기 때문에 노동력을 빠른 시간에 활용할 수 있다는 점에서는 다른 산업보다 직접적인 유효성을 지니고 있다.

둘째로 관광소비의 증대와 관광사업의 활성화는 직간접적으로 지방자치단체의 세수(稅收)를 증대시키는 것과 관련된다. 세수의 증대가 공공서비스의 향상, 즉 지역사회의 발전에 이바지함은 말할 필요도 없다.

셋째로는 관광사업의 발전이 도로, 상하수도, 전력공급 등의 생활기반시설의 정비에 관계되는 것을 들 수 있다. 즉 관광사업이 그 주변일대의 생활환경을 근대화하는 데 이바지하게 되는 것이다.

제2절 관광의 사회 · 문화적 효과

관광의 비경제적 효과를 총칭하여 관광의 사회 · 문화적 효과라 부르는데, 그것은 '인간의 정신활동에 미치는 영향'을 말한다. 매스 투어리즘(mass tourism)의 시대에 있어서 관광의 사회 · 문화적 효과는 경제적 효과 이상으로 주목받게 되었다. 사람과 자연과의 접촉, 사람과 사람의 만남이라는 일들이 사람에게 미치는 영향은 매우 큰 것으로 이해되고 있다.

관광의 효과는 기본적 의미에서는 직접체험과 문화의 전달을 매개하는 기능을 가진 것이라고 할 수 있는데, 일반적으로는 교육적 효과, 문화적 효과, 국가홍보 효과, 국제친선효과 등으로 나누어 고찰할 수 있다.

1. 교육적 효과

관광은 직접적 체험을 통해서 풍물을 보고 사물에 접한다는 점에 있어서 뛰어난 교육적 효과를 가지고 있다. 관광을 통하여 새로운 지식의 획득이 이루어지지만, 무엇보다 '변화욕구'의 충족이 중요하며, 이러한 과정에서 파생되는 지적 욕구의 구체적 실현이라고 하는 교육적 효과는 관광객들이 가장 높은 관심을 보여야 할 요인이다.

인간은 업무나 여가활동을 통하여 욕구의 충족을 도모함으로써 인간적 성장을 지향하는 것이며, 사회변화의 영향을 받아 파생되는 여러 가지 현대적 욕구의 대부분은 평소와는 다른 환경과 체험에 의해 충족시키고 있는 것이다. 궁극적으로 관광의 교육적 효과는 관광객이 직접적 체험을 통해서 얻어지는 것에 대한 평가이며, 견학이나 시찰여행 등의 교육적 목적을 달성하기 위해 시도하는 직접적 체험에 의한 지식의 증대를 도모한다. 따라서 관광은 교실없는 교육(Education without a class room)이라고도 말한다.

요약하면, 관광의 교육적 효과란 관광을 통해 다양한 문물을 접하고 경험을 축적하는 것을 뜻한다. 역사유적 탐방, 박물관 · 미술관 탐방 및 동식물원의 관람, 그리고 다도관광, 전적지관광, 도자기만들기, 성지순례, 수학여행, 보이스카우트 캠프 참가 등 교육목적에 따라 다양한 체험을 경험함으로써 관광객은 역사적 통찰력과 문화적 가치를 보다 깊이 이해하게 되는 것이다.

2. 문화적 효과

관광이 지니고 있는 또 한 가지의 사회 · 문화적 효과는 관광이 서로 다른 문화를 전달하는 매개로서 기능을 다하는 데서 생긴다.

관광에 의해서 습득한 지식과 체험은 다른 여러 사람들에게 자연스럽게 전해짐으로써 사회에 대하여 커다란 영향을 미치게 된다. 오랜 역사의 모든 과정을 통해서 보면 다른 나라의 문화나 산물은 여행자와 함께 다른 나라로 건너간 경우가 많았다.

예전에는 다른 나라나 다른 지방의 문화는 상인이나 순회연예인과 같이 여행하는 것을 일거리의 일부처럼 여기는 사람들에 의하여 전해졌다고 할 수 있다. 실크로드(silk road)가 교역뿐만 아니라 동서문화의 교류에 크게 이바지한 것은 잘 알려진 사실이며, 이탈리아의 여행가 마르코 폴로의 체험담에 바탕을 둔 '동방견문록(東方見聞錄)'은 당시로서는 최초의 상세한 동양의 소개서였고, 유럽사람들의 동양에의 관심을 높여, 그것이 신항로(新航路)나 신대륙 발견의 원인이 되었다고 한다.

관광이 즐거움을 위한 여행이고 여행하는 그 자체가 목적이지만, 그 여행에 의해 얻어지는 지식과 경험은 다른 사람들에게 전해질 수 있는 것이며, 또 내방한 여행자를 통하여 서로 다른 문화에 접촉할 수 있는 것이다.

커뮤니케이션 수단이 발달한 현대에 있어서는 관광이 문화를 전달하는 기능은 상대적으로 감소되었다고 할 수 있으나, 사람들의 행동양식 등은 기본적으로 사람과 사람 간의 접촉을 통해 전해지는 성격을 가진 것이다.

우리나라에 있어서도 해외여행을 경험한 사람은 여러 가지 지식이나 체험을 가지고 돌아와 다른 사람들에게 적잖은 영향을 미쳤으며, 이는 오늘날까지도 계속되고 있다. 또한 우리나라를 방문한 외국인 여행자를 통해서 다른 나라의 문화가 도입되고 있으며, 한국인 관광객에 의해 한국의 문화가 해외에 소개되고 있다.

3. 국제친선효과

관광은 국제교류를 통하여 국가 간의 친선을 도모할 수 있다. 오늘날 관광에 부과된 기본적 사명 중에서 국제친선의 증진은 국가 간의 상호이해를 꾀할 수 있어 매우 중요시되고 있다. 이에 따라 각국의 국민이 될 수 있는 한 많은 기회를 만들어 해외여행을 하여 그 나라 국민과 광범위하게 접촉하고, 또한 모든 사정을 관찰하는 것이 요망된다.

이처럼 관광의 국제친선효과는 매우 광범위하게 나타나며, 특히 인적 교류를 통한 상호 이해의 증진, 한국을 이해하고 도와주는 친한인사(親韓人士) 증가, 국제화시대에 있어 국제활동의 원활화 등에 크게 기여하게 된다. 아울러 관광종사원과 해외여행자는 민간외교관의 역할을 수행하게 된다.

이로써 관광산업은 평화산업으로 인식되고 있으며, 실제로 관광을 통해 세계평화에 이바지한다고 볼 수 있다. 무엇보다도 이해집단 간의 분쟁은 서로에 대한 오해와 불신에서 비롯된다는 점을 고려할 때, 국제관광은 세계를 하나의 우호적인 공동체로 만드는 데 기여하게 될 것이다.

4. 국가홍보효과

관광의 활성화는 관광지 국가를 내외국인에게 홍보하는 효과를 꾀할 수 있다. 이는 오늘날의 관광이 단순히 경제적 효과만을 위해 발전시키는 것이 아님을 의미한다. 특히 관광을 통한 국가홍보효과는 자국의 민족적 우수성을 세계에 알리는 역할을 담당한다. 지난 70년대 정부에서 실시한 참전용사 유치사업은 6·25전쟁의 폐허와 가난의 참상에서 놀랍게 발전한 우리나라의 재건모습을 세계적으로 유감없이 홍보하였다고 할 수 있다. 따라서 관광은 언론 없는 통신(Communication without a press)이라고도 말한다.

이와 같은 국가홍보효과를 달성하기 위해서는 무엇보다도 우리나라를 찾는 외국인에게 우수한 전통문화와 문물을 체계적으로 소개해야 한다. 고려자기, 거북선, 인쇄(금속활자)기술 등 다양한 한국의 전통문화는 관광상품 개발에도 유용하게 활용될 수 있으며, 이와 같은 전통문화를 효과적으로 외래 관광객들에게 소개할 수 있는 관광수용태세를 정비해야 할 것이다.

아울러 국가의 발전상, 친절, 미풍양속 등을 보여줌으로써 국위선양을 도모해야 한다. 한강의 기적을 이룩한 우리나라의 발전모습은 한국보다 경제적으로 낙후된 지역에서 온 관광객들에게는 주요한 관광매력이 될 수 있다. 이처럼 관광자원은 단순히 역사유적 및 전통문화에 국한되는 것이 아니라 관광객의 호기심을 자극할 수 있는 모든 것들이 관광자원으로 활용될 수 있는 것이다.

또한 외국관광객들을 맞이하는 모든 국민과 관광종사원은 우리나라를 선전하는 홍보요원이 되어야 하며, 내국인의 해외여행을 통해서도 국가홍보를 꾀할 수 있어야 한다. 하지만, 해외를 방문하는 내국인이 해외에서 모범적인 행동을 하지 못하고 현지인과 관광객들에게 좋지 못한 행동을 한다면, 우리나라의 이미지에 부정적인 영향을 미치게 되어 한국의 전반적인 이미지를 흐리게 한다. 따라서 외국을 여행하는 내국인들은 자신의 행동이 우리나라의 국익에 영향을 미친다는 점을 명심해야 할 것이다.

제3절 관광의 환경적 효과

1. 관광자원의 개발과 보전

관광자원의 효율적인 개발을 통해 방치되어 있던 관광자원을 개발하여 활성화시키고, 기존의 자원을 보호 및 보존하며, 또한 이에 부합된 편의시설을 확충함으로써 관광자원의 가치를 제고시킬 수 있다. 그 예로써 National Trust운동(국민신탁운동) 그리고 쇠락했던 현충사를 1960년대에 재건한 경우를 들 수 있다. 이와 같이 관광은 제도적으로 자연자원을 보호하고 보존한다.

2. 자연환경의 정비와 보전의 계기

관광객들을 유치하기 위해서는 관광과 관련된 환경의 정비가 필수적이므로 이를 위해 자연경관을 효과적으로 정비하고 조성하는 것이 필요하다. 따라서 환경에 대한 인식이 증대되는 효과가 있다, 그 예로서, 1963년 프랑스정부가 랑그독 루시옹계획을 통하여 남부 지중해의 황무지 해변 200km를 6개의 쾌적한 휴양도시로 변화시킨 사례를 들 수 있다.

3. 관광 제반 시설의 확충

관광객들이 이용하는 제반 시설의 편의성을 보장하기 위해 지역의 물리적 환경을 개선시킴은 물론, 공공환경도 정화하고 접근이 용이하도록 시설을 확충함으로써 관광객뿐만 아니라 지역주민에게도 그 편익이 돌아갈 수 있도록 기회를 제공할 수 있다.

제4절 관광의 부정적 효과

1. 여러 효과의 관련성

관광의 여러 가지 효과에 관해서, 이것을 앞에서 편의상 경제적 효과와 사회·문화적 효과로 대별하여 설명했지만, 본래 이것들은 서로 관련되는 것으로서, 한편으로는 바람직한 영향인 플러스 효과를 가져오는가 하면, 다른 한편에서는 바람직하지 못한 영향인 마이너스 효과를 동시에 발생시킨다는 문제가 있다.

외화획득을 위한 국제관광객의 수용은 국제수지를 개선하는 경제적 효과와 함께 국제친선이라고 하는 사회·문화적 효과를 높이는 것이나, 반면에 예의를 갖추지 못한 관광객의 언행에 의하여 그 나라에 대한 평가가 나빠지는 경우가 있다. 또 경제적으로도 관광객이 상품이나 서비스의 수요를 급격히 증가시킴으로써 물가상승 등의 국민경제에 부정적 효과가 생기는 경우도 있다.

이와 같은 경우에 전체적인 평가는 어느 쪽의 가치를 보다 중시하는가와 어느 것이 기본적인 사항이고 또 어느 것이 파생적인 사항인지에 대한 인식에 따라 내려지겠지만, 마이너스되는 측면만 문제삼는다면 관광 그 자체는 부정적 효과를 가져오는 것으로만 부각되어 비판의 대상이 되기 쉽다.

이하에서는 대표적인 관광의 역효과를 살펴보고자 한다.

2. 자연환경의 훼손

관광개발은 필연적으로 자연의 훼손을 동반하게 된다. 한편으로 무조건적인 보호가 인간생활의 풍요(豊饒)에 도움을 준다고 하는 견해는 문제가 있다고 본다. 때로는 자연조건을 인위적으로 개선하는 것이 오히려 환경의 보호에 도움이 될 수도 있기 때문이다. 예를 들어 홍수 때에 자주 범람하는 하천의 폭을 넓혀 홍수피해를 예방하는 것은 자연환경에 적극적으로 대응함으로써 환경을 관리하는 방안이 될 수도 있기 때문이다.

이처럼 자연에 대한 개발은 개발 자체가 문제가 된다기보다는 개발자의 개발방향에 따라 문제가 될 수도 있고 자연보호에 도움이 될 수도 있다. 이와 같은 개발방식을 보전적 개발(sustainable development)이라 한다. 그러나 관광개발시 관광개발 주체가 지나치게 자신의 이익만을 고집하게 되면 실제적으로 많은 부작용이 표출되며, 이로 말미암아 나타나는 대표적인 환경파괴의 요인은 크게 두 가지로 요약된다.

첫째, 경제적 이유만을 추구하는 개발은 많은 환경파괴를 일으키게 된다. 관광개발자들은 경제적 이익에 몰두하고 환경보전을 등한시하여 개발지 주민과 주변지역에 피해를 주는 사례가 종종 발생한다. 이에 따라 해정당국의 적절한 통제가 요구된다.

둘째, 자연의 무분별한 이용은 생태계의 질서를 파괴한다. 이를 예방하기 위해서는 보전적 개발을 전제로 관광지가 개발되어야 한다. 이는 환경친화적인 개발을 의미하며, 향후 환경친화적인 개발만이 개발자뿐만 아니라 지역주민에게도 이익이 될 것이다.

따라서 생태계를 보호할 수 있는 개발, 지역적 특성을 고려한 개발, 기후 및 풍토에 기초한 지역적 특성을 고려한 개발, 환경보호를 위한 제도적인 장치구축 등의 조건을 충족시킬 수 있는 여건이 마련되어야 한다.

3. 인문환경의 훼손

관광개발은 자연적 환경파괴 외에도 미풍양속 등의 전통문화를 파괴하여 지역정서를 왜곡시키고 현지인들의 가치관을 혼돈에 빠지게 할 우려가 있다. 이는 폐쇄적인 전통사회가 갑작스럽게 외부세계에 노출되어 주민생활 침해가 발생하고 관광객들의 퇴폐적인 행태가 현지인들에게 악영향을 미침으로써 전통문화 파괴현상이 발생한다.

이에 따라 세계의 주요 관광지들은 관광지의 전통적인 문화를 보존하기 위해 다각적인 노력을 기울이고 있다. 예를 들어 하와이에 가면, 폴리네시안 문화센터가 있는데, 이는 하와이 및 주변 섬나라들의 문화를 인공의 특정공간에 전시함으로써 현지인들의 삶을 보호할 뿐만 아니라 관광객과 현지인과의 마찰을 없애기 위한 조치이다. 아울러 이와 같은 문화의 무대화는 관광객에게 관련문화를 한 장소에서 관람하고 이해하게 함으로써 관광객의 시간적 · 경제적 손실을 줄이는 효과도 기대할 수 있다.

궁극적으로 전통문화를 중심으로 하는 인문환경의 보존은 현대관광에 있어서 매우 중요하게 대두되는 요인이다. 또한 전통문화는 관광객이 탐구하기 위해 관심을 고조시키는 중심적 관광매력이므로 관광개발자, 현지주민, 정책적 지원 등이 효과적으로 조화를 이루어야 한다.

4. 호화사치 및 과소비 조장

한편으로 관광은 호화사치와 과소비를 조장할 수도 있다. 관광객은 일상생활을 벗어나 신비감과 해방감, 그리고 미지의 세계가 제공하는 환상적인 분위기 속에서 경제적 소비의 위험성을 망각하기 쉽다. 특히 한국과 같이 여가에 대한 체계적인 교육이 이루어지고 있지 않은 상황하에서 관광객들은 자신의 일상적인 통제능력을 상실하여 충동적 구매에 몰입할 수 있다.

또 한편으로 관광객들의 소비행태가 일상생활권보다 더 과감하게 나타나는 것은 일상생활에서의 경쟁환경이 없으며, 위락행위가 제공하는 환상체험의 마력성과 자유를 만끽하는 과정에서 향유하는 현실도피적인 행태에서 비롯된다. 무엇보다도 위락에의 지나친 탐닉은 인생을 파멸로 몰고 갈 수도 있다. 최근 들어 청소년들이 유흥비를 마련하기 위해 범죄를 저지르는 경향이 나타나고 있는데, 이는 일부 청소년들이 쾌락적인 유흥문화에 빠져들고 있음을 의미하는 것이다.

아울러 위락에의 지나친 탐닉은 근로의욕을 저하시킬 수도 있다. 노동과 여가생활은 모두 인간이 살아가는 데 있어서 매우 소중한 시간이다. 그러나 지나치게 균형을 상실하여 여가생활은 전혀 하지 않은 채 노동에만 몰두한다든가, 아니면 노동은 일절 하지 않은 채 여가생활에만 몰두하는 것은 매우 위험하다. 가장 이상적인 것은 노동과 여가생활의 조화이다. 이 양자는 상호 보완적인 성격을 지니고 있으므로 균형잡힌 시간배분이 필요하다.

또한 관광지에서의 지나친 소비행태는 일상생활에까지 영향을 미쳐 소비성향을 부채질할 수도 있다. 따라서 여행자들은 관광을 할 때 알뜰하고 가치있는 시간계획을 수립함으로써 계획있는 소비행태를 확립하고 비용은 최소화하면서 관광편익은 최대화하는 노력이 요구된다.

제4장

관광자원

관광자원

제4장

제1절 관광자원의 이해

1. 관광자원의 정의

관광자원이란 관광의 주체인 관광객으로 하여금 관광동기를 유발시켜 관광행동으로 이어지게 하는 목적물로서의 관광대상을 말한다. 따라서 관광자원이 되기 위해서는 관광객을 매료시킬 수 있는 독자적인 관광매력을 스스로 지니고 있어야 한다.

일반적으로 자원이란 자연에서 채취할 수 있는 자연적인 자원으로서만 인식되어 왔으나, 오늘날에 와서는 자연뿐만 아니라 무형적인 재화에 이르기까지의 포괄적인 의미를 갖는 총체가 되었다. 즉 자원이란 자연적인 기본배경 아래 경제성 및 인간에게 도움을 줄 수 있는 욕구충족의 대상이며 끊임없는 변화에 대응할 수 있는 것이어야 한다. 이러한 맥락에서 볼 때 관광자원은 자원 그 자체가 모두 해당될 수 있을 정도로 한정되어 있지 않을 뿐만 아니라, 관광활동의 다양성으로 인해 그 범위는 더욱 확대되고 있다.

관광자원의 의의를 규정짓기 위한 내용을 항목별로 망라하면, 첫째, 관광객의 관광욕구와 동기를 충족시켜 줄 수 있는 관광행동의 목적물이어야 할 것, 둘째, 자연적 · 인문적, 유 · 무형의 모든 자원일 것, 셋째, 교훈적 · 위락적 · 문화적 가치가 있으며 매력성과 자력성을 지닌 소재적 자원일 것, 넷째, 관광의 객체로서 보존 · 보호의 바탕 아래 개발할 수 있을 것 등이다.

결국 관광자원이란 함축적으로 관광객의 관광욕구를 충족시켜 줄 수 있는 유 · 무형의 모든 자원이라 할 수 있다. 이러한 여러 가지 관광자원의 의의에 대해 그동안의 연구 결과물들이 관광자원학의 발전에 이바지해온 점도 있으나, 혼란을 야기해 불이익을 가져다주는 요인도 있었다.

관광자원은 객체로서 관광의 성립요소 중 제2요소로서 상당한 비중을 차지하고 있다. 따라서 관광자원에 대한 기본개념의 보편타당한 규정은 세부 각론의 방향을 결정짓는 사안이 되므로 이에 대한 개념정의는 매우 중요하다고 할 수 있다.

결론적으로 관광자원은 관광객의 욕구 및 동기를 충족시켜 줄 수 있는 것으로 관광목적물로서의 대상이며 관광업체의 관광상품으로서의 기본적 소재가 되는 상품의 재료로, 이는 매력적 · 자력적 · 교육적 · 문화적 · 위락적 등의 가치를 갖는 대상이다. 또한 유 · 무형의 다양한 효용성을 갖고 있는 자원이며 보존 · 보호가 대단히 중요한 자원이다. 즉 관광자원은 관광객의 관광욕구를 충족시켜 줄 수 있는 유 · 무형의 모든 자원을 의미한다.

2. 관광자원의 특성

관광자원(tourism resources)은 관광의 주체인 관광객으로 하여금 관광동기와 의욕을 일으키게 하는 대상으로, 유형이든 무형이든 관광객을 끌어들이고 관광수입을 올릴 수 있는 경제적 자원을 말한다. 일반적으로 관광자원은 자연 모습 그대로의 가치를 지닌 것과 개발을 통하여 이루어진 관광자원이 있다.

관광자원의 가치는 시대와 시간의 변화, 지역의 변화, 공간의 변화, 기술의 변화에 따라 달라진다. 또한 인종적 요소, 종교적 요소, 역사적 요소, 문화적 요소, 국토적 여건 등에 의하여 모두 상이하게 나타날 수 있다.

관광객을 유인하는 관광대상물(관광객의 욕구를 환기시키고 충족시키는 목적물)로서의 관광자원은 목적과 형태 등에 따라 다종다양하게 존재한다. 종래까지 관광자원으로서 인정받지 못했던 자원도 시대적 변화에 따른 대중관광의 보급과 함께 새로운 관광자원으로 각광받기도 하지만, 그와 반대로 매력을 상실해 가는 자원도 있을 수 있다.

관광자원으로서 갖추어야 하는 특성으로는 〈표 4-1〉과 같이 ① 매력물, ② 개발성, ③ 다양성, ④ 가치변화, ⑤ 보존보호 등을 들 수 있다.

〈표 4-1〉 관광자원으로서 갖추어야 하는 특성

구 분	내 용
매력물	- 관광객들이 관광하고자 하는 욕구와 동기를 일으키는 현상을 말한다. 즉 자원의 매력성을 바탕으로 관광객을 움직이도록 하는 유인성(pull power)을 가져야 한다.
개발성	- 관광자원은 관광가치를 지니고 있는 자연적 자원을 개발하여 관광객의 관광대상물이 되도록 하는 것이다. 즉 관광자원은 인위적인 개발을 통해서 관광대상이 된다.
다양성	- 관광자원은 범위가 다양하고 자연 · 인문 등 우리가 관광자원으로 인식할 수 있어야 하며, 그 밖에 인상적인 대상물들도 개인의 관점에 따라 훌륭한 관광자원이 된다.
가치변화	- 관광자원은 사회구조, 시간과 장소, 시대환경 등에 따라 가치를 달리 한다. 즉 과거에는 자원으로써 가치가 없었는데, 기술의 발달 및 관광객의 생활변화 등으로 인하여 가치를 인정하는 경우도 생긴다.
보존 · 보호	- 관광자원은 보존 또는 보호를 필요로 한다. 보존은 '자원의 가치를 유지한다는 의미'이고, 보호는 '원형을 가능한 그대로 유지하는 것'을 뜻한다.

제2절 관광자원의 분류

1. 관광자원의 분류

관광자원의 종류는 다종다양하고 수적으로나 질적으로 엄청나기 때문에 그 범위는 무한히 확대일로에 있다. 고도산업사회의 발전지속과 물질문명의 팽배에 따른 파급욕구는 관광의 새로운 매력대상으로서의 관광자원의 새로운 형태를 끊임없이 요구하고 있다. 인간의 자기 발견, 휴양, 보양, 교육 등의 효과에 기여할 수 있는 모든 대상을 관광자원의 차원에서 흡수하여 체계화할 필요가 있다. 관광자원을 어떻게 체계적으로 분류할 것인가의 문제는 지극히 복잡다단하고 난해한 과제임이 분명하다. 때문에 관광자원에 대한 학자들의 연구가 지속적으로 진행되고 있다.

우리나라의 일반적인 관광자원의 분류는 자연적 관광자원, 문화적 관광자원, 사회적 관광자원, 산업적 관광자원, 위락적 관광자원으로 대별하고 있다. 그러나 여기서 주의할 것은 어떤 하나의 관광대상지가 위의 대별된 관광자원의 하나의 범주에만 절대적으로 소속되지 않는다는 점이다.

2. 자연적 관광자원

1) 개요

산, 하천, 호수, 해양, 온천약수, 계곡, 폭포, 산림, 지질, 동식물, 지형, 동굴 등이 자연적 관광자원에 해당한다. 이런 자연적 관광자원은 각 지역마다 서로 다른 모습을 가지고 있으며, 그런 자연경관의 차이는 관광객에 의해 다른 느낌으로 받아들여진다. 또한 고도로 산업화된 사회에 사는 사람들일수록 자연을 동경하고 인간의 손길이 덜 닿은 곳을 경험하고 싶어 한다고 볼 수 있기 때문에, 때 묻지 않은 자연자원이 더욱 중요시되고 있다.

2) 자연공원

자연환경의 보전과 지속적인 활용, 국민의 여가와 휴양 및 정서생활의 향상을 기하기 위하여 지정한 구역인 자연공원은 국립공원, 도립공원, 군립공원, 지질공원 등으로 구분된다. 2020년 8월 25일 기준으로 우리나라의 자연공원은 총 92개소(총면적 21,255km^2)로 이 중 국립공원이 22개소, 도립공원이 30개소, 군립공원이 27개소, 지질공원 13개소이다.

(1) 국립공원

국립공원이란 우리나라의 자연생태계나 자연 및 문화경관을 대표할 만한 지역으로서 환경부장관이 지정 · 관리하고, 지정대상지역의 자연생태계, 생물자원, 경관의 현황 · 특성, 지형, 토지이용상황 등 그 지정에 필요한 사항을 조사하여 지정된 공원을 말한다.

우리나라는 1967년 12월에 지리산국립공원을 최초로 지정하였고, 1960년대에 경주와 계룡산 등 4개소, 1970년대에 설악산 · 속리산 등 9개소, 1980년대에 다도해해상 등 7개소, 2013년에는 무등산 1개소를 지정하였고, 2016년 8월 22일에는 도립공원 태백산이 국립공원으로 승격되는 등 2019년 12월 말 기준으로 총 22개의 국립공원이 지정되어 있다.

〈표 4-2〉 국립공원 지정 현황

지정순위	공원명	위치	공원구역		비고
			지정연월일	지정면적(km^2)	
1	지리산	전남, 경북, 경남	1967.12.29	483.022	
2	경주	경북	1968.12.31	136.550	
3	계룡산	충남, 대전	1968.12.31	65.335	
4	한려해상	전남, 경남	1968.12.31	535.676	해상 408.488
5	설악산	강원	1970.03.24	398.237	
6	속리산	충북, 경북	1970.03.24	274.766	
7	한라산	제주	1970.03.24	153.332	
8	내장산	전남, 전북	1971.11.17	80.708	
9	가야산	경남, 경북	1972.10.13	76.256	
10	덕유산	전북, 경남	1975.02.01	229.430	
11	오대산	강원	1975.02.01	326.348	
12	주왕산	경북	1976.03.30	105.595	
13	태안해안	충남	1978.10.20	377.019	해상 352.796
14	다도해해상	전남	1981.12.23	2,266.221	해상 1,975.198
15	북한산	서울, 경기	1983.04.02	76.922	
16	치악산	강원	1984.12.31	175.668	
17	월악산	충북, 경북	1984.12.31	287.571	

지정 순위	공원명	위치	공원구역		비고
			지정연월일	지정면적(km²)	
18	소백산	충북, 경북	1987.12.14	322.011	
19	변산반도	전북	1988.06.11	153.934	해상 17.227
20	월출산	전남	1988.06.11	56.220	
21	무등산	광주, 전남	2013.03.04	75.425	
22	태백산	강원	2016.08.22	70.052	
계 22개소				6,726.298	주) 참조

자료 : 환경부, 2019년 12월 31일 기준

주) 육지: 3,972.589, 해면: 2,753.709, 국토면적의 3.96%(육상면적 기준)

(2) 도립공원

도립공원이란 특별시 · 광역시 · 특별자치시 · 도 및 특별자치도(이하 "시 · 도"라 한다)의 자연생태계나 자연 및 문화경관을 대표할 만한 지역으로서 특별시장 · 광역시장 · 특별자치시장 · 도지사 또는 특별자치도지사(이하 "시 · 도지사"라 한다)가 지정한 공원을 말한다.

우리나라의 도립공원은 1970년 6월 1일 경북 금오산을 최초의 도립공원으로 지정한 이래 1970년대에 남한산성 등 13개소, 1980년대에 팔공산 등 7개소가 지정되었고, 1990년대에 2개소, 2005년에 연인산 1개소, 2008년에 제주특별자치도의 행정구역 개편으로 제주조각공원 등 6개 군립공원이 도립공원으로 편입되었고, 2009년에는 수리산도립공원을 지정하였다. 2011년에는 제주조각공원을 폐지하고 제주곶자왈 1곳을 추가로 지정하였으며, 2013년에는 무등산도립공원이 국립공원으로 승격되고 고복도립공원은 세종특별자치시 출범에 따라 도립공원으로 승격되었으며, 2016년 8월 22일에는 태백산이 국립공원으로 승격된 반면에 2016년 1월 28일 벌교갯벌이 도립공원으로 지정되었다. 2019년 1월 10일에는 전라남도 영광군의 불갑산이 도립공원으로 지정되며 2019년 12월 말 기준으로 총 30개소의 도립공원이 지정돼 있다.

〈표 4-3〉 도립공원 지정 현황

(단위: km^2)

지정 순위	공원명	위치	면적	지정일
1	금오산	경북 구미, 칠곡, 김천	37.262	1970.06.01
2	남한산성	경기 광주, 하남, 성남	35.166	1971.03.17
3	모악산	전북 김제, 완주, 전주	43.309	1971.12.02
4	덕산	충남 예산, 서산	19.859	1973.03.06
5	칠갑산	충남 청양	31.059	1973.03.06
6	대둔산	전북 완주, 충남 논산, 금산	59.933	1977.03.23
7	마이산	전북 진안	17.220	1979.10.16
8	가지산	울산, 경남 양산, 밀양	104.347	1979.11.05
9	조계산	전남 순천	26.750	1979.12.26
10	두륜산	전남 해남	32.910	1979.12.26
11	선운산	전북 고창	43.683	1979.12.27
12	팔공산	대구, 경북 칠곡, 군위, 경산, 영천	125.607	1980.05.13
13	문경새재	경북 문경	5.478	1981.06.04
14	경포	강원 강릉	1.689	1982.06.26
15	청량산	경북 봉화, 안동	49.509	1982.08.21
16	연화산	경남 고성	21.847	1983.09.29
17	고복	세종특별자치시	1.949	1990.01.20. (2013.01.07. 군립→도립)
18	천관산	전남 장흥	7.936	1998...10.13
19	연인산	경기 가평	37.691	2005.08.15
20	신안갯벌	전남 신안	162.000	2013.12.31
21	무안갯벌	전남 무안	37.123	2008.06.05
22	마라해양	제주도 서귀포시	49.755	2008.09.19
23	성산일출해양	제주도 서귀포시	16.156	2008.09.19

지정순위	공원명	위치	면적	지정일
24	서귀포해양	제주도 서귀포시	19.540	2008.09.19
25	추자	제주도 제주시	95.292	2008.09.19
26	우도해양	제주도 제주시	25.863	2008.09.19
27	수리산	경기 안양, 안산, 군포	7.035	2009.07.16
28	제주 곶자왈	제주도 서귀포시	1.547	2011.12.30
29	벌교갯벌	전남 보성	23.068	2016.01.28
30	불갑산	전남 영광	6.887	2019.1.10
계 30개소			1,147.530	

자료 : 환경부, 2019년 12월 31일 기준

(3) 군립공원

군립공원이란 시 · 군 및 자치구(이하 "군"이라 한다)의 자연생태계나 경관(자연 및 문화경관)을 대표할 만한 지역으로서, 지정대상지역의 자연생태계, 생물자원, 경관의 현황 · 특성, 지형, 토지이용상황 등 지정에 필요한 사항을 조사하여 시장 · 군수 또는 자치구의 구청장(이하 "군수"라 한다)이 지정 · 관리하는 공원을 말한다.

군립공원 현황을 살펴보면, 1981년 1월 7일 전라북도 순창군의 강천산이 최초의 군립공원으로 지정된 이래, 1980년대에 보경사 등 22개소가 지정되었고, 2000년대에 들어와 추자, 우도해상, 월성계곡 등 3개소가 지정되면서 33개소에 이르게 되었으나, 제주특별자치도의 행정구역 개편으로 추자 등 군립공원 6개소가 도립공원으로 승격 · 지정되면서 2019년 12월 31일 기준으로 27개소의 군립공원이 지정돼 있다.

〈표 4-4〉 군립공원 지정 현황

(단위: km^2)

지정순위	공원명	위치	면적	지정일
1	강천산	전북 순창군 팔덕면	15.800	1981.01.07
2	천마산	경기 남양주시 화도읍, 진천면, 호평면	12.461	1983.08.29
3	보경사	경북 포항시 송라면	8.511	1983.10.01
4	불영계곡	경북 울진군 울진읍, 서면, 근남면	25.410	1983.10.05
5	덕구온천	경북 울진군 북면	6.060	1983.10.05
6	상족암	경남 고성군 하일면, 하이면	1.344	1983.11.10
7	호구산	경남 남해군 이동면	2.839	1983.11.12
8	고소성	경남 하동군 악양면, 호개면	3.035	1983.11.14
9	봉명산	경남 사천시 곤양면, 곤명면	2.645	1983.11.14
10	거열산성	경남 거창군 거창읍, 마리면	3.271	1984.11.17
11	기백산	경남 함양군 안의면	2.013	1983.11.18
12	황매산	경남 합천군 대명면, 가회면	21.784	1983.11.18
13	웅석봉	경남 산청군 산청읍, 금서·상장·단성	17.960	1983.11.23
14	신불산	울산 울주군 상북면, 삼남면	11.585	1983.12.02
15	운문산	경북 청도군 운문면	16.173	1983.12.29
16	화왕산	경남 창녕군 창녕읍	31.283	1984.01.11
17	구천계곡	경남 거제시 신현읍, 동부면	5.871	1984.02.04
18	입곡	경남 함양군 산인면	0.995	1985.01.28
19	비슬산	대구 달성군 옥포면, 유가면	13.382	1986.02.22
20	장안산	전북 장수군 장수읍	6.274	1986.08.18
21	빙계계곡	경북 의성군 춘산면	0.880	1987.09.25
22	아미산	강원 인제군 인제읍	3.160	1990.02.23
23	명지산	경기 가평군 북면	14.027	1991.10.09
24	방어산	경남 진주시 지수면	2.588	1993.12.16
25	대이리	강원 삼척시 신기면	3.664	1996.10.25
26	월성계곡	경남 거창군 북상면	0.650	2002.04.25
27	병방산	강원 정선군 정선읍	0.500	2011.09.30
계 27개소			234.165	

자료 : 환경부, 2019년 12월 31일 기준

(4) 지질공원

국가지질공원은 지구과학적으로 중요하고 경관이 우수한 지역으로서 이를 보전하고 교육 · 관광사업 등에 활용하기 위하여 환경부장관이 인증한 공원이다. 2012년 12월 27일 제주도와 울릉도 · 독도가 국가지질공원으로 최초 지정된 이래 2014년 12월 10일 무등산권역이 지정되었고, 2015년 12월 31일에는 한탄강이 새로 지정된 데 이어, 2017년 1월 5일 강원도 고생대가 추가로 지정되었고, 2017년 9월 13일에는 경북 동해안 및 전북 서해안권이 지질공원으로 지정되었다. 이후 2019년 7월 10일 백령 · 대청과 진안 · 무주가 추가로 지정되었으며, 2020년 7월 27일 충북 단양이 지질공원으로 지정되면서 2020년 08월 말 기준으로 총 13개소가 지정돼 있다. 그리고 국가지질공원은 전체 면적 13,148km^2을 차지하고 있다. 한편, 고시일로부터 4년마다 국가지질공원의 관리 · 운영 현황을 조사 · 점검하여 재평가한다.

〈표 4-5〉 지질공원 인증 현황

지정순위	공원명	위치	면적	지정일
1	울릉도 · 독도	경북 울릉군	127.90	2012.12.27
2	제주도	제주 제주시, 서귀포시	1,864.40	2012.12.27
3	부산	부산 7개 자치구(금정구, 영도구, 진구, 서구, 사하구, 남구, 해운대구)	296.98	2013.12.06
4	강원평화	강원도 5개군 (철원군, 화천군, 양주군, 인제군, 고성군)	1,829.10	2014.04.11
5	청송	경북 청송군	845.71	2014.04.11
6	무등산권역	광주 2개 자치구(동구, 북구) 전남 2개군(화순군, 담양군)	246.31	2014.12.10
7	한탄강	경기도 2개 시 · 군(포천시, 연천군) 강원도(철원군)	1,164.74	2015.12.31
8	강원 고생대	강원도 4개 시 · 군 (영월군, 정선군, 평창군, 태백시)	1,990.01	2017.01.05
9	경북 동해안	경북 4개 시 · 군 (경주시, 포항시, 영덕군, 울진군)	2,261.00	2017.09.13
10	전북 서해안권	전북 2개 군(고창군, 부안군)	520.30	2017.09.13
11	백령 · 대청	인천광역시(옹진군)	66.86	2019.07.10
12	진안 · 무주	전라북도(진안군, 무주군)	1,154.62	2019.07.10
13	단양	충청북도(단양군)	781.06	2020.07.27
계 13개소			13,148.99	

자료 : 환경부, 2020년 8월 25일 기준

3) 생태 · 경관보전지역

생태 · 경관보전지역이란 ① 자연상태가 원시성을 유지하고 있거나 생물다양성이 풍부하여 보전 및 학술적 연구가치가 큰 지역, ② 지형 또는 지질이 특이하여 학술적 연구 또는 자연경관의 유지를 위하여 보전이 필요한 지역, ③ 다양한 생태계를 대표할 수 있는 지역 또는 생태계의 표본지역, ④ 그 밖에 하천 · 산간계곡 등 자연경관이 수려하여 특별히 보전할 필요가 있는 지역으로서, 자연생태 · 자연경관을 특별히 보전할 필요가 있는 지역을 환경부장관이 지정 · 고시하는 지역을 말한다(자연환경보전법 제12조 · 제13조).

또 시 · 도지사는 생태 · 경관보전지역에 준하여 보전할 필요가 있다고 인정되는 지역을 시 · 도생태 · 경관보전지역으로 지정하여 관리할 수 있다(동법 제23조).

2020년 12월 기준으로 국가가 지정한 생태 · 경관보전지역은 지리산 등 9개소(248.03km^2)이며, 시 · 도생태 · 경관보전지역은 한강 밤섬 등 24개소(37.764km^2) 등 총 33개 지역 285.794km^{2}이다.

4) 관광농원

관광농원은 농촌의 쾌적한 자연환경과 전통문화, 농림수산생산기반 등을 농촌체험 · 관광자원으로 개발하여 국민의 여가수요를 농촌으로 유치함으로써 도시와 농촌의 교류를 촉진하고 이를 통해 농촌지역과 농업인의 소득증대를 도모하는 사업이다. 이 같은 목적에 따라 전체 면적의 20%(2,000m^2 이상이면서, 전체 면적의 20% 이상) 이상은 반드시 과수 · 화훼 · 가축사육장 · 양어장 등 농업 및 농촌과 관련된 체험시설을 갖추도록 하고 농어업인, 농협, 수협, 한국농어촌공사 등과 같은 농업 관련단체가 운영하도록 하고 있다. 2019년 12월 말 기준 863개소의 관광농원이 운영 중이며, 이들 관광농원은 체험시설 외에도 숙박시설, 체육시설, 휴양시설 등 다양한 시설을 갖추어 이용자 편의를 도모하고 있으며, 농원에 따라서는 고구마 · 밤 등 농작물 수확체험, 순두부 · 인절미 등 전통음식 만들기, 연날리기 · 썰매타기 등 전통놀이체험, 야생화 · 반딧불이 · 메뚜기 관찰 등 자연학습(생태관광) 등 다양한 체험프로그램을 마련 · 운영하여 도시민들의 눈길을 끌고 있다.

정부에서는 관광농원의 지원 · 육성을 위하여 관광농원 개발에 따른 시설자금, 개보수자금 및 운영자금을 농업종합자금(시설 · 개보수자금 연리 2%, 운영자금 고정(2.5%) · 변동선택 가능)으로 지원하고 있다.

〈표 4-6〉 시 · 도별 관광농원 운영 현황

구분	부산	인천	울산	경기	강원	충북	충남	전북	전남	경북	경남	제주	계
개소수	1	47	1	235	136	50	76	32	79	58	103	45	863

자료 : 농촌정책국 농촌산업과, 2019년 말 기준

5) 산림휴양시설

산업화 · 도시화와 국민경제의 발전 등으로 급증하는 생태관광수요를 산림에서 적극적으로 흡수하기 위해 산림경관이 수려하고 국민이 쉽게 이용할 수 있는 지역에는 자연휴양림을, 도심에서 가깝고 지역주민의 이용빈도가 높은 지역에는 삼림욕장을 조성하고 있다. 자연휴양림은 2017년에 1개소(국립 1)를 신규로 개장, 전국적으로 총 166개소를 운영하여 이용자 수가 1,671만명에 이르고 있으며, 2018년에는 4개소(국립 1, 지자체 3)를 신규로 개장, 전국적으로 총 170개소를 운영하여 이용자수가 1,533만명에 이르고 있으며, 2019년에는 5개소가 추가된 총 175개소 운영, 2020년에는 총 181개소(국립 44개, 지자체 113개, 사유 24개)가 운영 중에 있다.

삼림욕장은 도시민들이 많이 이용하는 도시근교에 위치한 산림 안에 산책로, 자연관찰로, 탐방로, 간이체육시설 등 삼림욕과 체력단련에 필요한 기본시설을 조성하는 것으로 2020년 현재 총 211개소가 운영 중이다.

〈표 4-7〉 자연휴양림 지정 및 이용자 현황

(단위 : 개소, 천명)

구분	2019년		2020년	
	개소 수	이용자 현황	개소 수	이용자 현황
계	175	15,989	181	10,430
중앙정부	43	4,657	44	3,061
지방자치단체	109	10,286	113	6,708
개인	23	1,046	24	661

자료 : 산림청, 2020년 12월 31일 기준

3. 문화적 관광자원

문화적 관광자원은 민족문화의 유산으로서 문화적 가치가 있는 유형 · 무형의 문화재, 민속자료, 기념물 등과 같은 문화유산인데, 관광자원으로서 관광객에게 커다란 유인력을 가지고 있다.

그 가운데서도 중핵을 이루고 있는 것은 사적(史跡), 사찰(寺刹), 성적(城跡) 등이며, 국가의 지정을 받은 국보(國寶), 중요문화재(重要文化財) 등이 관광자원성을 높이고 있다. 역사상 · 예술상의 가치가 높은 국보 가운데서도 회화, 조각, 공예, 서적, 고고자료 등은 수도(首都)나 고도(古都)에 많다. 그러나 문화적 관광자원으로서는 특히 건조물이나 사적(史跡)이 중요한 대상물이다.

성터(城趾), 조개무덤(貝塚), 옛무덤(古墳), 궁터(宮趾), 가마터(陶窯址), 유물포함층 등의 사적지는 거의 전국에 평균화되어 분포돼 있어 지방적인 관광대상으로서의 가치가 높으며, 그것은 관광거점을 쉽게 형성할 수 있음을 의미하고 있다, 또한 연극 · 음악 · 공예기술 등의 역사상 · 예술상의 가치가 높은 무형의 문화적 소산이나 의식주(衣食住) · 신앙 · 연중행사(年中行事) 등의 민속자료도 문화적 관광자원으로서 일반에 이용되고 있지만, 이와 같은 것들은 지방에 분산되고 있다는 데에 특색이 있다.

그리고 문화적 관광자원 가운데서도 특히 연중행사는 중요한 인문관광자원이 되고 있는데, 우리나라에서도 경주의 '신라문화제(新羅文化祭)', 부여의 '백제문화제(百濟文化祭)' 그리고 자연적 특성을 살려 새로 시작한 제주의 '유채꽃 큰잔치' 등은 열릴 때마다 많은 사람들이 구경하러 모여들고 있다.

1) 문화재

(1) 의의와 분류

문화재는 우리 민족의 유구한 자주적 문화정신과 지혜가 담겨 있는 역사적 소산이며, 우리의 전통문화를 소개할 수 있는 매력적인 관광자원이다.

우리나라는 문화재보호를 위해 1962년에 「문화재보호법」을 제정하여 시행하고 있는데, 현행 「문화재보호법」(개정 2012.1.26., 2014.1.28., 2015.3.27., 2017.3.21., 2018.6.12. 일부개정) 제2조제1항에 따르면 문화재란 "인위적이거나 자연적으로 형성된 국가적 · 민족적 또는 세계적 유산으로서 역사적 · 예술적 · 학술적 또는 경관적 가치가 큰 다음 각 호의 것을 말한다"고 규정하고 있다.

① **유형문화재**: 건조물, 전적(典籍), 서적(書跡), 고문서(古文書), 회화(繪畫), 조각, 공예품 등 유형의 문화적 소산으로서 역사적 · 예술적 또는 학술적 가치가 큰 것과 이에 준하는 고고자료(考古資料)

② **무형문화재**: 여러 세대에 걸쳐 전승되어 온 무형의 문화적 유산 중 다음 각 목의 어느 하나에 해당하는 것을 말한다.

㉮ 전통적 공연 · 예술

㉯ 공예, 미술 등에 관한 전통기술

㉰ 한의약, 농경 · 어로 등에 관한 전통지식

㉱ 구전 전통 및 표현

㉲ 의식주 등 전통적 생활관습

㉳ 민간신앙 등 사회적 의식(儀式)

㉴ 전통적 놀이 · 축제 및 기예 · 무예

③ **기념물**: 다음 각 목에서 정하는 것

㉮ 절터, 옛무덤, 조개무덤, 성터, 궁터, 가마터, 유물포함층 등의 사적지(史蹟趾)와 특별히 기념이 될 만한 시설물로서 역사적 · 학술적 가치가 큰 것

㉯ 경치 좋은 곳으로서 예술적 가치가 크고 경관이 뛰어난 것

㉰ 동물(그 서식지, 번식지, 도래지를 포함한다), 식물(그 자생지를 포함한다), 지형, 지질, 광물, 동굴, 생물학적 생성물 또는 특별한 자연현상으로서 역사적 · 경관적 또는 학술적 가치가 큰 것

④ **민속문화재**: 의식주, 생업, 신앙, 연중행사 등에 관한 풍속이나 관습에 사용되는 의복, 기구, 가옥 등으로서 국민생활의 변화를 이해하는 데 반드시 필요한 것

(2) 지정문화재

문화재 중 가치를 크게 지닌 것을 지정하여 지정문화재라 하는데, 「문화재보호법」 제2조제2항에서는 지정문화재를 국가지정문화재, 시 · 도지정문화재, 문화재자료로 구분하여 규정하고 있다.

〈표 4-8〉 문화재의 유형분류

<table>
<tr><th>유형별 / 지정권자별</th><th colspan="2">유형문화재</th><th>무형문화재</th><th colspan="3">기념물</th><th>민속문화재</th></tr>
<tr><td>국가지정문화재</td><td>국보</td><td>보물</td><td>국가무형문화재</td><td>사적</td><td>명승</td><td>천연기념물</td><td>국가민속문화재</td></tr>
<tr><td>시 · 도지정문화재</td><td colspan="2">지방유형문화재</td><td>지방무형문화재</td><td colspan="3">지방기념물</td><td>지방민속문화재</td></tr>
<tr><td>문화재자료</td><td colspan="7">문화재자료</td></tr>
</table>

① **국가지정문화재**: 문화재청장이 문화재위원회의 심의를 거쳐 지정한 문화재를 말한다.

② **시 · 도지정문화재**: 특별시장 · 광역시장 · 특별자치시장 · 도지사 또는 특별자치도지사(이하 "시 · 도지사"라 한다)가 관할구역에 있는 문화재로서 국가지정문화재로 지정되지 않은 문화재 중 보존가치가 있다고 인정되는 것을 시 · 도지정문화재로 지정된 것을 말한다.

③ **문화재자료**: 국가지정문화재 및 시 · 도지정문화재로 지정되지 아니한 문화재 중 향토문화보존상 필요하다고 인정되는 것을 시 · 도지사가 지정한 문화재를 말한다.

(3) 등록문화재

문화재청장은 문화재위원회의 심의를 거쳐 지정문화재가 아닌 유형문화재, 기념물 및 민속문화재 중에서 보존과 활용을 위한 조치가 특별히 필요한 것을 등록문화재로 등록할 수 있다(문화재보호법 제53조제1항 〈개정 2017.3.21.〉).

등록문화재의 등록기준은 지정문화재가 아닌 문화재 중 건설 · 제작 · 형성된 후 50년 이상이 지난 것으로서 다음 각 호의 어느 하나에 해당하는 것으로 한다.

다만, 다음 각 호의 어느 하나에 해당하는 것으로서 건설 · 제작 · 형성된 후 50년 이상이 지나지 아니한 것이라도 긴급한 보호조치가 필요한 것은 등록문화재로 등록할 수 있다(동법 시행규칙 제34조제1항).

1. 역사, 문화, 예술, 사회, 경제, 종교, 생활 등 각 분야에서 기념이 되거나 상징적 가치가 있는 것
2. 지역의 역사 · 문화적 배경이 되고 있으며, 그 가치가 일반에 널리 알려진 것
3. 기술 발전 또는 예술적 사조 등 그 시대를 반영하거나 이해하는 데에 중요한 가치를 지니고 있는 것

2) 박물관 – 국립박물관

박물관은 한 민족의 기원에서부터 현재에 이르는 문화재 · 문화유산 등을 시대별 · 지역별로 일목요연하게 정리하여 방문국가나 방문지의 문화를 가장 단시간 내에 체계적으로 파악할 수 있는 기회를 제공하는 중요한 관광자원이다.

우리나라에는 국립 · 도립 · 시립박물관, 대학박물관 외에 최근 들어 사설박물관의 개관이 활발해지고 있고, 이들 박물관들은 점차로 세분화 · 다양화 · 전문화되어 가는 경향을 보이고 있다.

우리나라 국립박물관의 현황을 살펴보면 다음과 같다.

〈표 4-9〉 국립박물관 현황

번호	관명	주소
1	국립경주박물관	경북 경주시 일정로 118
2	국립경찰박물관	서울 종로구 세문안로 41
3	국립고궁박물관	서울 종로구 사직로 34
4	국립공주박물관	충남 공주시 관광단지길 34
5	국립광주박물관	광주 북구 하서로 110
6	국립극장공연예술박물관	서울 중구 장충단로 59
7	국립김해박물관	경남 김해시 가야의길 190
8	국립나주박물관	전남 나주시 반남면 고분로 747
9	국립대구박물관	대구 수성구 청호로 321

10	국립등대박물관	경북 포항시 남구 호미곶면 해맞이로 150번길 20
11	국립민속박물관	서울 종로구 삼청로 37
12	국립부여박물관	충남 부여군 부여읍 금성로 5
13	국립산악박물관	강원도 속초시 미시령로 3054
14	국립여성사전시관	경기도 고양시 덕양구 화중로 104번길 50
15	국립일제강제동원역사관	부산 남구 홍곡로 320번길 100
16	국립전주박물관	전북 전주시 완산구 쑥고개길 249
17	국립제주박물관	제주도 제주시 일주동로 17
18	국립중앙과학관	대전 유성구 대덕대로 481
19	국립중앙박물관	서울 용산구 서빙고로 137
20	국립진주박물관	경남 진주시 남강로 626-35
21	국립청주박물관	충북 청주시 상당구 명암로 143
22	국립춘천박물관	강원 춘천시 우석로 70
23	국립태권도박물관	전북 무주군 설청면 무설로 1482 태권도원 내 태권도박물관
24	국립한글박물관	서울 용산구 서빙고로 139
25	국립해양문화재연구소	전남 목포시 남농로 136
26	국립해양박물관	부산 영도구 해양로 301번길 45
27	국립해양생물자원관시큐리움	충남 서천군 장항읍 장산로 101번길 75
28	국립현대미술관 과천관	경기 과천시 광명로 313
29	국립대한민국역사박물관	서울 종로구 세종대로 198
30	국립산림청국립수목원산림박물관	경기 포천시 소흘읍 광릉수목원로 415
31	국립우정박물관	충남 천안시 동남구 양지말길 11-14
32	국립낙동강생물자원관	경북 상주시 도남2길 137
33	육군박물관	서울 노원구 화랑로 574
34	국립익산박물관	전북 익산시 금마면 미륵사지로 362
35	국립소록도병원 한센병박물관	전남 고흥군 도양읍 소록해안길 82
36	국립조세박물관	세종 국세청로 8-14
37	한국영화박물관	서울 마포구 월드컵북로 400 한국영상자료원 1층
38	국립현대미술관 덕수궁관	서울 중구 세종대로 99
39	국립현대미술관 서울관	서울 종로구 삼청로 30
40	국립현대미술관 청주관	충북 청주시 청원구 상당로 314

자료 : 한국박물관협회, 2021년 12월 31일 기준

3) 문화재의 세계유산지정

(1) 전통문화재의 세계유산등록

유네스코 산하 세계유산위원회(World Heritage Committee)는 1995년 제19차 세계유산총회에서 문화적 가치가 높은 국내 국보급 문화재 일부를 '세계유산'으로 등록함을 의결·공표하였다. 이는 국내의 가치있는 문화유산을 세계유산에 등록시킴으로써 국제사회에서 경제성장국의 단면적인 인식에서 벗어나 수준 높은 문화국으로서 그 위상이 높아진다. 전통문화유산의 보존관련기술에 대한 국제적 지원과 아울러서 세계유산지정으로 인한 국제적 관심에 따른 홍보·파급효과를 목적으로 한다. 등록의 이점은 세계유산에 등록됨에 따라 수준 높은 문화국임을 세계적으로 공인을 받게 된다는 것이다.

그로 인해 문화재에 대한 재인식의 계기가 되어 지역의 개발과 문화재관리를 향상시킬 수 있으며 그리고 직·간접의 홍보로 인해 관광부문의 긍정적 기여도 예상된다. 등록된 유산의 보전과 관리는 세계유산목록에 등록된 유산의 보전상태를 지속적으로 모니터하고 그에 따른 조치를 취하기 위해 협약국이 매 5년마다 그 나라의 세계유산지역의 보전상태에 관하여 과학적인 보고를 하는 '정기 모니터링보고'와 세계유산센터나 다른 기구들이 위험에 처한 유산의 상태에 관하여 보고하는 'reactive monitoring'이 있다.

국제협력 및 지원은 세계유산으로 지정되면 세계유산기금(World Heritage Fund)으로부터 유산보전을 위한 기술적·재정적 지원을 받을 수 있다.

세계유산등록은 해당국가의 소유권이나 그 문화재에 대한 통제에 영향을 주지 않으며 소유권은 지정 이전과 마찬가지로 그대로 유지되고 국내법의 적용도 여전히 유효하다. 즉 세계유산에 등록된 유산의 소유권이나 통제, 대외적인 권한이 국제기구에 넘어가는 것은 아니다.

우리나라가 1988년에 가입한 '세계유산협약'은 1975년에 발효되었으며 2016년 현재 195개 정회원국이 가입하였다. 동협약은 세계 각국에 소재한 유산 중 현저한 보편적 가치를 가지는 문화 및 자연의 유산을 자연적·인위적 파괴와 손상으로부터 인류공동으로 보호하기 위하여 1972년 11월 16일 유네스코 제17차 총회에서 '세계문화 및 자연유산의 보호에 관한 협약'을 채택하게 되었으며, 이 협약에 의해 유산보호에 대한 국가간 협력을 증진시키는 계기가 마련되었다.

(2) 세계유산 등록기준

유네스코에서는 문화유산과 자연유산을 다음과 같이 구분하여 세계유산의 등록기준을 정하고 있다. UNESCO는 등록기준과 함께,

① 해당 유산이 진정성(authenticity)이 있어야 하고, 유산의 보존을 보장할 수 있는 적절한 법적 보호와 관리체계를 갖추며, 효과적 시행도 보장되어 있어야 할 것.

② 다수 관람자들에게 개방되는 유산의 관리와 그 보존을 위한 적절한 법적·행정적 보호제도 및 완충지역(buffer zone) 등의 증거를 제출할 수 있어야 할 것의 2가지 조건을 함께 제시하고 있다.

〈표 4-10〉 유네스코 세계문화유산 등록기준

유 형	등록기준 내용
문화유산	• 독특한 예술적 혹은 미적인 업적, 즉 창조적인 재능의 걸작품을 대표할 것. • 일정한 시간에 걸쳐 혹은 세계의 한 문화권 내에서 건축, 기념물조각, 정원 및 조경 디자인, 관련예술 또는 인간정주 등의 결과로서 일어난 발전사항들에 상당한 영향력을 행사한 것. • 독특하거나, 지극히 희귀하거나, 혹은 아주 오래된 것. • 가장 특징적인 사례의 건축양식으로서 중요한 문화적, 사회적, 예술적, 과학적, 기술적 혹은 산업의 발전을 대표하는 양식. • 중요하고 전통적인 건축양식, 건설방식 또는 인간거주의 특징적인 사례로서 자연에 의해 파괴되기 쉽거나 역행할 수 없는 사회, 문화적 혹은 경제적 변혁의 영향으로 상처받기 쉬운 것. • 역사적 중요성이나 함축성이 현저한 사상이나 신념 및 사진이나 인물과 가장 중요한 연관이 있는 것.
자연유산	• 생명체의 기록, 지형발달과 관련하여 진행 중인 중요한 지질학적 과정, 또는 중요한 지형학적, 지문학적 특징을 비롯하여 지구사의 주요 단계를 보여 주는 매우 훌륭한 사례. • 육상, 담수, 해안, 해양 생태계와 동식물군의 진화 및 발달과 관련하여 진행중인 중요한 생태학적, 생물학적 과정을 보여 주는 훌륭한 사례. • 특별한 자연미와 심미적 중요성을 지닌 빼어난 자연현상이나 지역. • 과학적 또는 보전적 관점에서 뛰어난 보편적 가치가 있는 멸종위기종을 포함하는 곳을 비롯하여 생물다양성의 현장보존을 위해 가장 중요하고 의미있는 자연서식지.

자료 : 유네스코 홈페이지 참고로 재구성

4) 유네스코 세계유산 현황

(1) 유네스코 지정 세계유산 현황

유네스코 세계유산에는 역사적으로 중요한 가치를 지니고 있는 문화유산, 지구의 역사를 잘 나타내고 있는 자연유산, 그리고 이들의 성격이 혼합된 복합유산으로 구분된다. 세계유산 등재 현황은 전 세계 167개국이 보유하고 있는 1,121점(2019년 등재기준)에 이르며, 이 가운데 문화유산이 869점, 자연유산 213점, 복합유산이 39점이다.

(2) 한국의 세계유산 등록 현황

등록된 세계유산은 그 자체가 세계적인 관광자원으로서 관광객의 주목적지가 될 수 있다.

우리나라의 세계유산 등재현황을 살펴보면 2019년 등재기준 총 14건의 세계문화유산이 등재되었고, 21건의 인류무형문화유산을 등재하였으며, 16건의 기록유산을 등재하고 있다.

〈표 4-11〉 유네스코 등재 세계유산자원

구분	연도	유산자원
문화유산 (14)	1995	종묘, 해인사 장경판전, 불국사 · 석굴암
	1997	창덕궁, 수원산성
	2000	경주역사유적지구, 고창 · 화순 · 강화 고인돌 유적
	2009	조선왕릉40기
	2010	하회마을, 양동마을
	2014	남한산성
	2015	백제역사유적지구
	2018	산사, 한국의 산지승원
	2019	한국의 서원
무형문화유산 (21)	2001	종묘제례와 종묘제례악
	2003	판소리

	2005	강릉단오제
	2009	강강술래, 남사당놀이, 영산재, 제주칠머리당 영등굿, 처용무
	2010	가곡, 대목장, 매사냥
	2011	줄타기, 택견, 한산모시짜기
	2012	아리랑
	2013	김장문화
	2014	농악
	2015	줄다리기
	2016	제주해녀문화
	2018	씨름
	2020	연등회
기록유산 (16)	1997	훈민정음, 조선왕조실록
	2001	승정원일기, 직지심체요절
	2007	조선왕조의궤, 해인사 고려대장경판 및 제경판
	2009	동의보감
	2011	일성록, 5 · 18광주민주화운동기록물
	2013	난중일기, 새마을운동기록물
	2015	KBS이산가족찾기 생방송자료, 한국의 유교책판
	2017	조선왕실어보와 어책, 국채보상운동기록물, 조선통신사기록물
잠정목록	북한산성, 전남 강진도요지, 서남해안갯벌, 경남 울산대곡천 암각화군, 설악산 천연보호구역, 남해안 공룡화석지대, 중북내륙 산성군, 충남 아산 외암마을, 낙안읍성, 우포늪, 서원, 한양도성, 염전 등	

자료 : 유네스코 한국위원회(2021)

4. 사회적 관광자원

관광객의 이동에 따라 발생되는 타국이나 타 지방 사람들과의 자연스런 만남의 연속 자체가 사회적 관광자원의 중요한 요소가 된다. 종전의 관광자원이 주로 자연 및 문화적 관광대상으로서 추구해 온 반면에 관광의 질적 발전에 발맞추어 사회적인 의미로 그 개념이 정립되고 있다.

최근 다양화된 관광행동의 지향에 따라 소박한 향토경관과 인정 · 풍속 · 생 활자료 등도 재평가를 받고 있다. 사회적 관광자원은 도시의 문화환경 · 생활 문화 · 지역의 역사와 풍습 · 사람들의 소박한 인정 · 국민성과 이에 따른 생활 자료, 각종 제도와 사회공공시설 등이 포함되고 있다.

1) 도시관광

도시관광(urban tourism)이란 '① 도시관광객, ② 도시의 관광대상, ③ 관광 기업, ④ 관련정부, ⑤ 시민과의 상호작용과 현상의 총체'라고 정의할 수 있다. 여기서 도시관광객은 순수 또는 겸목적 관광으로 당해 도시 외부로부터의 방문자 및 도시 내부에서 발생되는 관광을 모두 포함한다. 관광대상은 도시 자체가 지니고 있는 총체적 매력 · 자연 및 인문자원 · 시설 · 서비스 등의 흡인요소들을 포함한다. 그리고 관광기업은 도시관광객의 관광경험을 충족시켜 주는 도시관광상품과 서비스를 제공하는 관련업체를 지칭하며, 관련정부와 시민은 당해 도시의 정부와 거주지를 의미한다.

2) 인정 · 풍속 · 행사

인정(人情)은 '남을 동정하고 이해하는 따뜻한 마음', '사람이 본디 가지고 있는 감정이나 심정'이라는 뜻이고, 풍속(風俗)은 '예부터 그 사회에 전해 오는 생활 전반의 습관이나 버릇 따위를 이르는 말'이다. 행사(行事)는 '많은 사람이 특정한 목적이나 계획을 가지고 정해진 절차에 따라 조직적으로 진행하는 일'을 말한다. 외국인 관광객의 입장에서 볼 때 방문국가의 인정 · 풍습 · 행사 등은 커다란 관광매력이 될 수 있다. 특히 향토색이 풍부한 민속제전, 그 고장에 전해지고 있는 전설 · 신화 · 전승지에 얼룩진 전기 등 근대화가 침투되지 않은 사회나 지역의 풍속이 관광의 대상으로 주목받게 되었다.

3) 국민성 · 민족성

국민성이란 '어떤 국민에게 공통적으로 나타나는 가치관 · 행동양식 · 사고 방식 · 기질 따위의 특성'을 뜻하고, 민족성은 '민족마다 가지고 있는 고유한 기질'을 의미하고 있다. 국민성과 민족성도 외국인 관광객에게 흥미를 끌게 하는 매력 있는 주요 관광대상이 된다. 한국의 국민성 · 민족성의 특징은 그문화의 종합성과 융합성에 있다고 말할 수 있다. 특히 불교와 유교를 바탕으로 한 성격형성이나 예절 · 예술 · 예능에도 뛰어난 재능을 발휘하여 값진 문화유산을 남겼다.

4) 예술 · 예능 · 스포츠

예술(藝術)이란 '아름다움을 표현하고 창조하는 일에 목적을 두고 작품을 제작하는 모든 인간 활동과 그 산물을 통틀어 이르는 말'이고, 예능(藝能)은 '연극이나 영화 · 음악 · 미술 · 무용 등의 연예 분야를 통틀어 이르는 말'이다.

스포츠는 '몸을 단련하거나 건강을 위해 몸을 움직이는 일'을 뜻하고 있다. 특히 고대로부터 전승되고 있는 그 나라의 독특한 고전적 예술 (한국의 판소리 · 이탈리아의 가극 · 러시아의 발레 · 일본의 가부키 · 중국의 경극 등), 또는 근대 음악과 근대 회화 등의 예술작품도 중요한 관광대상이 된다.

5) 교육 · 사회 · 문화시설

교육시설(教育施設)은 유치원에서부터 대학에 이르기까지 관광객의 흥미와 관심을 끄는 중요한 관광대상 가운데 하나이다. 따라서 세계 각국에서는 국빈 들을 대학에 안내할 뿐만 아니라, 일반 관광객에게도 개방하여 견학시키고 있다. 사회시설(社會施設)에는 청와대 · 국회의사당 · 고속도로 · 양로원 · 사회 복지시설 · 도시교통시설 등이 있고, 문화시설(文化施設)에는 시민회관 · 문화 회관 · 예술회관 · 문화연구소 · 미술전람회 · 도서관 · 과학연구소 등이 있다.

이 같은 시설과 운영상태 등을 견학 · 시찰하거나 관광함으로써 지식과 견문을 넓힐 수 있다.

6) 향토특산물

향토특산물은 '그 지역이 아니면 생산할 수 없는 상품을 의미'한다. 즉 '어떤 지역에서 특별히 나오는 산물로 좁게는 그 지역의 기후나 환경 때문에 나오는 곡물 · 과일 · 채소 · 육류 · 어패류와 같은 식품류를 일컫지만, 넓게는 공산품이나 전통제품도 아울러 일컫는 말'이다. 우리나라에서 널리 알려진 지역 특산물로는 안성 유기 · 이천 도자기 · 완도 김 · 나주 배 · 안동 모시 · 전주 한지 · 영덕 대게 · 영양 고추 · 통영 나전칠기 · 영광 굴비 · 고창 수박 · 제주도 감귤 등이 있다. 향토 특산물은 그 지역의 경제와 관광에 미치는 영향이 크기 때문에 각 지방자치단체에서는 특산물을 브랜드화하기 위해 많은 노력을 기울이고 있다.

7) 향토음식

향토음식은 '그 지방 특유의 전통적인 음식'을 말한다. 즉 '그 토지의 풍토나 산물을 이용한 요리'를 말한다. 교통이 발달하지 못했던 19세기 후반까지 우리나라에는 그 지방에서만 생산되는 식재료나, 그 지방 특유의 조리법으로 만드는 갖가지 향토음식이 많았다. 최근 교통의 발달과 퓨전음식의 도입으로 향토음식이 개성을 잃고 토속의 맛을 제대로 재현해 내지 못하는 경향이 있으나, 아직 각 지방에는 특색 있는 고유의 음식이 많이 전해지고 있다. 오늘날 지역과 국가 간의 상이한 생활관습이나 예절 · 음식물 등은 관광객에게 흥미와 관심의 대상이 되며, 관광의욕을 갖게 하는 매력적인 자원이 되고 있다.

5. 산업적 관광자원

관광자원을 하나의 산업적인 측면으로 활용하는 것을 산업적 관광자원(technical tourist resources)이라고 하며 1952년 프랑스에서 시작되었다. 산업적 관광자원이란 '재래적 농업자원과 상업자원이나 현대적인 각종 산업경제와 관련한 첨단시설들을 관광대상으로 하여 국내외 관광객들에게 견학 · 시찰 · 체험하게 하는 일종의 관광형태로써 이용하게 하는 제반 사업시설'을 뜻한다.

주요 자원은 공장시설, 생산공정을 비롯해서 농업 · 임업 · 수산업 · 상업 등 한 나라의 각종 산업시설을 말하며, 이를 대상으로 하는 것이 산업관광이다. 관광산업은 굴뚝 없는 산업 · 외화획득 · 외화유출 · 무역수지 · 소비향락 등 경제적으로

부가가치가 높은 산업이다.

1) 공업관광

공업이란 '제1차산업 생산품을 원료로 제조과정을 거쳐 중간재나 최종 생산물로 형태와 기능을 바꾸어서 경제적 가치를 높이는 산업'을 말한다. 공업을 제2차산업이라고도 하며, 인력이나 기계를 이용한 모든 가공활동을 말한다. 공업은 생산수단(기계 · 도구 · 장치)을 이용한 분업과 협업이 가능하고, 모든 생산공정에서 기계로 자동화를 실현할 수 있다는 점에서 다른 산업과 구분된다. 우리나라의 대표적인 공업관광 대상지는 포항종합제철, 거제옥포조선소, 수원삼성전자공장, 현대자동차창원공장, 구미OB맥주공장, 대관령 삼양라면공장 등이 있다.

2) 상업관광

상업이란 '재화 및 서비스의 교환 또는 매개에 의해 생산자와 소비자 간에 존재하는 인적 · 장소적 · 시간적 격리(隔離)의 연결을 목적으로 하는 영업'을 말한다. 상업은 생산 · 유통 · 소비의 경제순환과정 중에서 유통부문에 속한다. 또한 상업은 자급자족경제에서 교환경제로 발전하면서 발생했으며 오랜 역사를 지니고 있다. 우리나라의 대표적인 상업관광대상지는 담양의 죽세공품시장, 강화도의 화문석시장, 금산의 인삼시장, 한산의 모시시장 등이 지방 특산시장으로 유명하다.

3) 농업관광

농업이란 '땅을 이용하여 농작물과 그 밖의 유용한 식물을 가꾸고, 가축 또는 유용한 동물을 키워내는 유기적 생산업'을 말한다. 또한 '넓은 뜻으로는 농산가공이나 임업도 포함'한다. 농업은 생존에 가장 기본적인 식량 및 식료품을 생산하는 산업이기 때문에 인류사의 발전과정에서 오랜 기원을 갖고 있다.

농업관광의 유형은 농촌관광휴양지, 산촌관광휴양지, 어촌관광휴양지가 있고, 활동별 유형은 농수산물 생산체험형, 농림수산물 채취형, 레크리에이션 활동형 등이 있다.

4) 관광기반시설

기반시설(基盤施設) 또는 기간시설(基幹施設)이란 '경제활동의 기반을 형성 하는 기초적인 시설로서, 도로 · 하천 · 항만 · 공항 등과 같이 경제활동에 밀접한 사회자본'을 말한다. 흔히 인프라(infra)라고도 부른다. 최근에는 학교 · 병원 · 공원과 같은 사회 복지 · 생활환경 시설 등도 포함시킨다. 또한 인프라는 결제 인프라 · 배송 인프라처럼, 기반을 뜻하는 용어로 쓰이기도 한다. 관광기반시설인 공항 · 항만 · 운하 · 댐 · 고속도로 등의 도로나 교통시설은 일반적으로 사회공공시설에 속하지만, 관광객에게는 매력 있는 관광대상이 될 수 있다.

6. 위락적 관광자원

위락(recreation)은 인위적으로 만들어낸 놀이시설이다. 위락자원은 다분히 자주적 · 자기발전적 성향을 띠고 있으며, 생활의 변화추구라는 인간의 기본 적인 욕구를 충족시킨다는 점에서 관광자원으로서의 비중이 높아지고 있다. 최근 위락 부문에 대한 수요는 보다 높은 삶의 질을 추구하는 방향으로 다양화되고 있다.

또한 급속한 도시화 · 산업화로 여러 형태의 위락적 관광상품이 개발되고 있는데, 이러한 위락적 관광자원이 존재해야만 관광수입 증대를 도모할 수도 있다. 위락적 관광자원에는 주제공원 · 레저타운 · 카지노 · 스키장 · 마리나 · 수족관 · 수영장 · 어린이대공원 · 수렵장 · 보트장 · 카누장 · 승마장 · 경마장 · 야영장 · 종합휴양업 등이 있다.

1) 주제공원

주제공원(theme park)은 '특정의 주제를 중심으로 한 비일상적인 공간창조를 목적으로 시설과 운영이 배타적이면서도 통일적으로 이루어지는 위락공원(amusement park)'으로 정의된다. 여기에는 재래의 다양한 놀이시설이나 환상 · 과학 등을 중심으로 한 주제 위락공원뿐만 아니라 하나 또는 두 가지 이상의 뚜렷한 주제하에서 문화 · 오락 · 교육 · 여가선용 등의 목적을 적극적으로 달성하기 위하여 조성된 공원은 모두 주제공원이라 할 수 있다. 대표적인 주제공원은 미국의 디즈니랜드, 일본의 하우스텐보스, 한국의 에버랜드·롯데월드 등이 있다.

2) 카지노

카지노(casino)는 '댄스·음악 등의 설비가 있는 오락장 또는 도박장'을 뜻한다. 처음에는 음악·댄스의 사교장으로 19세기 초에 설립되었으나, 19세기 중반부터 전문적인 도박장을 지칭하는 말로 통용되었다. 세계에서 가장 명성을 떨쳐온 카지노는 1861년에 개장된 몬테카를로 카지노인데, 1879년 카지노가 확장되면서 현대적인 시설을 갖추게 되었다. 오늘날 세계 대부분의 주요 국가에서 카지노산업을 합법화하여 첨단관광산업으로 장려함으로써 외화유출 방지와 세수확보, 경제 활성화를 주목적으로 하고 있는 실정이다. 옛날의 도박(gambling)이라는 의미는 점점 없어져 가고 카지노산업(casino industry), 또는 게임산업(gambling industry)이라고 하는 외화가득이 높은 서비스산업으로 여기고 있는 추세이다.

3) 스포츠

스포츠(sports)는 '몸을 단련하거나 건강을 위해 몸을 움직이는 일'로서 오늘 날의 스포츠는 생활의 질을 변화시키는 중요한 요소로 받아들여지고 있다. 따라서 인간의 건강문제·대인관계·지역사회의 형성·자유시간의 증대 등과 스포츠의 질적 향상·활동내용의 다양화라든가, 환경조건의 충실화 방안 등에 경제적 문제만 따지는 차원 이상으로 신속하게 대처해 가지 않으면 안된다. 스포츠의 종류에는 트롤(troll) 낚시, 트레킹(trekking), 번지점프(bungee jump), 자동차경주, 래프팅(rafting), 초경량항공기 비행, 패러글라이딩, 경마 등이 있다.

4) 카누장

카누(canoe)는 '선수·선미가 뾰족하고 1개 이상의 노로 움직이는 경량의 소형 선박'을 말한다. 일반적으로 노 젓는 사람은 선수(船首)를 향한다. 카누에는 2개의 주요 형태가 있다. 하나는 현대의 여가용 또는 스포츠용 캐나다 카누처럼 윗

부분이 개방되어 있고 1개의 날을 가지는 노를 사용하는 것이고, 다른 하나는 구멍 또는 선미 좌석이 있는 갑판으로 윗부분이 덮여 있는 쌍날의 노가꼭 맞게 달린 카약이다. 그 밖의 카누라고 불리는 소형 선박에는 통나무배인 마상이가 있다. 카누장 또한 관광객에게는 매력 있는 관광대상이 될 수 있다.

5) 경마장

경마(horse racing)는 '말을 타고 달리면서 속도를 겨루는 경기'를 말한다. 기수가 서러브레드(thoroughbred : 영국산 말과 아라비아 계통 말을 교잡하여 개량한 말)종의 말을 타고 벌이는 경주와 마부가 탄 마차를 스탠더드브레드(Standardbred : 미국에서 개량한 말의 품종으로 주로 하니스 경주에 사용)종의 말이 끌고 달리는 경주가 주류를 이루는데, 이 두 종류의 경마를 각각 ① 평지경마, ② 하니스경마(— 競馬, harness racing : 하니스 경주에 적합하도록 사육된 스탠더드브레드종(種) 말이 설키라고 하는 1인승 2륜 마차를 끌고 달리는 속보 경주)라고 부른다.

평지경마 가운데는 도약을 포함하는 경주도 있다. 이 항목에서는 서러브레 드종 말이 평지에서 도약하지 않고 달리는 경주에 대해서만 설명한다. 왕(王)들의 스포츠로 알려진 평지경마는 유한계급의 오락에서 거대한 대중오락산업으로 발전했다. 경마대회가 열리는 날은 공휴일로 간주된다. 많은 나라에서 평지경마와 하니스경마는 모든 운동경기 가운데 관중이 가장 많은 경기이다.

6) 마리나

마리나(Marina)는 배(보트나 요트)를 정박 또는 계류시킬 수 있는 곳을 의미한다. 우리나라에서도 해양관광활성화로 해양레저시장이 성장하며 해양스포츠의 보급 및 진흥을 촉진하고 국민의 삶의 질 향상에 이바지할 수 있는 마리나의 중요성이 더욱 높아지고 있다. 이에 정부에서는 마리나 항만 및 관련 시설의 개발 · 이용과 마리나 관련 산업의 육성을 통해 지역관광개발을 도모하고 있으며, 이는 경제적 부가가치 창출을 극대화할 수 있다는 점에서 더욱 각광 받고 있다. 이러한 중요성을 토대로 국토해양부에서는 2009년 「마리나항만의 조성 및 관리 등에 관한 법률」을 제정 · 공포 · 시행하였으며, 마리나선박의 정박 또는 계류 등을 위한 기반시설과 이를 이용하는 자에게 편의를 제공하기 위한 서비스시설 등 마리나항만 시설의 종류와 유람·스포츠 또는 여가용으로 제공 및 이용하는 마리나선박의 종류를 정하고, 마리나항만에 관한 기본계획 관련 내용을 고시하였다.

제5장

관광개발

관광개발

제5장

제1절 관광개발의 개념

관광개발이란 일반적으로 관광자원의 특성에 따라서 관광상의 편의를 증진하고, 관광객의 유치와 관광소비의 증대를 도모함을 목적으로 하는 개발사업이라 할 수 있다. 따라서 개발사업은 ① 관광상의 편의를 도모하기 위한 제반시설의 정비, ② 관광사업의 진흥을 위한 각종 제도의 정비, ③ 관광객의 레저생활을 충실하게 하기 위한 행사의 개발을 그 주요 사업내용으로 한다.

관광개발은 직접적으로는 관광사업의 진흥을 목적으로 하고 있고, 관광사업의 구체적인 모든 진흥시책을 관광개발이라 생각할 수 있다. 그러나 대부분의 경우 관광개발은 시설개발을 중심으로 이루어지는 관계로 관광상의 편의증진을 도모하는 제반시설의 개발과 정비라는 협의의 개념이 일반적으로 통용되고 있다.

이와 같이 관광개발은 관광사업을 적극적으로 진흥시키는 것을 목표로 하고 있지만, 관광사업을 진흥시키는 배경에는 관광사업에 기대되는 여러 가지 긍정적 효과가 있기 때문이라는 것은 더 말할 필요가 없는 것이다. 일반적으로 관광사업은 경제적 효과와 경제외적 효과를 합목적적으로 촉진할 것을 목표로 하여 진행된다. 그리고 사업효과는 관광의 주체자인 국민의 여가활동의 측면과 개발주체자가 받는 이익의 측면에서 파악된다. 그래서 관광개발은 크게 나누어 세 가지 입장에서 추진되고 있는데, 첫째로 국민의 건전한 레크리에이션의 촉진, 둘째로 지역개발의 촉진, 셋째로 기업활동의 확대(이윤확대의 기회)가 그것이다.

여기서 관광개발을 촉진하는 주체는 국가, 지방공공단체, 민간기업의 3자인데, 개발주체에 따라서 개발목적에 차이가 있을 수 있다.

국가적 차원에서 본 관광개발에는 국민의 건전한 레크리에이션을 촉진한다는 것 외에도 뛰어난 자연경관이나 역사적 문화재의 보호와 활용, 그리고 관광수요에 대응한 관광레크리에이션 공간의 적정배치와 그 확보 등 자원보호나 국토의 효과적 이용이라는 입장에서도 적극적인 의의를 가진다. 또한 관광개발에 따른 지역개발의 촉진도 국책상 중시되어야 함은 물론이고, 관광개발은 경제 · 문화 · 사회 · 교육 · 후생 등 국가정책의 차원에 있어서도 종합적인 견지에서 진흥되는 것이 바람직하다.

제2절 관광개발과 지역개발

1. 관광개발의 지역경제효과

관광개발의 현상에 비추어 그 개발의 목적을 세 가지로 크게 나누어 보았다. 그러나 개발의 주체나 목적이 어떻게 다르든 간에 관광개발이 어떤 형태로든 국토의 일정한 지역에 전개되는 한에서는, 어떠한 관광개발이든 해당 지역사회에 영향을 미치게 마련인 것이다.

관광개발이 지역개발로서 주목을 끌게 된 점은 주로 관광투자효과와 관광소비효과로 구성되는 지역경제효과에 눈을 돌리게 된 데서부터이다. 관광투자효과는 개발사업에 대한 투자효과이기 때문에 그 효과는 이럴 경우에 단기적이며 불연속적이다. 이에 비해 관광소비효과는 관광기업의 가동(稼動)에 따른 관광소비의 파급효과이기 때문에 그 효과는 연속적이며 장기적 효과가 기대된다. 따라서 지역개발을 목적으로 한 관광개발에서 기대되는 개발효과가 관광소비효과에 있다는 것은 다시 말할 필요도 없다. 그러므로 이하에서는 관광소비의 지역경제효과에 대해서 살펴보기로 한다.

관광소비는 관광객의 관광행동에 수반하여 지출되는 소비이며, 그것은 직접 관광기업의 수입이 된다. 관광기업은 이 수입을 기본으로 기업경영을 지속시켜 가는데, 경영을 통하여 관광기업이 지급하는 지출처는 원재료의 구입과 임금, 보수, 이윤, 조세 등의 부가가치로 구분된다. 전자는 관광기업의 거래처에 지급되고, 후자는 임금으로서 가계수입(家計收入)이 되든가, 기업이익으로서 예금이 되든가, 아니면 시 · 읍 · 면의 세수입(稅收入)이 되든가 한다. 더욱이 이들의 관광소비는 지역경제의 내부를 순환하면서 파급되고, 그 총체로서 지역경제에 질적 · 양적인 영향을 준다. 다시 말하면, 관광소비는 관광객으로부터 관광기업에, 관광기업은 거래처로, 거래처는 다시 그 거래처로라는 식으로 순차적으로 지역경제의 내부를 순환하면서 생산액을 증대시켜 산업관련효과를 가져오고 지역소득을 증대시켜 소득효과를 가져오며, 고용의 촉진(고용효과)에 공헌한다.

지역경제효과의 규모는 관광자원의 우열성에 좌우되지만, 효율적인 효과를 올리기 위해서는 지역사회에서의 중간생산재의 조달률을 높이는 일이나, 소득의 지역외 누실(漏失)을 방지하는 일이 과제가 된다고 본다. 소득의 누실은 주로 지역주민의 고용과 지역외 기업의 진출을 거부함으로써 어느 정도 방지할 수 있는데, 외부기업에 의한 대형 관광기업은 소득의 직접적인 누실분(漏失分)을 웃도는 경제효과의 기대도 가능하므로 일률적으로 좋은 방책이라고는 볼 수 없다.

결국 관광개발의 지역경제개발에서의 역할은 미개발 분야의 자원개발에 의해 지역소득의 증대와 지역주민의 고용을 추진하고 지역경제를 진흥한다는 일련의 지역경제효과를 올리는 데 있다.

2. 관광개발과 지역개발

광공업자원(鑛工業資源)이나 입지조건이 좋지 못한 농산어촌(農山漁村)이 '천혜(天惠)의 자연경관'을 자원으로 삼아 지역격차를 해소해 나가려고 하는 것은 당연한 일이라 하지 않을 수 없다. 물론 농촌에 따라서는 농업이나 임업 및 어업보다 관광사업을 하는 편이 훨씬 높은 생산성을 올리는 경우도 있겠고, 자원을 유효하게 이용하기 위해서도 관광개발을 지역의 주요 산업으로 하는 편이 유리한 지역도 상당히 있을 것이다. 그러나 여기에서는 관광개발이 지역개발이라는 목적에 대한 개발수단으로서의 의미를 갖고 있기 때문에 산업론적 관점에서 벗어나 지역개발의 목적에 접근하기 위한 방법으로서 고찰해보지 않으면 안될 것이다.

그런데 지역개발은 어떤 의미와 내용을 가진 것인가. 이에 대해서는 아직까지 확립된 개념은 없는 것 같다. 대부분의 국가에서 지역개발정책은 거의 자원개발에 목표를 두고 있었는데, 점차 대규모 임해공업(臨海工業)의 개발로 집중하기도 하였으며, 또한 공장유치나 관광개발이 주도되어 왔다.

더욱이 최근에 와서는 인구와 산업의 지방분산도 중요한 과제로 되는 등 지역개발은 유동적이고 그 목적조차도 불명확한 상태에 있다. 그래서 지역개발이라는 말은 매우 여러 가지 뜻으로 사용되고 있으나, 과거의 실정에 비추어 볼 때 두 가지 견해가 지적이 된다. 즉 "지역개발에 의해서 해당 지역사회가 개발된다"는 관점과, "해당 지역사회에 대한 영향보다는 전체 국민경제의 발전이 중요하며, 지역사회의 발전은 반드시 이루어진다고는 말할 수 없다"고 하는 관점이다.

요컨대, 여기에서 지역개발은 국토의 일부분인 지역사회에 전개되는 국가정책으로서 국가적 차원에서 수행되는 개발정책이라는 것을 전제로 하면서도 국민경제적인 관점과 지역적인 관점의 어느 쪽을 우선적으로 고려할 것인가 하는 서로 다른 견해에 있다.

그러나 지역개발의 궁극적 목적이 지역주민의 복지향상에 있다고 한다면, 지역사회에 대한 영향을 고려하지 않은 지역개발은 이미 존재하지 않는다고 말하지 않을 수 없다.

특히 우리나라에서의 지역개발은 경제발전에 편중되어 왔는데, 지역격차가 소득격차로서 이해되고 그 개선을 지역개발의 주된 목표로 삼아 왔으나, 주민의 복지는 소득의 증대에 의해서만 달성되는 것은 아니다. 생활기반시설이나 자연환경 등 총체적인 환경의 향상이 수행됨으로써 비로소 복지의 향상이 기대될 수 있는 것이다.

이처럼 지역개발은 지역경제의 진흥이라는 좁은 시야로부터 벗어나서 지역생활공간의 질적인 향상이라는 관점에서 이루어져야 바람직하다. 더욱이 여기에서 지역생활공간이라 함은 지역주민 생활에 관계되는 생활환경, 주거환경, 교육환경, 레크리에이션 환경 등 지역사회가 구성할 전체 생활체계를 포함한 공간을 의미하고 있고, 지역개발은 환경개발을 목표로 한 종합적인 개발이어야 한다는 것을 지적할 수 있다. 그런데, 이러한 종합개발은 꼭 동시에 추진할 필요는 없는 것이며, 어느 때에는 경제개발에 편중될 수가 있겠고 어느 때에는 사회개발이 중점적으로 추진되는 수도 있을 것이다. 그러나 중요한 것은 어떤 종류의 개발사업이 다른 부분에 나쁜 영향을 미치는 일이 없도록 종합적이면서도 계획적인 배려가 있어야 한다는 점이다.

관광개발은 관광사업의 진흥을 전제로 해서 여러 가지의 개발투자가 이루어지는데, 그 가운데서도 교통사정의 개선은 관광객의 내방 증가를 촉진시키고 지역산물의 유통을 돕고, 지역산업의 입지조건의 개량이나 주민생활의 편의 증진을 가져온다. 또한 개발행위의 일환으로서 실행되는 자연보호와 문화재의 보존과 활용, 그리고 각종의 관광레크리에이션 개발 등은 지역주민의 레크리에이션 환경의 정비, 주민의 문화적 생활수준의 향상에 기여하게 될 것이다. 또한 관광객의 내방은 지역주민과의 인적 교류를 통한 이해를 깊게 하고 벽지의식(僻地意識)의 완화에 기여하는 것도 기대할 수 있다.

제3절 관광개발의 유형[1)]

관광개발을 관광목적지 내지 관광지의 개발이라고 생각하는 경우, 개발방법에 따라 몇 가지의 유형을 들 수 있다. 왜냐하면, 관광자원의 비교우위성(比較優位性), 교통편, 지명도(知名度) 등에 의하여 관광개발의 수법이 달라지기 때문이다.

1) 김미경 외 5인 공저, 관광학개론(서울: 백산출판사, 2017), pp.128~131.

1. 자연관광자원 활용형

관광의 매력성이나 관광자원이 전혀 없는 지역에서 관광개발을 추진한다는 것은 일반적으로 대단히 곤란하다. 따라서 자연의 혜택이나 귀중한 문화재 등을 중심으로 관광자원의 가치를 살리는 방법이 관광개발의 수법으로 가장 일반적인 것이다. 관광자원의 가치가 같은 종류의 다른 것과 비교하여 빼어나면 빼어날수록 관광개발은 쉽게 된다. 그래서 관광자원은 자연관광자원과 인문관광자원으로 나눌 수 있으며, 관광개발의 유형으로서 우선 자연관광자원 활용형을 들 수 있다. 여기서는 주로 자연의 감상, 온천의 탕치(湯治), 피서(避暑), 피한(避寒), 스키, 해수욕 등의 관광활동이 이루어지고 있다.

2. 인문관광자원 활용형

관광자원의 가치를 활용하는 유형의 관광개발에는 자연적 관광자원 활용형과 함께 인문관광자원 활용형이 있다. 그 실례로서는 유서깊은 옛사찰(古寺刹)이나 교회, 민속(民俗) 등의 경우를 들 수 있다.

인문관광자원 활용형의 관광개발을 추진함에 있어서 유의하여야 할 점은 자원의 가치를 충분히 보호하는 것이다. 그런데 관광개발이 자원가치의 보호에 있어서 장기적인 계획과 구체적인 시책이 결여될 경우에는 관광자원의 가치가 감소하게 되어 관광지로서 관광객에 대한 유인력을 상실하게 된다.

3. 교통편 활용형

관광자원 활용형이 관광개발의 가장 일반적인 방법인 것이나, 관광자원의 비교우위성만으로 관광개발이 성공한다고는 할 수 없다. 관광객이 일상생활권을 떠나서 관광지까지 이동하는 문제, 곧 접근성의 문제가 현대에 있어서는 관광지의 가치를 형성하는 중요한 요인으로 작용하고 있다.

교통수단의 정비는 관광목적보다는 생활환경의 향상이나 경제활동의 추진목적으로 사회기반시설을 갖추고 교통체계를 정비함에 따라 파생적으로 관광개발이 가능해지는 수도 있다. 다시 말해 교통시설 이용상의 편의와 이점을 살리는 방법으로 고속도로의 인터체인지, 철도의 정차역, 도로변 휴게소, 항만·공항 등의 주변은 관광자원의 가치가 그다지 뛰어나지 않아도 관광개발이 가능하게 되는 것이다.

4. 지명도 활용형

일반적으로 관광객이 어떤 장소를 방문하는 것은 그 장소에 있는 어떠한 관광자원의 가치가 높은 것을 알고 있던가 또는 알려져 있기 때문일 것이다. 관광자원으로서 비교우위성이 아무리 높다고 하더라도 사람들이 그것을 알지 못한다면, 실제 관광행동으로 옮겨지지 못하게 된다. 반대로 관광자원의 가치가 그다지 우수하지 못한 경우라도 잘 알려져 있는 경우에는 관광개발이 가능하게 된다. 결국 어떤 장소가 관광의 매력을 가진 장소로서 높은 지명도를 가질 경우 그것을 활용한 관광개발이 가능하게 되는 것이다.

5. 관광대상 창조형

관광개발에 있어 특정 매력이 없는 관광대상일 경우에는 인위적으로 관광대상을 창조한다든지, 인위적으로 개발의 저해조건을 해소시키는 것과 같은 방법도 있는 것이다. 그러나 이러한 유형은 다른 유형에 비해 대단히 어렵고, 관광의 대중화를 배경으로 하여 공공기관이 적극적으로 관광개발에 참여하는 경우나, 또는 탁월한 창조력을 갖춘 민간대기업의 경우가 아니고서는 실현시키기 어렵다.

제4절 관광지 및 관광단지의 개발[2)]

1. 관광개발기본계획 및 권역별 관광개발계획

1) 관광개발기본계획의 수립

문화체육관광부장관은 관광자원을 효율적으로 개발하고 관리하기 위하여 전국을 대상으로 하여 관광개발기본계획(이하 "기본계획"이라 한다)을 수립하여야 한다(관광진흥법 제49조 1항).

이 규정에 따른 '기본계획'으로는 1990년 7월에 수립된 제1차 관광개발기본계획(1992~2001년)과 2001년 8월에 수립된 제2차 관광개발기본계획(2002~2011년)은 이미 완료되었으며, 2011년 12월 26일 수립 · 공고한 제3차 관광개발기본계획(2012~2021년) 시행이 완료되면 제4차 관광개발기본계획(2022~2031년)이 시행 예정이다.

제1차 '기본계획'에서는 전국을 5대 관광권, 24개 소관광권으로 권역화하여 각각의 권역별 개발구상을 제시하였던 것이나, 이 계획을 집행함에 있어서 관광권역과 집행권역(즉 시 · 도)의 불일치로 인해 '기본계획'과 '권역계획'의 실천성 미흡 등의 문제점이 노출되었다. 이에 따라 제2차 '기본계획'에서는 이를 시정 · 개선하기 위하여 행정권중심의 관광권역인 16개 광역지방자치단체를 기준으로 관광권역을 단순화하고, 각 시 · 도별 특성에 맞는 권역별 관광개발기본방향을 설정 · 제시하였던 것이다.

제3차 '기본계획(2012~2021년)'은 제2차 '기본계획(2002~2011년)' 수립 이후 급변하는 환경변화에 대응하는 새로운 비전과 전략을 제시하며, 국제경쟁력을 갖춘 관광발전 기반을 구축하고 국민 삶의 질과 지역발전에 기여하기 위해 전국 관광개발의 기본방향을 미래지향적으로 제시하는 계획이었다.

이번에 수립한 제4차 '기본계획(2022~2031년)'은 "미래를 여는 관광한국, 관광

2) 조진호 · 우상철 공저, 최신관광법규론(서울: 백산출판사, 2018), pp.282~291.

으로 행복한 국민"을 비전으로 관광개발 정책철학과 추진방향을 관광자원 개발 중심에서 관광자원 개발과 활용의 균형으로 전환하고 상생 관광, 스마트혁신 관광, 지속가능 관광을 목표로 미래가치를 강조하고자 한다. 또한 지역관광 균형발전의 체계적 접근 및 지방분권화에 따른 지역의 관광개발 추진역량 강화를 위해 지역관광거점을 육성하는 권역설정 및 권역별 개발전략을 추진하고자 한다.

따라서 제4차 '기본계획(2022~2031년)'에서는 향후 관광개발의 기본방향과 추진전략 등을 반영하여 권역별 고유특성을 살릴 수 있는 관광권역(5대 광역연합관광권)을 설정하였으며, 1극(수도권)에서 다극(❶서울 ❷대전 · 세종, ❸대구, ❹광주 ❺울산 · 부산)으로 전환하기 위해 관광객 연계 · 확산의 핵심이 되는 대도시권 중심으로 권역을 설정하였다. 구체적으로 광역연합관광권별 메가관광권을 개발 계획에 있으며 메가관광권은 수도 · 강원 · 제주를 '제1메가관광권', 충북 · 충남 · 대전 · 세종을 '제2메가관광권', 전북 · 전남 · 광주를 '제3메가관광권', 대구 · 경북을 '제4메가관광권', 부산 · 울산 · 경남을 '제5메가관광권'으로 설정한다.

그리고 관광권역별 개발방향으로 수도 · 강원 · 제주권을 글로벌 K관광 선도지대, 충청권은 과학기술기반의 백제 · 중원문화관광지대, 전라권은 다도해 · 새만금을 품은 문화예술관광지대, 대구 · 경북권은 유교문화에 기반한 역사문화 · 생태관광지대, 부 · 울 · 경권은 산업기반 해양레저 · 문화관광지대로 설정하였다.

(1) '기본계획'의 수립권자 및 수립시기

기본계획은 문화체육관광부장관이 매 10년마다 수립한다(동법시행령 제42조).

(2) '기본계획'에 포함되어야 할 내용

1. 전국의 관광여건과 관광 동향(動向)에 관한 사항
2. 전국의 관광수요와 공급에 관한 사항
3. 관광자원의 보호 · 개발 · 이용 · 관리 등에 관한 기본적인 사항
4. 관광권역(觀光圈域)의 설정에 관한 사항
5. 관광권역별 관광개발의 기본방향에 관한 사항
6. 그 밖에 관광개발에 관한 사항

(3) '기본계획'의 수립 및 변경절차

기본계획의 수립은 시 · 도지사가 기본계획의 수립에 필요한 관광개발사업에 관한 요구서를 문화체육관광부장관에게 제출하면 문화체육관광부장관은 이를 종합 · 조정하여 기본계획을 수립하고 공고하여야 한다(동법 제50조 제1항). 또 문화체육관광부장관은 수립된 기본계획을 확정하여 공고하려면 관계부처의 장과 협의하여야 한다. 확정된 기본계획을 변경하는 절차도 같다(동법 제50조 제2항 · 제3항).

문화체육관광부장관은 관계기관의 장에게 기본계획의 수립에 필요한 자료를 요구하거나 협조를 요청할 수 있고, 그 요구 또는 협조요청을 받은 관계기관의 장은 정당한 사유가 없으면 요청에 따라야 한다.

◆ 5대 메가관광권 구축도 ◆

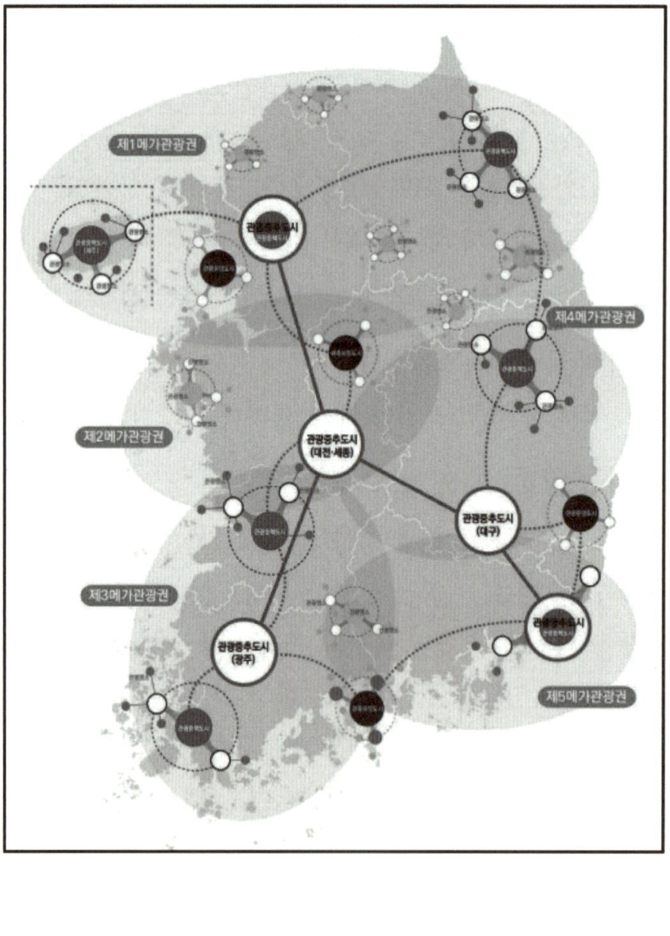

◆ 관광협력대권별 개발방향 ◆

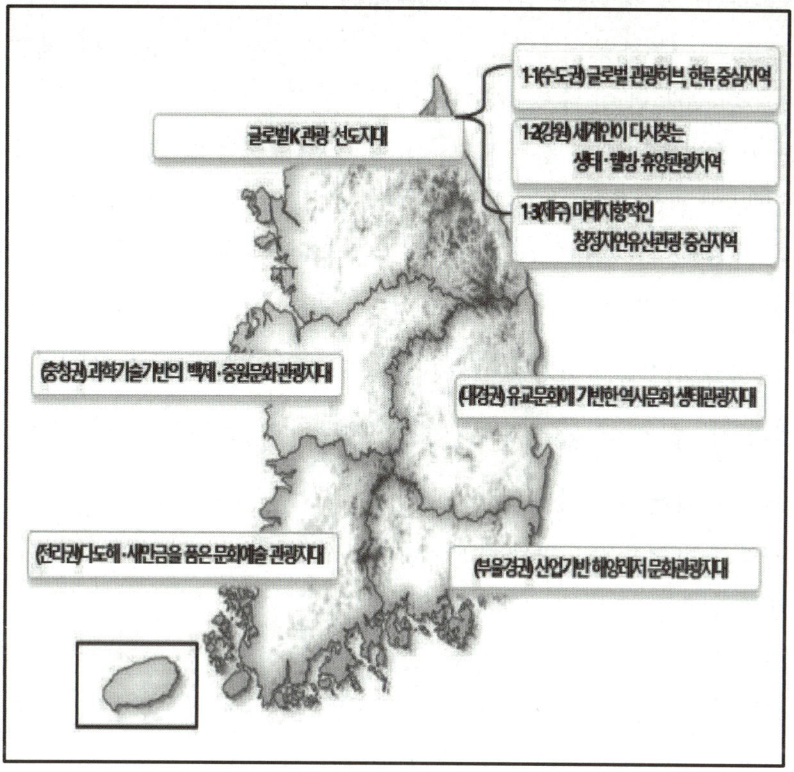

2) 권역별 관광개발계획의 수립

시 · 도지사(특별자치도지사는 제외)는 '기본계획'에 따라 구분된 권역을 대상으로 하여 권역별 관광개발계획(이하 "권역계획"이라 한다)을 수립하여야 한다. 다만, 둘 이상의 시 · 도에 걸치는 지역이 하나의 권역계획에 포함되는 경우에는 관계되는 시 · 도지사와의 협의에 따라 수립하되, 협의가 성립되지 아니한 경우에는 문화체육관광부장관이 지정하는 시 · 도지사가 수립하여야 한다(동법 제49조 제2항 및 제51조 제1항).

이 규정에 의한 '권역계획'으로는 제1차 관광개발기본계획(1992~2001년)에 따른 제1차권역계획(1992~1996년)과 제2차권역계획(1997~2001년) 및 제2차 관광개발기본계획(2002~2011년)에 따른 제3차권역계획(2002~2006년)과 제4차권역계획(2007~2011년) 및 제3차 관광개발기본계획(2012~2021년)에 따른 제5차권역계획(2012~2016년), 제6차 권역계획(2017~2021년)은 이미 완료 되었고, 현재 제7차 권역계획(2022년~2026년)이 수립, 시행 중에 있다.

한편, 제주특별자치도의 경우 도지사가 도의회의 동의를 얻어 수립하는 '국제자유도시의 개발에 관한 종합계획'에는 "관광산업의 육성 및 관광자원의 이용 · 개발 및 보전에 관한 사항"을 포함시키고 있는데, 이 종합계획에 따라 제주권역의 관광개발사업을 시행하고 있기 때문에, 제주자치도에서는 "권역계획"을 따로 수립하지 아니한다.

(1) 권역계획의 수립권자 및 수립시기

권역계획은 시 · 도지사(특별자치도지사는 제외)가 매 5년마다 수립한다.

(2) 권역계획에 포함되어야 할 내용

1. 권역의 관광여건과 관광동향에 관한 사항
2. 권역의 관광 수요와 공급에 관한 사항
3. 관광자원의 보호 · 개발 · 이용 · 관리 등에 관한 사항
4. 관광지 및 관광단지의 조성 · 정비 · 보완 등에 관한 사항
5. 관광지 및 관광단지의 실적 평가에 관한 사항
6. 관광지 연계에 관한 사항
7. 관광사업의 추진에 관한 사항
8. 환경보전에 관한 사항
9. 그 밖에 그 권역의 관광자원의 개발, 관리 및 평가를 위하여 필요한 사항

(3) 권역계획의 수립 및 변경절차

① 권역계획은 그 지역을 관할하는 시 · 도지사(특별자치도지사는 제외)가 수립하여야 한다.

② 시 · 도지사(특별자치도지사는 제외)는 수립한 권역계획을 문화체육관광부장관의 조정과 관계 행정기관의 장과의 협의를 거쳐 확정하여야 한다. 이 경우 협의요청을 받은 관계 행정기관의 장은 특별한 사유가 없는 한 그 요청을 받은 날부

터 30일 이내에 의견을 제시하여야 한다.

③ 이상의 절차는 확정된 권역계획을 변경하는 경우에 준용한다. 다만, 대통령령으로 정하는 경미한 사항의 변경에 대하여는 관계부처의 장과의 협의를 갈음하여 문화체육관광부장관의 승인을 받아야 한다.

2. 관광지등의 지정

1) 관광지등의 의의

여기서 '관광지등'이란 관광지 및 관광단지를 말한다.

(1) 관광지

관광지란 자연적 또는 문화적 관광자원을 갖추고 관광객을 위한 기본적인 편의시설을 설치하는 지역으로서 「관광진흥법」에 따라 지정된 곳을 말한다. 그러므로 관광객이 이용하는 지역이라고 해서 무조건 관광지가 되는 것은 아니고, 「관광진흥법」에 의하여 관광지로 지정을 받지 않으면 관광지라고 할 수 없으며, 관광개발의 대상도 될 수 없다.

(2) 관광단지

관광단지란 관광객의 다양한 관광 및 휴양을 위하여 각종 관광시설을 종합적으로 개발하는 관광거점지역으로서 「관광진흥법」에 따라 지정된 곳을 말한다.

2) 관광지등의 지정권자

관광지 및 관광단지(이하 "관광지등"이라 한다)는 시장·군수·구청장의 신청에 의하여 시·도지사가 지정한다. 다만, 특별자치도의 경우에는 특별자치도지사가 지정한다.

3) 관광지등의 지정절차

(1) 관광지등의 지정신청 등

관광지등의 지정 및 지정취소 또는 그 면적의 변경(이하 "지정등"이라 한다)을 신청하려는 자는 '관광지(관광단지)지정등신청서'에 구비서류를 첨부하여 특별시장 · 광역시장 · 특별자치시장 · 도지사 · 특별자치도지사(이하 "시 · 도지사"라 한다)에게 제출하여야 한다. 특별자치시와 특별자치도의 경우에는 기초자치단체가 없기 때문에 '도조례'나 '시조례'로 정하는 바에 따른다(제주특별법 제244조 제2항).

(2) 관광지등의 구분신청

관광지등의 신청을 하려는 자는 「관광진흥법 시행규칙」 제58조 관련 [별표 18]의 관광지 · 관광단지의 구분기준에 따라 그 '지정등'을 신청하여야 한다.

(3) 관광지등의 지정

① 시 · 도지사(특별자치도지사는 제외)는 '지정등'의 신청을 받은 경우에는 관광지등의 개발필요성, 타당성, 관광지 · 관광단지의 구분기준, 그리고 관광개발기본계획 및 권역별 관광개발계획에 적합한지 등을 종합적으로 검토하여야 한다.

② 시 · 도지사(특별자치도지사는 제외)가 관광지등을 지정하려면 사전에 문화체육관광부 장관 및 관계 행정기관의 장과 협의하여야 한다. 다만, 「국토의 계획 및 이용에 관한 법률」(이하 "국토계획법"이라 한다)에 따라 계획관리지역으로 결정 · 고시된 지역을 관광지등으로 지정하려는 경우에는 협의하지 아니한다. 이 경우에 협의요청을 받은 문화체육관광부장관 및 관계 행정기관의 장은 특별한 사유가 없는 한 그 요청을 받은 날부터 30일 이내에 의견을 제시하여야 한다.

4) 관광지등의 지정 · 고시 등

① 시 · 도지사는 관광지등의 지정, 지정취소 또는 그 면적변경을 한 경우에는 이를 고시하여야 한다. 관광지등의 지정 · 고시에는 ㉮ 고시연월일, ㉯ 관광지등의 위치 및 면적, ㉰ 관광지등의 구역이 표시된 축적 2만 5천분의 1 이상의 지형도가 포함되어야 한다.

② 시 · 도지사(특별자치도지사는 제외한다)는 관광지등을 지정 · 고시하는 경우에는 그 지정내용을 관계 시장 · 군수 · 구청장에게 통지하여야 한다.

③ 특별자치시장 및 특별자치도지사와 위의 통지를 받은 시장 · 군수 · 구청장

은 관광지등의 지번 · 지목 · 지적 및 소유자가 표시된 토지조서를 갖추어 두고 일반인이 열람할 수 있도록 하여야 한다.

제5절 관광특구의 지정[3)]

1. 관광특구의 지정

1) 관광특구의 의의

관광특구는 외국인 관광객의 유치 촉진 등을 위하여 관광시설이 밀집된 지역에 대해 야간 영업시간 제한을 배제하는 등 관광활동을 촉진하고자 1993년에 도입된 제도이다. 현행 「관광진흥법」은 제2조 제11호에서 "관광특구란 외국인 관광객의 유치 촉진 등을 위하여 관광활동과 관련된 관계 법령의 적용이 배제되거나 완화되고, 관광활동과 관련된 서비스 · 안내체계 및 홍보 등 관광여건을 집중적으로 조성할 필요가 있는 지역으로서 시장 · 군수 · 구청장의 신청(특별자치도의 경우는 제외한다)에 따라 시 · 도지사가 지정한 곳을 말한다"고 규정하고 있다.[4)]

2) 관광특구의 지정요건

(1) 관광특구의 지정신정자 및 지정권자

관광특구는 관광지등 또는 외국인 관광객이 주로 이용하는 지역 중에서 시

3) 조진호 · 우상철 공저, 최신관광법규론(서울: 백산출판사, 2018), pp.316~322.

4) 우리나라 관광특구는 제주도, 경주시, 설악산, 유성, 해운대 등 5곳이 1994년 8월 31일 처음으로 지정된 이래, 2005년 12월 30일 충북 단양 · 매포읍 일원(2개읍 5개리)의 '단양관광특구'와 2006년 3월 22일 서울 광화문 빌딩에서 숭인동 네거리 간의 청계천쪽 전역(세종로, 신문로1가, 종로1~6가, 창신동 일부, 서린동, 관철동, 관수동, 장사동, 예지동 전역)의 '종로 · 청계관광특구'를 지정하였고, 2008년 5월 14일 부산광역시 중구 부평동, 광복동, 남포동 지역의 '용두산 · 자갈치관광특구'를 새로 지정하였고, 2016년 1월에는 수원시 팔달구 · 장안구 일부지역을 관광특구로 지정하여 2018년 3월 말 기준으로 13개 시 · 도에 31곳이 지정되어 있다(문화체육관광부, 2018년 3월 31일 기준).

장 · 군수 · 구청장의 신청(특별자치도의 경우는 제외한다)에 의하여 시 · 도지사가 지정한다.

1. 지정신청자 — 시장 · 군수 · 구청장
2. 지정권자 — 시 · 도지사

(2) 관광특구의 지정요건

관광특구로 지정될 수 있는 지역은 다음과 같은 요건을 모두 갖춘 지역으로 한다.

1. 문화체육관광부장관이 고시하는 기준을 갖춘 통계전문기관의 통계결과 해당 지역의 최근 1년간 외국인 관광객 수가 10만명(서울특별시는 50만명) 이상일 것
2. 지정하고자 하는 지역 안에 관광안내시설, 공공편익시설, 숙박시설, 휴양 · 오락시설, 접객시설 및 상가시설 등이 갖추어져 있어 외국인 관광객의 관광수요를 충족시킬 수 있는 지역일 것
3. 임야 · 농지 · 공업용지 또는 택지 등 관광활동과 직접적인 관련성이 없는 토지가 관광특구 전체 면적의 10퍼센트를 초과하지 아니할 것
4. 위 1호부터 3호까지의 요건을 갖춘 지역이 서로 분리되어 있지 아니할 것

3) 관광특구의 지정절차

(1) 지정신청

관광특구의 지정 · 지정취소 또는 그 면적의 변경(이하 "지정등"이라 한다)을 신청하려는 시장 · 군수 · 구청장은 '관광특구지정등신청서'에 소정의 서류를 첨부하여 특별시장 · 광역시장 · 특별자치시장 · 도지사에게 제출하여야 한다. 다만, 관광특구의 지정취소 또는 그 면적 변경의 경우에는 그 취소 또는 변경과 관계되지 아니하는 사항에 대한 서류는 이를 첨부하지 아니한다.

(2) 적합성 여부 등 검토

특별시장 · 광역시장 · 특별자치시장 · 도지사는 관광특구 지정등의 신청을 받은 경우에는 관광특구로서의 개발필요성, 타당성, 관광특구의 지정요건 및 관광

개발계획에 적합한지 등을 종합적으로 검토하여야 한다.

(3) 관계 행정기관의 장과의 협의

관광지나 관광단지의 지정에서처럼 시·도지사가 관광특구를 지정하려는 경우에는 관계 행정기관의 장과 협의를 하여야 한다.

2. 관광특구의 진흥계획

1) 관광특구진흥계획의 수립·시행

(1) 관광특구진흥계획의 수립

특별자치도지사·특별자치시장·시장·군수·구청장은 관할구역 내 관광특구를 방문하는 외국인관광객의 유치 촉진 등을 위하여 관광특구진흥계획(이하 "진흥계획"이라 한다)을 수립하고 시행하여야 한다. 그리고 '진흥계획'을 수립하기 위하여 필요한 때에는 해당 시·군·구 주민의 의견을 들을 수 있다.

(2) '진흥계획'에 포함되어야 할 사항

특별자치도지사·특별자치시장·시장·군수·구청장은 다음 각 호의 사항이 포함된 '진흥계획'을 수립·시행한다.

1. 외국인 관광객을 위한 관광 편의시설의 개선에 관한 사항
2. 특색 있고 다양한 축제, 행사, 그 밖에 홍보에 관한 사항
3. 관광객 유치를 위한 제도개선에 관한 사항
4. 관광특구를 중심으로 주변지역과 연계한 관광코스의 개발에 관한 사항
5. 그 밖에 관광질서 확립 및 관광서비스 개선 등 관광객 유치를 위하여 필요한 다음과 같은 사항
   가. 범죄예방 계획 및 바가지 요금·퇴폐행위·호객행위 근절대책
   나. 관광불편신고센터의 운영계획
   다. 관광특구 안의 접객시설 등 관련시설 종사원에 대한 교육계획
   라. 외국인 관광객을 위한 토산품 등 관광상품 개발·육성계획

(3) '진흥계획'의 타당성 검토

특별자치도지사 · 특별자치시장 · 시장 · 군수 · 구청장은 수립된 '진흥계획'에 대하여 5년마다 그 타당성 여부를 검토하고 진흥계획의 변경 등 필요한 조치를 하여야 한다.

2) 관광특구진흥계획의 집행상황 평가

(1) 관광특구에 대한 평가 등

문화체육관광부장관 및 시 · 도지사는 관광특구진흥계획의 집행상황을 평가하고, 우수한 관광특구에 대하여는 필요한 지원을 할 수 있다. 그리고 시 · 도지사는 관광특구진흥계획의 집행상황에 대한 평가의 결과 관광특구지정요건에 맞지 아니하거나 추진실적이 미흡한 관광특구에 대하여는 관광특구의 지정취소 · 면적조정 · 개선권고 등 필요한 조치를 할 수 있다.

(2) 관광특구의 평가에 대한 조치 등

① 평가주기 및 평가방법 — 시 · 도지사는 진흥계획의 집행상황을 연 1회 평가하여야 하며, 평가시에는 관광관련 학계 · 기관 및 단체의 전문가와 지역주민, 관광관련 업계종사자가 포함된 평가단을 구성하여 평가하여야 한다.

② 평가결과 보고 — 시 · 도지사는 평가결과를 평가가 끝난 날부터 1개월 이내에 문화체육관광부장관에게 보고하여야 하며, 문화체육관광부장관은 시 · 도지사가 보고한 사항 외에 추가로 평가가 필요하다고 인정되면 진흥계획의 집행상황을 직접 평가할 수 있다.

③ 평가결과에 따른 지정취소 및 개선권고 — 시 · 도지사는 진흥계획의 집행상황에 대한 평가결과에 따라 다음 각 호의 구분에 따른 조치를 할 수 있다.

1. 관광특구의 지정요건에 3년 연속 미달하여 개선될 여지가 없다고 판단되는 경우에는 관광특구 지정취소
2. 진흥계획의 추진실적이 미흡한 관광특구로서 아래(제3호)의 규정에 따라 개선권고를 3회 이상 이행하지 아니한 경우에는 관광특구 지정취소

3. 진흥계획의 추진실적이 미흡한 관광특구에 대하여는 지정면적의 조정 또는 투자 및 사업계획 등의 개선 권고

3. 관광특구에 대한 지원

1) 관광특구의 진흥을 위한 지원

국가나 지방자치단체는 관광특구를 방문하는 외국인관광객의 관광활동을 위한 편의증진 등 관광특구 진흥을 위하여 필요한 지원을 할 수 있다.

2) 관광진흥개발기금의 지원

문화체육관광부장관은 관광특구를 방문하는 관광객의 편리한 관광활동을 위하여 관광특구 안의 문화 · 체육 · 숙박 · 상가시설로서 관광객 유치를 위하여 특히 필요하다고 인정되는 시설에 대하여 「관광진흥개발기금법」에 따라 관광진흥개발기금을 대여하거나 보조할 수 있다.

4. 관광특구 안에서의 다른 법률에 대한 특례

1) 영업제한의 해제

관광특구 안에서는 「식품위생법」 제43조에 따른 영업제한에 관한 규정을 적용하지 아니한다(관광진흥법 제74조 제1항).

즉 「식품위생법」은 제43조에서 시 · 도지사는 영업의 질서 또는 선량한 풍속을 유지하기 위하여 필요하다고 인정하는 경우에는 식품접객업자 및 그 종업원에 대하여 영업시간 및 영업행위에 관한 필요한 제한을 할 수 있도록 규정하고 있지만, 관광특구 안에서는 영업시간 및 영업행위에 관한 제한규정을 적용하지 않는다는 것이다.

2) 공개 공지(공터) 사용

관광특구 안에서 호텔업(관광호텔업, 수상관광호텔업, 한국전통호텔업, 가족호

텔업, 호스텔업, 소형호텔업, 의료관광호텔업)을 경영하는 자는 「건축법」의 규정(제43조)에도 불구하고 연간 60일 이내의 기간 동안 해당 지방자치단체의 조례로 정하는 바에 따라 공개 공지(空地:공터)를 사용하여 외국인 관광객을 위한 공연 및 음식을 제공할 수 있다. 다만, 울타리를 설치하는 등 공중(公衆)이 해당 공개 공지를 사용하는 데에 지장을 주는 행위를 하여서는 아니된다(관광진흥법 제74조 제2항).

3) 차마(車馬)의 도로통행 금지 또는 제한

관광특구 관할 지방자치단체의 장은 관광특구의 진흥을 위하여 필요한 경우에는 지방경찰청장 또는 경찰서장에게 「도로교통법」 제2조에 따른 차마(車馬)의 도로통행 금지 또는 제한 등의 조치를 하여줄 것을 요청할 수 있다. 이 경우 요청받은 지방경찰청장 또는 경찰서장은 「도로교통법」 제6조에도 불구하고 특별한 사유가 없으면 지체 없이 필요한 조치를 하여야 한다(관광진흥법 제74조 제3항).

제6장

관광행정조직과 관광기구

관광행정조직과 관광기구

제6장

제1절 관광행정조직

1. 우리나라 관광행정의 전개과정

우리나라 관광행정의 역사를 살펴보면, 1950년 12월에 교통부 총무과 소속으로 '관광계'를 설치함으로써 교통부장관이 관광에 관한 행정업무를 관장하기 시작하였고, 그 후 1954년 2월에는 교통부 육운국 '관광과'로 승격시켰으며, 1963년 8월에는 육운국 관광과를 '관광국'으로 승격시켜 관광행정조직을 강화함으로써 우리나라 관광이 발전할 수 있는 기틀을 마련하였다.

1994년 12월 23일에는 정부조직 개편에 따라 그동안 교통부장관이 관장하고 있던 관광업무가 문화체육부장관으로 이관됨으로써 우리나라 관광행정의 주무관청은 문화체육부장관이었으나, 1998년 2월 28일 다시 정부조직의 개편으로 문화체육부가 문화관광부로 개칭(改稱)되면서 '관광(觀光)'이라는 단어가 정부부처 명칭에 처음으로 들어가게 되었다. 그리고 2008년 2월 29일에는 다시 「정부조직법」 개정으로 문화관광부가 문화체육관광부로 명칭이 변경되어 현재에 이르고 있다.

이에 따라 문화체육관광부는 산하의 관광정책국(**개정**: 2017.9.4.)이 중심이 되어 관광산업진흥을 위한 종합계획을 수립·시행하고, 외국인 관광객의 유치증대와 관광수입증대, 관광산업에 대한 외국자본의 유치증대 등을 통한 경제사회 발전에의 기여 및 국민관광의 균형발전을 통한 복지국가 실현이라는 목표를 설정하고 각종 관광산업육성정책을 의욕적으로 추진하고 있다.

2. 중앙관광행정조직

1) 개요

국가의 중앙관광행정기관은 「헌법」 및 그에 의거한 국가의 일반중앙행정기관에 대한 일반법인 「정부조직법」, 그리고 관광에 관한 특별법인 「관광기본법」, 「관광진흥법」, 「관광진흥개발기금법」 등에 의하여 설치된다.

「헌법」과 법령에 의거한 국가의 중앙관광행정기관을 개관하면, 국가원수이자 정부수반인 대통령이 중앙관광행정기관의 정점이 되고, 그 밑에 심의기관인 국무회의가 있고, 그리고 대통령의 명을 받아 문화체육관광부를 포함한 각 행정기관을 통할하는 국무총리가 있다. 국무총리 밑에는 관광행정의 주무관청인 문화체육관광부장관이 있다.

2) 대통령

대통령은 외국에 대하여 국가를 대표하는 국가원수로서의 지위와 행정부의 수반으로서의 지위 등 이중적 성격을 갖는다.

대통령은 행정부의 수반으로서 중앙관광행정기관의 구성원을 「헌법」과 법률의 규정에 의하여 임명하고, 관광행정에 관한 최고결정권과 최고지휘권을 가진다. 또한 관광행정에 대한 예산편성권과 기타 재정에 관한 권한을 가진다. 또한 대통령은 관광에 관련한 법률을 제안할 권한을 가지며, 국회가 제정한 관광관계법률을 공포하고 집행한다. 그리고 그 법률에 이의가 있으면 법률안거부권을 행사할 수 있다.

한편, 대통령은 관광관련 법률에서 구체적으로 범위를 정하여 위임받은 사항과 그 법률을 집행하기 위하여 필요한 사항에 관하여 대통령령을 제정할 수 있는 행정입법권을 가진다. 대통령령으로 제정된 관광관련 행정입법으로는 「관광진흥법 시행령」, 「관광진흥개발기금법 시행령」, 「한국관광공사법 시행령」 등이 있다.

3) 국무회의

우리 헌법상 국무회의는 정부의 권한에 속하는 중요한 정책(관광정책을 포함)을 심의하는 행정부의 최고 심의기관이다. 국무회의는 대통령(의장)을 비롯한 국무총리(부의장)와 문화체육관광부장관 등을 포함한 15인 이상 30인 이하의 국무위원으로 구성된다.

국무회의에서는 관광에 관한 법률안 및 대통령령안, 관광관련 예산안 및 결산 기타 재정에 관한 중요한 사항, 문화체육관광부의 중요한 관광정책의 수립과 조정, 정부의 관광정책에 관계되는 청원의 심사, 국영기업체인 한국관광공사의 관리자의 임명, 기타 대통령 · 국무총리 · 문화체육관광부장관이 제출한 관광에 관한 사항 등을 심의한다.

국무회의는 의결기관이 아니고 심의기관에 불과하기 때문에 그 심의결과는 대통령을 법적으로 구속하지 못하며, 대통령은 심의내용과 다른 정책을 결정하고 집행할 수 있다.

4) 국무총리

국무총리는 최고의 관광행정관청인 대통령을 보좌하고, 관광행정에 관하여 대통령의 명을 받아 문화체육관광부장관뿐만 아니라 행정각부를 통할한다. 또한 국무회의 부의장으로서 주요 관광정책을 심의하고, 대통령이 궐위되거나 사고로 인하여 직무를 수행할 수 없을 때에는 그 권한을 대행한다.

국무총리는 관광행정의 주무관청인 문화체육관광부장관의 임명을 대통령에게 제청하고, 그 해임을 대통령에게 건의할 수 있다. 또한 국무총리는 국회 또는 그 위원회에 출석하여 관광행정을 포함한 국정처리상황을 보고하거나 의견을 진술하고, 국회의원의 질문에 응답할 권리와 의무를 가진다.

국무총리도 관광행정에 관하여 법률이나 대통령령의 위임이 있는 경우 또는 그 직권으로 총리령을 제정할 수 있다.

5) 문화체육관광부장관

(1) 지위와 권한

문화체육관광부장관은 정부수반인 대통령과 그 명을 받은 국무총리의 통괄 아래에서 관광행정사무를 집행하는 중앙행정관청이다.

「정부조직법」 제30조에 의하면 "문화체육관광부장관은 문화·예술·영상·광고·출판·간행물·체육·관광에 관한 사무를 관장한다"고 규정하고 있으므로 문화체육관광부장관이 관광행정에 관한 주무관청이 된다.

문화체육관광부장관은 국무위원의 자격으로서 관광과 관련된 법률안 및 대통령령의 제정·개정·폐지안을 작성하여 국무회의에 제출할 수 있으며, 관광행정에 관하여 법률이나 대통령령의 위임 또는 직권으로 부령을 제정할 수 있다. 현재 관광과 관련해 문화체육관광부령으로 제정된 부령으로는 「관광진흥법 시행규칙」과 「관광진흥개발기금법 시행규칙」 등이 있다.

그리고 문화체육관광부장관은 관광행정사무를 통괄하고 소속 공무원을 지휘·감독하며 관광행정사무에 관하여 지방행정기관의 장을 지휘·감독한다. 그리고 관광행정사무에 관하여 정책을 수립·운영하며 중앙관서의 장으로서 관광에 관한 각종 재정적 권한을 가진다.

(2) 보조기관 및 분장업무

(가) 보조기관

문화체육관광부장관의 관광행정에 관한 권한행사를 보조하는 것을 임무로 하는 보조기관으로는 문화체육관광부 제2차관 및 관광정책국장이 있다(개정 2017.9.4., 2018.8.21.). 개정된 「문화체육관광부와 그 소속기관 직제」에 따르면 관광정책국장 밑에는 관광산업정책관 1명을 두며, 관광정책국에는 관광정책과·국내관광진흥과·국제관광과·관광기반과·관광산업정책과·융합관광산업과 및 관광개발과를 둔다(「직제」 제17조 및 「직제시행규칙」 제14조 〈개정 2017.9.4.〉).

(나) 자문기관

관광진흥개발기금의 운용에 관한 종합적인 사항을 심의하기 위하여 문화체육관광부장관 소속으로 '기금운용위원회(이하 "위원회"라 한다)'를 두고 있다(관광진흥개발기금법 제6조).

(다) 관광정책국장은 관광에 관한 다음 사항을 분장한다(「직제」 제17조 제3항 〈개정 2017.9.4.〉).

1. 관광진흥을 위한 종합계획의 수립 및 시행
2. 관광 정보화 및 통계
3. 남북관광 교류 및 협력
4. 국내 관광진흥 및 외래관광객 유치
5. 국내여행 활성화
6. 관광진흥개발기금의 조성과 운용
7. 지역관광 콘텐츠 육성 및 활성화에 관한 사항
8. 문화관광축제의 조사 · 개발 · 육성
9. 문화 · 예술 · 민속 · 레저 및 생태 등 관광자원의 관광상품화
10. 산업시설 등의 관광자원화 사업 및 도시 내 관광자원개발 등 관광 활성화에 관한 사항
11. 국제관광기구 및 외국정부와의 관광협력
12. 외래관광객 유치 관련 항공, 교통, 비자협력에 관한 사항
13. 국제관광 행사 및 한국관광의 해외광고에 관한 사항
14. 외국인 대상 지역특화 관광콘텐츠 개발 및 해외 홍보마케팅에 관한 사항
15. 국민의 해외여행에 관한 사항
16. 여행업의 육성
17. 관광안내체계의 개선 및 편의 증진
18. 외국인 대상 관광불편해소 및 안내체계 확충에 관한 사항
19. 관광특구의 개발 · 육성
20. 관광산업정책 수립 및 시행
21. 관광기업 육성 및 관광투자 활성화 관련 업무

22. 관광 전문인력 양성 및 취업지원에 관한 사항
23. 관광숙박업, 관광객 이용시설업, 유원시설업 및 관광 편의시설업 등의 육성
24. 카지노업, 관광유람선업, 국제회의업의 육성
25. 전통음식의 관광상품화
26. 관광개발기본계획의 수립 및 권역별 관광개발계획의 협의 · 조정
27. 관광지, 관광단지의 개발 · 육성
28. 관광중심 기업도시 개발 · 육성
29. 국내외 관광 투자유치 촉진 및 지방자치단체의 관광 투자유치 지원
30. 지속가능한 관광자원의 개발과 활성화

3. 지방관광행정조직

1) 국가의 지방행정기관

국가의 지방행정기관은 그 주관사무의 특성을 기준으로 보통지방행정기관과 특별지방행정기관으로 나누어진다. 전자는 해당 관할구역 내에 시행되는 일반적인 국가행정사무를 관장하며, 사무의 소속에 따라 각 주무부장관의 지휘 · 감독을 받는 국가행정기관을 말한다. 반면에 후자는 특정 중앙관청에 소속하여 그 권한에 속하는 사무를 처리하는 기관을 말한다. 관광행정에 관한 특별행정기관은 없다.

현행법상 보통지방행정기관은 이를 별도로 설치하지 아니하고 지방자치단체의 장인 특별시장, 광역시장, 특별자치시장, 도지사, 특별자치도지사와 시장 · 군수 및 자치구의 구청장에게 위임하여 행하고 있다(지방자치법 제102조). 따라서 지방자치단체의 장은 국가사무를 수임 · 처리하는 한도 안에서는 국가의 보통지방행정기관의 지위에 있는 것이며, 지방자치단체의 집행기관의 지위와 국가보통행정관청의 지위를 아울러 가진다. 그러므로 지방관광행정조직은 지방자치단체의 조직과 같다고 할 수 있다.

2) 지방자치단체의 관광행정사무

(1) 지방자치단체의 관광행정사무

지방자치단체는 그 관할구역 안의 자치사무와 위임사무를 처리하는 것을 목적으로 한다. 여기서 자치사무(自治事務)란 지방자치단체의 존립목적이 되는 지방적 복리사무를 말하고, 위임사무(委任事務)란 법령에 의하여 국가 또는 다른 지방자치단체의 위임에 의하여 그 지방자치단체에 속하게 된 사무를 말한다. 또한 위임사무는 지방자치단체 자체에 위임되는 단체위임사무(團體委任事務)와 지방자치단체의 장 또는 집행기관에 위임되는 기관위임사무(機關委任事務)로 구분되는데, 관광행정은 국가사무이기 때문에 주로 기관위임사무이며, 이 사무를 처리하는 지방자치단체는 국가의 행정기관이 된다.

지방자치단체가 관광과 관련하여 행하는 사무로는 첫째, 국가시책에의 협조인데, 지방자치단체는 관광에 관한 국가시책에 필요한 시책을 강구하여야 한다(관광기본법 제6조). 둘째, 공공시설 설치사무로서, 지방자치단체는 관광지 등의 조성사업과 그 운영에 관련되는 도로, 전기, 상 · 하수도 등 공공시설을 우선하여 설치하도록 노력하여야 한다(관광진흥법 제57조). 셋째, 입장료 · 관람료 및 이용료의 관광지 등의 보존비용 충당사무이다. 지방자치단체가 관광지등에 입장하는 자로부터 입장료를, 관광시설을 관람 또는 이용하는 자로부터 관람료 또는 이용료를 징수한 경우에는 관광지등의 보존 · 관리와 그 개발에 필요한 비용에 충당하여야 한다(관광진흥법 제67조 제3항).

(2) "제주특별법상" 관광관련 특례규정

「제주특별자치도 설치 및 국제자유도시 조성을 위한 특별법」(이하 "제주특별법"이라 한다)에 따르면 국가는 제주자치도가 자율적으로 관광정책을 시행할 수 있도록 관련 법령의 정비를 추진하여야 하며, 관광진흥과 관련된 계획을 수립하고 사업을 시행할 경우 제주자치도의 관광진흥에 관한 사항을 고려하여야 한다.

특히 정부는 2008년 4월 서비스산업선진화(PROGRESS-1) 방안의 일환으로 「관광진흥법」, 「관광진흥개발기금법」, 「국제회의산업 육성에 관한 법률」 등 이른바 '관광3법'상의 권한사항을 제주도지사에게 일괄 이양하기로 결정하였다. 이에 따라 제주자치도는 자율과 책임에 따라 지역의 관광여건을 조성하고 관광자원을 개발하며 관광사업을 육성함으로써 국가의 관광진흥에 이바지하여야 하는데, 이를 위한 관광진흥관련 특례규정을 살펴보면 다음과 같다.

(가) 국제회의산업 육성을 위한 특례(제주특별법 제244조)

문화체육관광부장관은 국제회의산업을 육성 · 지원하기 위하여 「국제회의산업 육성에 관한 법률」 제14조에도 불구하고 제주자치도를 국제회의도시로 지정 · 고시할 수 있다.

(나) 카지노업의 허가 등에 관한 특례(제주특별법 제244조)

관광사업의 경쟁력 강화를 위하여 외국인전용 카지노업에 대한 허가 및 지도 · 감독 등에 관한 문화체육관광부장관의 권한을 제주도지사의 권한으로 하고, 그와 관련된 허가요건 · 시설기준을 포함하여 여행업의 등록기준, 관광호텔의 등급결정 등에 관한 사항을 도조례로 정할 수 있도록 하였다.

(다) 관광숙박업의 등급 지정에 관한 특례(제주특별법 제240조)

① 「관광진흥법」 제19조 제1항(관광숙박업의 등급)에 따른 문화체육관광부장관의 권한(야영장업에 관한 사항은 제외한다)은 제주도지사의 권한으로 한다.

② 「관광진흥법」 제19조 제2항(우수숙박시설 지정)에서 대통령령으로 정하도록 한 사항은 도조례로 정할 수 있다.

(라) 외국인투자의 촉진을 위한 「관광진흥법」 적용의 특례(제주특별법 제243조)

제주도지사는 카지노업의 허가를 받으려는 자가 외국인투자를 하려는 경우로서 일정한 요건을 갖추었으면 「관광진흥법」 제21조(카지노업의 허가요건등)에도 불구하고 같은 법 제5조 제1항에 따른 카지노업(외국인전용의 카지노업으로 한정한다)의 허가를 할 수 있다.

(마) 관광진흥개발기금 등에 관한 특례(제주특별법 제245조, 제246조)

① 「관광진흥법」 제30조 제2항(기금의 납부)에 따른 문화체육관광부장관의 권한은 제주도지사의 권한으로 한다.

② 「관광진흥법」 제30조 제4항(총매출액, 징수비율등)에서 대통령령으로 정하도록 한 사항은 도조례로 정할 수 있다.

③ 「관광진흥법」 제30조 제1항에도 불구하고 카지노사업자는 총매출액의 100분의 10 범위에서 일정비율에 해당하는 금액을 제주관광진흥기금에 납부하여야 한다.

④ 「관광진흥개발기금법」 제2조 제1항(기금의 설치 및 재원)에도 불구하고 제주자치도의 관광사업을 효율적으로 발전시키고, 관광외화수입의 증대에 기여하기 위하여 제주관광진흥기금을 설치한다.

(바) 관광진흥 관련 지방공사의 설립 · 운영(제주특별법 제250조)

제주자치도는 관광정책의 추진 및 관광사업의 활성화를 위하여 「지방공기업법」에 따른 지방공사를 설립할 수 있도록 하였다.

제2절 관광기구

1. 한국관광공사

1) 설립근거 및 법적 성격

한국관광공사(KTO: Korea Tourism Organization)는 관광진흥, 관광자원개발, 관광산업의 연구 · 개발 및 관광요원의 양성 · 훈련에 관한 사업을 수행하게 함으로써 국가경제발전과 국민복지증진에 이바지하는 데 목적을 두고 「국제관광공사법」에 의하여 1962년 6월 26일에 국제관광공사라는 명칭으로 설립되었다. 그러나 1982년 11월 29일 「국제관광공사법」이 「한국관광공사법」(이하 "공사법"이라 한다)으로 바뀜에 따라 공사명칭도 한국관광공사(이하 "공사"라 한다)로 바뀌어 오늘에 이르고 있다.

「한국관광공사법」에서는 한국관광공사를 법인(法人)으로 하고, 그 공사의 자본금은 500억원으로 하며, 그 2분의 1 이상을 정부가 출자한다. 다만, 정부는 국유재산 중 관광사업 발전에 필요한 토지, 시설 및 물품 등을 공사에 현물로 출자할 수 있다. 그리고 이 법에 규정되지 아니한 한국관광공사의 조직과 경영 등에 관한 사항은 「공공기관의 운영에 관한 법률」에 따른다(공사법 제4조, 제17조).

이러한 규정들을 통하여 살펴볼 때, 한국관광공사는 행정법상의 공기업(公企業)에 해당한다고 볼 수 있으며, 그 중에서도 특수법인사업(特殊法人事業)으로 독립적 사업에 해당하는 공기업이라고 하겠다.

2) 공사의 조직

한국관광공사의 조직은 「공공기관의 운영에 관한 법률」과 「한국관광공사법」에 따른다. 「공공기관의 운영에 관한 법률」에 의하면 투자기관의 경영조직은 의결기능을 전담하는 이사회와 집행기능을 전담하는 사장으로 분리 · 이원화되고 있다.

한국관광공사는 2017년 12월 말 현재 경영혁신본부, 국제관광본부, 국민관광본부, 관광산업본부 등 4개 본부에 15실 · 1단 · 1원, 52팀, 28개 해외지사, 4개 해외사무소, 9개 국내지사(1광역본부)로 구성되어 있다.

3) 주요 사업

(1) 목적사업

한국관광공사는 공사의 설립목적을 달성하기 위하여 다음의 사업을 수행한다(공사법 제12조 제1항 〈개정 2016.12.20.〉).

1. 국제관광 진흥사업
   가. 외국인 관광객의 유치를 위한 홍보
   나. 국제관광시장의 조사 및 개척
   다. 관광에 관한 국제협력의 증진
   라. 국제관광에 관한 지도 및 교육
2. 국민관광 진흥사업
   가. 국민관광의 홍보

나. 국민관광의 실태 조사
다. 국민관광에 관한 지도 및 교육
라. 장애인, 노약자 등 관광취약계층에 대한 관광지원
3. 관광자원 개발사업
가. 관광단지의 조성과 관리, 운영 및 처분
나. 관광자원 및 관광시설의 개발을 위한 시범사업
다. 관광지의 개발
라. 관광자원의 조사
4. 관광산업의 연구 · 개발사업
가. 관광산업에 관한 정보의 수집 · 분석 및 연구
나. 관광산업의 연구에 관한 용역사업
5. 관광관련 전문인력의 양성과 훈련사업
6. 관광사업의 발전을 위하여 필요한 물품의 수출입업을 비롯한 부대사업으로서 이사회가 의결한 사업

(2) 주요 활동

한국관광공사는 '매력있는 관광한국을 만드는 글로벌 공기업'을 비전으로, 관광산업의 발전을 통한 국가경제 발전에 기여하기 위해 다양한 사업을 수행하고 있다. 외국인 관광객 유치와 관광수입 증대를 위하여 의료관광, 크루즈관광, 한류관광 등 다양한 고부가가치 한국관광상품을 개발 · 보급하고 있으며, 해외마케팅 전진기지인 28개 해외지사를 중심으로 해외관광시장을 개척함과 동시에 지방자치단체와 관광업계의 관광마케팅 활동을 지원하고 있다. 또한 국제회의 및 인센티브 단체 유치 · 개최 지원, 국제기구와의 협력활동 등을 통하여 대표적 고부가가치 상품인 MICE 산업을 종합적으로 지원하고 있다.

(3) 정부로부터의 수탁사업

우수숙박시설의 지정 및 지정취소에 관한 권한, 관광종사원 중 관광통역안내사, 호텔경영사 및 호텔관리사 자격시험, 등록 및 자격증의 발급업무 등을 위탁받

아 처리하고 있다. 다만, 자격시험의 출제, 시행, 채점 등 자격시험의 관리에 관한 업무는 「한국산업인력공단법」에 따른 한국산업인력공단에 위탁함에 따라 이를 위한 기본계획을 수립한다. 또한 문화체육관광부장관으로부터 호텔등급결정권을 위탁받아 호텔등급 결정업무를 수행함은 물론, 국제회의 전담조직으로 지정받아 공사의 '코리아 MICE뷰로'가 국제회의 유치 · 개최 지원업무를 수탁처리하고 있다.

2. 한국문화관광연구원

1) 법적 성격

2016년 5월 19일 개정된 「문화기본법」은 제11조의2에서 "문화예술의 창달, 문화산업 및 관광진흥을 위한 연구, 조사, 평가를 추진하기 위하여 한국문화관광연구원(이하 "연구원"이라 한다)을 설립한다"고 규정하여, 한국문화관광연구원의 설립근거를 법에 명시함으로써 '법정법인(法定法人)'으로 전환되었으며, 명실상부 국가대표 문화 · 예술 · 관광연구기관으로 그 위상이 높아졌다.

이제까지 한국문화관광연구원(KCTI: Korea Culture & Tourism Institute)은 문화체육관광부 산하 연구기관으로서 문화체육관광부장관의 허가를 받아 설립된 재단법인으로 공법인(公法人)의 성격을 갖추고 있었던 것이나, 이제 「문화기본법」이 개정됨으로써 종래의 '재단법인' 한국문화관광연구원에서 '법정법인' 한국문화관광연구원으로 새출발하게 된 것이다.

2) 연구원의 조직

한국문화관광연구원은 2016년 12월 말 기준으로 경영기획실, 문화예술연구실, 문화산업연구실, 관광정책연구실, 관광산업연구실, 창조여가연구실, 정책통계 · 평가실 등 7개실과 연구기획팀, 총무회계팀, 홍보출판정보팀, 통일문화연구팀, 국제교류팀, 통계정책팀 등 6개 팀으로 조직되어 있다.

3) 연구원의 사업

1. 문화예술의 진흥 및 문화사업의 육성을 위한 조사 · 연구
2. 문화관광을 위한 조사 · 평가 · 연구
3. 문화복지를 위한 환경조성에 관한 조사 · 연구
4. 전통문화 및 생활문화 진흥을 위한 조사 · 연구
5. 여가문화에 관한 조사 · 연구
6. 북한 문화예술 연구
7. 국내외 연구기관, 국제기구와의 교류 및 연구협력사업
8. 문화예술, 문화산업, 관광관련 정책정보 · 통계의 생산 · 분석 · 서비스
9. 조사 · 연구결과의 출판 및 홍보
10. 그 밖에 연구원의 설립목적을 달성하는 데 필요한 사업

3. 지역관광기구(지방관광공사)

1) 경상북도관광공사

경상북도관광공사(Gyeongsangbuk-do Tourism Coperation)는 한국관광공사의 자(子)회사였던 '경북관광개발공사'를 경상북도가 인수함으로써 탄생한 지방공기업이다. 2012년 6월 7일 '경상북도관광공사 설립 및 운영에 관한 조례'로 설립된 경상북도관광공사는 경북의 역사 · 문화 · 자연 · 생태자원 등을 체계적으로 개발 · 홍보하고 지역관광산업의 효율성을 제고하여 지역경제 및 관광활성화에 기여함을 설립목적으로 하고 있다.

경상북도가 인수한 기존의 경북관광개발공사는 1974년 1월에 정부와 세계은행(IBRD) 간에 체결한 보문관광단지 개발사업을 위한 차관협정에 따라 1975년 8월 1일 당시 「관광단지개발촉진법」에 의거하여 설립된 '경주관광개발공사'를 모태로 하는데, 여기에 정부투자기관인 한국관광공사가 전액출자한 정부재투자기관이다. 그 뒤 경상북도 북부의 유교문화권(안동시 일대) 개발사업을 담당해야 할 필요에 의하여 1999년 10월 6일 경북관광개발공사로 이름을 바꾸어 확대 · 개편하

였던 것이다.

2) 경기관광공사

경기관광공사(Gyeonggi Tourism Organization: 이하 "공사"라 한다)는 「지방공기업법」 제49조에 의하여 2002년 4월 8일 경기도조례로 설립된 지방공사로서 공법상의 재단법인이다. 특히 공사는 지방화시대에 부응하여 우리나라에서는 최초로 지방자치단체가 설립한 지방관광공사이다.

경기도는 공사설립을 위하여 제정한 경기도관광공사 설립 및 운영조례(2002.4.8. 제3178호) 제4조 제1항의 규정에 의하여 공사의 자본금을 전액 현금 또는 현물로 출자하였는데, 2002년 5월 11일 경기도관광공사 정관을 제정하여 출범하게 된 것이다.

한편으로 공사의 운영을 위하여 필요한 경우에는 자본금의 2분의 1을 초과하지 아니하는 범위 안에서 다른 기관 · 단체 또는 개인이 출자할 수 있게 하여(지방공기업법 제53조 제2항 및 조례 제4조 제1항) 지방자치단체인 경기도가 오너(owner)로서 외부참여도 가능하도록 개방하고 있다.

3) 서울관광재단

서울관광재단(Seoul Tourism Organization)은 「지방공기업법」(제49조)의 규정과 「지방자치단체 출자 · 출연기관의 운영에 관한 법률」 및 서울특별시 「서울관광재단 설립 및 운영에 관한 조례」에 따라 서울특별시와 민간기업이 협력하여 2008년 2월 4일 설립된 서울시 출자법인이다.

서울관광재단은 21세기 글로벌 경제시대에 서울시민의 관광복리 증진과 서울관광산업 발전을 위해 경영합리화와 효율적 조직운영을 위한 투명성을 제고하고, 서울을 세계적인 경제문화도시로 발전시키기 위해 관광마케팅, MICE, 투자개발 등 서울의 도시경쟁력과 관련된 사업을 수행함을 그 목적으로 한다.

4) 인천관광공사

인천관광공사(Incheon Tourism Organization; 이하 "공사"라 한다)는 「지방공기업법」 제49조에 의하여 2005년 11월 「인천광역시관광공사 설립과 운영에 관한 조례」로 설립된 지방공사로서 공법상의 재단법인이다. 특히 지방자치단체가 설립한 지방관광공사로는 경기관광공사에 이어 두 번째인데, 공사는 「인천광역시 관광공사 정관」을 제정하여 2006년 1월 1일부터 출범하게 된 것이다. 그러나 인천관광공사는 2011년 12월 28일 인천시 공기업 통폐합 때 인천도시개발공사에 통합돼 '인천도시공사'로 이름을 바꾸어 인천광역시 산하 지방공기업으로 운영해 오다가, 2014년 11월 1일 인천관광공사 재설립 타당성 용역 착수에 이어 2015년 7월 14일 '인천관광공사 설립 및 운영에 관한 조례안'이 인천시의회에서 가결됨으로써 인천도시개발공사에 통합된 지 4년 만에 '인천관광공사'로 재출범하게 된 것이다.

5) 제주관광공사

제주관광공사(JTO: Jeju Tourism Organization: 이하 "공사"라 한다)는 「제주특별자치도 설치 및 국제자유도시 조성을 위한 특별법」(제250조), 「지방공기업법」(제49조)과 「제주관광공사 설립 및 운영조례」(이하 "조례"라 한다)로 설립된 지방공사로서 공법상의 재단법인이다. 2008년 7월 2일 제주관광공사 정관에 따라 출범한 제주관광공사는 지방자치단체가 설립한 지방관광공사로는 경기관광공사와 인천관광공사에 이어 세 번째로 설립되었다.

6) 부산관광공사

부산관광공사(BTO: Busan Tourism Organization)는 「지방공기업법」 제49조와 「부산관광공사 설립 및 운영에 관한 조례」 및 「부산관광공사 정관」(2012년 11월 5일 제정)의 규정에 의하여 부산광역시가 2012년 11월 15일 설립한 우리나라 다섯 번째의 지방관광공사로서 공법상의 재단법인이다.

4. 관광사업자단체의 관광행정

관광사업자단체는 관광사업자가 관광사업의 건전한 발전과 관광사업자들의 권익증진을 위하여 설립하는 일종의 동업자단체라 할 수 있다. 관광사업자들은 관광사업을 경영하면서 영리를 추구하고 있지만, 관광의 중요성에 비추어 볼 때 관광사업이 순수한 사적(私的)인 영리사업만은 아니라고 보며, 관광사업자는 국가의 주요 정책사업을 수행하는 공익적(公益的)인 존재라고도 할 수 있다. 따라서 관광사업자단체는 이러한 공공성 때문에 사법(私法)이 아닌 공법(公法)인 「관광진흥법」의 규정에 의하여 설립하는 공법인(公法人)으로 하고 있다(동법 제41조 내지 제46조).

1) 한국관광협회중앙회

(1) 설립목적 및 법적 성격

한국관광협회중앙회(KTA: Korea Tourism Association; 이하 "중앙회"라 한다)는 지역별 관광협회 및 업종별 관광협회가 관광사업의 건전한 발전을 위하여 설립한 임의적인 관광관련단체로서, 우리나라 관광업계를 대표하는 단체이다.

중앙회는 관광사업자들이 조직한 단체이므로 사단법인에 해당되며, 영리가 아닌 사업을 목적으로 하므로 비영리법인(非營利法人)에 해당한다. 또 '중앙회'는 「관광진흥법」이라는 특별법에 의하여 설립되므로 일종의 특수법인이라 할 수 있다. 따라서 '중앙회'에 관하여 「관광진흥법」에 규정된 것을 제외하고는 「민법」 중 사단법인(社團法人)에 관한 규정을 준용한다(동법 제44조).

(2) 회원

'중앙회'의 회원은 정회원과 특별회원으로 나눈다.

정회원은 업종별 관광협회(한국관광호텔업협회 등 현재 8개), 지역별 관광협회(서울특별시관광협회 등 현재 17개) 및 업종별 위원회(국제회의위원회 등 현재 9개)로 하고, 준회원 및 특별회원은 관광관련 기관 및 유관기관 · 단체와 이와 유사한 성질의 법인 또는 개인(외국법인 또는 개인을 포함한다)으로 한다.

(3) 주요 업무

(가) 목적사업

1. 관광사업의 발전을 위한 업무
2. 관광사업 진흥에 필요한 조사 · 연구 및 홍보
3. 관광통계
4. 관광종사원의 교육과 사후관리
5. 회원의 공제사업
6. 국가나 지방자치단체로부터 위탁받은 업무
7. 관광안내소의 운영
8. 위의 1호부터 7호까지의 규정에 의한 업무에 따르는 수익사업

① 공제사업(共濟事業)

'중앙회'의 업무 중 공제사업은 문화체육관광부장관의 허가를 받아야 한다. 공제사업의 내용 및 운영에 관하여 필요한 사항은 대통령령으로 정하도록 되어 있는데 그 내용은 다음과 같다.

가. 관광사업자의 관광사업행위와 관련된 사고로 인한 대물(對物) 및 대인(對人)배상에 대비하는 공제 및 배상업무

나. 관광사업행위에 따른 사고로 인하여 재해를 입은 종사원에 대한 보상업무

다. 그 밖에 회원 상호간의 경제적 이익을 도모하기 위한 업무

② 수익사업(收益事業)

'중앙회'는 수익사업으로 한국관광명품점과 국민관광상품권 운영 등 수익사업을 추진하고 있는데, 한국관광명품점은 한국의 전통미와 현대미의 체험기회를 내 · 외국인에게 제공하여 2013년에는 약 27억원의 매출을 기록하며 쇼핑관광 활성화에 기여하고 있으며, 국민관광상품권은 2015년 기준 약 364억원의 판매실적을 기록하며 국내관광 활성화에 기여하고 있다.

(나) 정부로부터의 수탁사업

관광종사원 중 국내여행안내사 및 호텔서비스사의 자격시험, 등록 및 자격증의 발급업무를 문화체육관광부장관으로부터 위탁받아 수행한다. 다만, 자격시험의 출제, 시행, 채점 등 자격시험의 관리에 관한 업무는 「한국산업인력공단법」에 따른 한국산업인력공단에 위탁함에 따라, 이를 위한 기본계획을 수립한다(동법시행령 제65조 제1항 제5호 단서).

2) 한국여행업협회

(1) 설립목적

한국여행업협회(KATA: Korea Association of Travel Agents)는 1991년 12월에 「관광진흥법」 제45조의 규정에 의하여 설립된 업종별 관광협회로서, 내·외국인 여행자에 대한 여행업무의 개선 및 서비스의 향상을 도모하고 회원 상호간의 연대·협조를 공고히 하며, 활발한 조사·연구·홍보활동을 전개함으로써 여행업의 건전한 발전에 기여하고 관광진흥과 회원의 권익증진을 목적으로 한다.

본 협회는 1991년 12월 설립 당시에는 '한국일반여행업협회'의 이름으로 사업을 시작하였으나, 2012년 4월 10일 '한국여행업협회'로 그 명칭이 변경된 것이다.

(2) 주요 사업

한국여행업협회는 다음의 사업을 행한다.

1. 관광사업의 건전한 발전과 회원 및 여행업종사원의 권익증진을 위한 사업
2. 여행업무에 필요한 조사·연구·홍보활동 및 통계업무
3. 여행자 및 여행업체로부터 회원이 취급한 여행업무와 관련된 진정(陳情) 처리
4. 여행업무종사원에 대한 지도·연수
5. 여행업무의 적정한 운영을 위한 지도
6. 여행업에 관한 정보의 수집·제공
7. 관광사업에 관한 국내외단체 등과의 연계·협조

8. 관련기관에 대한 건의 및 의견 전달
9. 정부 및 지방자치단체로부터의 수탁업무
10. 장학사업업무
11. 관광진흥을 위한 국제관광기구에의 참여 등 대외활동
12. 관광안내소 운영
13. 공제운영사업(일반여행업에 한함)
14. 기타 협회의 목적을 달성하기 위하여 필요한 사업 및 부수되는 사업

3) 한국호텔업협회

(1) 설립목적

한국호텔업협회(KHA: Korea Hotel Association)는 「관광진흥법」 제45조의 규정에 의하여 1996년 9월 12일에 문화체육관광부장관의 설립허가를 받은 업종별 관광협회이다. 이 협회는 관광호텔업을 위한 조사 · 연구 · 홍보와 서비스 개선 및 기타 관광호텔업의 육성발전을 위한 업무의 추진과 회원의 권익증진 및 상호친목을 목적으로 하고 있다.

(2) 주요 사업

한국호텔업협회는 다음의 사업을 행한다.

1. 관광호텔업의 건전한 발전과 권익증진
2. 관광진흥개발기금의 융자지원업무 중 운용자금에 대한 수용업체의 선정
3. 관광호텔업 발전에 필요한 조사연구 및 출판물간행과 통계업무
4. 국제호텔업협회 및 국제관광기구에의 참여 및 유대강화
5. 관광객유치를 위한 홍보
6. 관광호텔업 발전을 위한 대정부건의
7. 서비스업무 개선
8. 종사원교육 및 사후관리
9. 정부 및 지방자치단체로부터의 수탁업무
10. 지역간 관광호텔업의 균형발전을 위한 업무

11. 위 사업에 관련된 행사 및 수익사업

4) 한국종합유원시설협회

한국종합유원시설협회는 1985년 2월에 설립된 유원시설사업자단체로서 「관광진흥법」 제45조의 적용을 받는 일종의 업종별 관광협회이다. 유원시설업체간 친목 및 복리증진을 도모하고 유원시설 안전서비스 향상을 위한 조사 · 연구 · 검사 및 홍보활동을 활발히 전개하며, 유원시설업의 건전한 발전을 위한 정부의 시책에 적극 협조하고 회원의 권익을 증진보호함을 목적으로 한다.

이 협회는 다음의 사업을 수행한다.

1. 유원시설업계 전반의 건전한 발전과 권익증진을 위한 진흥사업
2. 정기간행물 홍보자료 편찬 및 유원시설업 발전을 위한 홍보사업
3. 국내외 관련기관 단체와의 제휴 및 유대강화를 위한 교류사업
4. 정부로부터 위탁받은 유원시설의 안전성검사 및 안전교육사업
5. 유원시설에 대한 국내외 자료조사 연구 및 컨설팅사업
6. 신규 유원시설 및 주요 부품의 도입 조정시 검수사업
7. 유원시설업 진흥과 관련된 유원시설 제작 수급 및 자금지원
8. 시설운영 등의 계획 및 시책에 대한 회원의 의견 수렴 · 건의 사업
9. 기타 정부가 위탁하는 사업

5) 한국카지노업관광협회

한국카지노업관광협회는 1995년 3월에 카지노분야의 업종별 관광협회로 허가받아 설립된 사업자단체로서 한국관광산업의 진흥과 회원사의 권익증진을 목적으로 하고 있다.

이 협회의 주요 업무로는 카지노사업의 진흥을 위한 조사 · 연구 및 홍보활동, 출판물 간행, 관광사업과 관련된 국내외 단체와의 교류 · 협력, 카지노업무의 개선 및 지도 · 감독, 카지노종사원의 교육훈련, 정부 또는 지방자치단체로부터 수탁받은 업무 수행 등이다.

2016년 12월 말 기준으로 전국 17개(2005년도에 신규로 3개소 개관)의 카지노사업자와 종사원을 대변하는 한국카지노업관광협회는 이용고객의 편의를 증진시키기 위해 카지노의 환경개선과 시설확충을 실시하는 한편, 카지노사업이 지난 30여년간 국제수지 개선, 고용창출, 세수증대 등에 기여한 고부가가치 관광산업으로의 중요성을 홍보하여 카지노산업의 위상제고와 대국민 인식전환을 추진하고 있다. 또한 회원사 간에 무분별한 인력스카우트 등 부작용 방지를 위한 협회차원의 대책강구와 함께 경쟁국가의 현황 등 카지노산업에 대한 정보제공 등으로 카지노 홍보활동을 강화하고 있다.

6) 한국휴양콘도미니엄경영협회

한국휴양콘도미니엄경영협회는 휴양콘도미니엄사업의 건전한 발전과 콘도의 합리적이고 효율적인 운영을 도모함과 동시에 건전한 국민관광 발전에 기여함을 목적으로 1998년에 설립된 업종별 관광협회이다.

협회의 주요 업무로는 콘도미니엄업의 건전한 발전과 회원사의 권익증진을 위한 사업, 콘도미니엄업의 발전에 필요한 조사 · 연구와 출판물의 발행 및 통계, 국제콘도미니엄업 및 국제관광기구에의 참여와 유대강화, 관광객유치를 위한 콘도미니엄의 홍보, 콘도미니엄의 발전에 대한 대정부 건의, 관광정책 등 자문, 콘도미니엄업 종사원의 교육훈련 연수, 유관기관 및 단체와의 협력증진, 정부 및 지방자치단체로부터 위탁받은 업무 등이다.

7) 한국외국인관광시설협회

한국외국인관광시설협회는 1964년 6월 30일에 설립된 업종별 관광협회로서 주로 미군기지 주변도시 및 항만에 소재한 외국인전용유흥음식점을 회원사로 관리하며, 정부의 관광진흥시책에 적극 부응하고 업계의 건전한 발전과 회원의 복지증진 및 상호 친목도모에 기여함을 목적으로 하고 있다.

협회는 회원업소의 진흥을 위한 정책의 품신 및 자문, 회원이 필요로 하는 물자 공동 구입 및 공급, 회원업소의 지도 육성과 종사원의 자질 향상, 주한 미군 ·

외국인 및 외국인 선원과의 친선도모, 외국연예인 공연관련 파견사업 등 외화획득과 국위선양을 위해서 노력하고 있다.

8) 한국MICE협회

한국MICE협회는 「관광진흥법」 제45조의 규정에 따라 2003년 8월에 설립되어 우리나라 MICE업계를 대표하여 컨벤션 기관 및 업계의 의견을 종합조정하고, 유기적으로 국내외 관련기관과 상호 협조 · 협력활동을 전개함으로써 컨벤션업계의 진흥과 회원의 권익 및 복리증진에 이바지하고, 나아가서 국제회의산업 육성을 도모하여 사회적 공익은 물론 관광업계의 권익과 복리를 증진시키는 것을 목적으로 하고 있다.

한국MICE협회는 2004년 9월에 「국제회의산업 육성에 관한 법률」상의 국제회의 전담조직으로 지정되어 국제회의 전문인력의 교육 및 수급, 국제회의 관련 정보를 수집하여 배포하는 등 국제회의산업 육성과 진흥에 관련된 업무를 진행하고 있다. 또한 2016년에 추진한 업무로는 MICE 전문 인력 양성 및 전문성 제고를 위한 MICE 고급자 아카데미, 제11회 한국MICE아카데미, 신입사원 OJT 교육, 특성화고 MICE인재양성 아카데미 등의 교육사업과 MICE업계 소그룹 지원, 지역 얼라이언스별 맞춤형 컨벤션 특화 교육, 선진 컨벤션/박람회업계 공동참가, MICE 영프로페셔널 육성 및 해외파견 지원, MICE 국제기구 가입 및 국제단체 교류활동, 맞춤형 기업교육 지원, MICE 통합 컨시어지 데스크 운영 등의 MICE 업계 지원사업을 진행하였으며, 계간 'The MICE' 매거진과 뉴스레터를 발간하여 급변하는 MICE산업 관련 최신 지식의 제공 및 회원사의 소식을 전달하고 있다. 뿐만 아니라 중국, 싱가포르 등 아시아 MICE협회들과 MOU를 체결하는 등 국제적 교류도 넓혀가고 있다.

9) 한국PCO협회

(사)한국PCO협회(KAPCO: Korea Association of Professional Congress Organizer)는 세계 국제회의 산업환경에 적극적으로 대처할 수 있는 공식적인 체제를 마련

하고, 한국 컨벤션산업 발전에 기여하기 위해 2007년 1월에 설립되었다. 2016년 현재 48개 회원사를 보유하고 있는 (사)한국PCO협회는 급변하는 세계 국제회의산업 환경에서 컨벤션산업의 발전과 회원의 권익보호를 위하여 회원 간의 정보교류 · 친목 · 복리증진 등을 도모함은 물론, 선진회의 기법개발 및 교육 홍보사업 등을 통하여 국내 컨벤션산업의 건전한 발전과 국민경제에 기여할 목적으로 기본적 역할을 수행하고 있다.

10) 한국골프장경영협회

한국골프장경영협회는 「체육시설의 설치 · 이용에 관한 법률」 제37조에 의하여 1974년 1월에 설립된 골프장사업자단체로서 한국골프장의 건전한 발전과 회원골프장들의 유대증진, 경영지원, 종사자교육, 조사 · 연구 등을 목적으로 하고 있다.

특히 협회의 부설연구기관으로 한국잔디연구소를 설립하여 친환경적 골프장 조성과 관리운영을 위한 각종 방제기술 연구 · 지도와 병충해예방 · 친환경적 골프코스관리기법연구 등을 수행, 환경경영에 앞장서고 있는 것은 물론, 1990년부터 '그린키퍼학교'를 운영하여 전문성을 갖춘 유자격골프코스관리자를 배출하고 있다. 현재의 골프장은 골프채 · 골프회원권 · 골프대회 · 골프마케팅 등 골프산업의 중심축에 자리하고 있으며, 협회는 스포츠산업 및 레저산업을 선도하는 업종으로 그 기능을 충실히 수행하고 있다.

11) 한국스키장경영협회

한국스키장경영협회는 스키장사업의 건전한 발전과 친목을 도모하며 스키장사업의 합리적이고 효율적인 운영과 스키를 통한 건전한 국민생활체육활동에 기여하는 것을 목표로 하고 있다.

한국스키장경영협회는 스키장경영의 장기적 발전을 위한 사계절 종합레저를 모색하고, 스키장경영의 경영활성화를 위한 개선책을 강구하며, 스키장경영의 정보교환 · 상호발전을 도모하기 위해 노력하고 있다. 또 협회는 스키장사업과 관련되는 법적 · 제도적 규제완화 또는 철폐를 건의하고, 스키장사업의 각종 금융, 세

제 및 환경관리제도 개선을 위한 연구 · 용역을 시행하는 등 스키장사업의 지속적 발전을 위해 다양한 사업을 추진하고 있다.

12) 한국공예 · 디자인문화진흥원

한국공예 · 디자인문화진흥원은 「민법」 제32조의 규정에 따라 설립되었던 한국공예문화진흥원(2000년 4월 설립)과 한국디자인문화재단(2008년 3월 설립)이 2010년 4월에 통합해 새롭게 출발한 기관이다.

한국공예 · 디자인문화진흥원은 지역에서의 공예 · 디자인 생산력을 증대시키고, 전통공예의 현대화를 위하여 문화 · 예술 · 기술 등 다양한 영역 간의 협업을 추진하고, 국제협력을 통해 글로벌 마케팅을 전개하는 3대 실천전략(공예 · 디자인의 문화적 저변확대전략, 공예 · 디자인의 창작기반 확충전략, 공예 · 디자인의 마케팅 · 유통지원 전략)을 통해 새로운 한국공예 · 디자인 트렌드를 개발함으로써 한국의 공예 · 디자인이 세계적인 브랜드로 자리매김할 수 있도록 하기 위해 심혈을 기울이고 있다.

13) 한국관광펜션업협회

한국관광펜션업협회는 주5일근무제의 본격적 시행과 더불어 가족단위 관광체험 숙박시설의 확충이 필요함에 따라 관광펜션 지정제도를 만들어 이의 활성화를 위해 「관광진흥법」 제45조의 규정에 의거 2004년 5월에 설립된 업종별 관광협회이다.

관광펜션은 기존 숙박시설과는 차별화된 외형과 함께 자연을 체험할 수 있는 자연친화 숙박시설로 앞으로 많은 관광객들이 이용하게 될 가족단위 중저가 숙박시설로 육성할 계획이다.

5. 국제관광기구

우리나라는 세계관광 흐름에 능동적으로 대처하고자 여러 국제기구에 가입하여 활발한 활동을 전개하고 있는데 그중에서 대표적인 기구들로 세계관광기구(UNWTO), 경제협력개발기구(OECD), 아시아·태평양 경제협력체(APEC), 아시아·태평양 관광협회(PATA), 미주여행업협회(ASTA) 등을 들 수 있다. 이들 중 관광과 관련된 주요 국제기구 몇 가지를 살펴보도록 하자.

1) UNWTO(세계관광기구)

세계관광기구(UNWTO)는 책임 있고 지속 가능하며 보편적으로 접근할 수 있는 관광의 증진을 담당하는 유엔 기관이다. 관광 분야의 선도적인 국제 기구인 UNWTO는 경제 성장, 포용적 개발 및 환경적 지속 가능성의 원동력으로서 관광을 장려하고 전 세계적으로 지식과 관광 정책을 발전시키는 데 있어 이 분야에 리더십과 지원을 제공한다.

세계 각국의 정부관광행정기관(NTA)이 정회원으로 가입되어 있는 정부 간 관광기구인 UNWTO(The World Tourism Organization: 세계관광기구)의 본부는 스페인 마드리드(Madrid, Spain)에 있으며, 현재 159개의 회원국, 6개국 정부가 준회원으로 500개 이상의 관광 유관기관이 찬조회원으로 가입되어 있다. 사무국은 사무총장이 이끌고 있으며 지속 가능성, 교육, 관광 동향 및 마케팅, 지속 가능한 개발, 통계 및 관광 위성 계정(TSA), 목적지 관리, 윤리 및 위험 및 위기 관리와 같은 문제를 다루는 부서로 구성되어, 총회와 집행이사회를 개최하고, 각종 회의 및 세미나를 개최하고 있다.

원래 세계관광기구는(World Tourism Organization: WTO)는 1975년 설립 이래 WTO라는 명칭을 계속 사용하고 있었으나, 1995년 1월 WTO라는 영문약자가 동일한 세계무역기구(World Trade Organization)가 출범함으로써 두 기구 간에 혼란이 빈번하게 발생하게 되었다. 이에 양 기구 간에 혼란을 피하고 UN 전문기구로서의 세계관광기구의 위상을 높이기 위해 유엔총회를 통해 2006년 1월 1일부터 세계관광기구를 UNWTO라는 명칭으로 바꿔 사용하게 되었다.

우리나라는 국제관광연맹(IUOTO)의 회원자격으로 1975년 UNWTO의 정회원으로 가입하였다. 2007년 11월에는 콜롬비아에서 개최된 17차 총회에서 2008~2011 상임이사국으로 연임이 확정되었으며, 2008년 6월 제주도에서 제 83차 집행이사회를 개최함으로써 우리나라 관광의 국제적 인지도를 높일 수 있었으며, 이와 동시에 우리나라 관광외교역량을 강화하는 계기가 되었다. 또한 2011년 10월에는 제19차 UNWTO 총회를 경주에서 개최하기도 하였다.

그 밖에도 2014년 6월부터 UNWTO 공적개발원조(ODA) 실무그룹회의 회원국으로써 UNWTO의 ODA 활동의 일종인 '개발을 위한 관광기금(TDF)' 조성 관련 논의에 참가하는 등 기구 내의 다양한 관광 관련 논의에 적극적으로 참여하며 세계 속에서의 대한민국의 관광입지 약진을 위해 적극적으로 활동 중이다.

또한 2021년 12월 스페인 마드리드에서 열린 제24차 UNWTO 총회에서 세계관광기구가 관광으로 지역 불균형과 농촌인구 감소 등의 문제를 해결하기 위해 올해 시범적으로 시행하는 최우수 관광마을(Best Tourism Village)에 대한민국의 '신안군 퍼플섬'과 '고창군 고인돌 · 운곡습지마을'이 선정되어 한국의 관광 리더십을 높일 수 있는 계기를 마련하기도 하였다.

2) OECD(경제협력개발기구)

OECD(The Organisation for Economic Co-operation and Development; 경제협력개발기구)는 1948년 미국의 마셜 플랜의 지원을 받은 유럽경제협력기구(OEEC, Organization for European Economy Co-operation)를 모체로 하여 세계 경제발전에 이바지하고 개도국 지원을 목적으로 1961년 선진 20개국을 회원국으로 설립되었다. 경제협력개발기구(OECD)는 더 나은 삶을 위한 더 나은 정책을 수립하기 위해 노력하는 국제기구로써 모두를 위한 번영, 평등, 기회 및 웰빙을 촉진하는 정책을 수립하는 것을 목표로 하는 국제기구이다.

2021년 창립 60주년을 기념하는 OECD는 2021년 기준 총 38개국이 회원국으로 구성되어 있고, 프랑스 파리에 본부를 두고 있다. 조직구성은 의사결정기구인 이사회, 보좌기구인 집행위원회 및 특별집행위원회를 두고 있으며, 실질적 활동을 수행하는 26개의 분야별 위원회가 있다. 이 중에서 관광위원회는 관광분야에 대한 각국의 정책연구 및 관광진흥정책연구 등을 주요 기능으로 하고 있다. 우리나라는 1996년 회원국으로 가입하였으며, 1998년에는 OECD 관광회의를 서울에서 개최한 바 있고, OECD 권고사업 중 하나인 관광위성계정(TSA) 개발을 세계 5번째로 완료하였다.

특히 OECD 활동 차원에서 가장 주목할 만한 성과 중 하나로 관광자원으로서의 우리 한식의 중요성을 인식시키기 위해 2009년 4월 '한식 세계화 추진계획'을 발표하고 우리 식문화 홍보를 통한 한식의 세계화(Globalization of Korean Cuisine) 사업을 진행한 것을 들 수 있다. 2012년에는 전라북도 무주에서 제90차 OECD 관광위원회(2012년 9월 24~26일)를 유치 · 개최하기도 하였으며, 이 행사에서 OECD 관광위원회 공식사업의 일환으로 포함된 '창조경제와 관광(Creative Economy ans Tourism)' 프로젝트를 지원하기도 하였다.

한편, 한식의 세계화 관련하여 2015년에 밀라노엑스포 기간 중 OECD와 공동으로 밀라노 엑스포장 내 콘퍼런스홀에서 '한식문화와 미식관광'이라는 주제의 포럼을 개최하기도 하였다.

3) APEC(아시아 · 태평양경제협력체)

아시아태평양경제협력체(Asia-Pacific Economic Cooperation: APEC)은 아시아태평양 지역의 상호 의존도가 높아짐에 따라 1989년에 설립된 지역 경제 포럼이다. 아시아태평양경제협력체는 1989년 오스트레일리아 캔버라에서 한국을 포함한 12개국 간의 각료회의로 출범했으며, 2021년 9월 기준 21개국이 회원국으로 가입해 있다. 1993년부터는 매년 각 나라의 정상들이 모여 회담을 열고 있다. 창설 당시 회원국은 한국을 비롯한 미국, 일본, 오스트레일리아, 뉴질랜드, 캐나다와 동남아시아국가연합(ASEAN, Association of South East Asian Nations) 회원국인 말레이시아, 인도네시아, 타이, 싱가포르, 필리핀, 브루나이였다.

아시아태평양경제협력체는 균형 있고 포용적이며 지속 가능하고 혁신적이고 안전한 성장을 촉진하고 지역 경제 통합을 가속화함으로써 지역 주민들의 더 큰 번영을 창출하는 것을 목표로 한다. 단기적 목표는 무역과 투자의 자유화를 실현하고 이를 원활하게 하는 것이며, 중장기적으로는 아시아태평양경제공동체를 창설하여 아시아태평양자유무역지대(FTAAP, Free Trade Area of Asia Pacific)를 실현하는 것이 목표이다.

APEC은 각 분야의 실무그룹(Working Group)을 두고 있는데, 그중 APEC 회원국 간의 관광협력을 논의하는 관광실무그룹(TWG)회의는 1991년에 시작된 이래 매년 2차례 정기회의가 열리고 있다. 특히 우리나라는 2004년 5월 제24차 APEC 관광실무회의를 경남 진주에서, 2005년 5월 26차 회의를 부산에서 개최하였으며, 2004, 2005년에 이어 세 번째로 2019년 11월 여수에서 '제55차 APEC 관광실무그룹 회의'를 성료하면서 대한민국의 관광홍보와 더불어 APEC 내에서의 관광외교 강화에 기여하였다.

특히 한국은 아시아태평양경제협력체(APEC) 관광장관들의 회의인 APEC 관광장관회의를 최초로 제안했으며, 2000년 APEC 관광장관회의가 최초로 서울에서 개최되었다. 이 회의에서 한국은 APEC 관광실무그룹(TWG) 비전인 'APEC 관광헌장에 관한 서울선언문' 채택을 이끌며 주도적인 역할을 하고 있다. 또한 2014년 9월 마카오에서 개최된 제8차 APEC 관광장관회의에서는 '아시아 · 태평양 관광협력 증진을 위한 새로운 미래 건설'을 주제로 2025년까지 관광객 8억 명 유치 등을 주요 내용으로 한 '마카오 선언'을 채택했다. 2025년에는 한국에서 APEC 정상회의가 개최될 예정에 있다.

제 7 장

관광사업의 성격과 구성

관광사업의 성격과 구성

제7장

관광사업이란 관광시설을 갖추는 것, 관광자원을 효율적으로 보존하는 것, 관광정보를 제공하는 것, 관광지를 선정하는 것, 관광안내를 하는 것, 그리고 관광통계를 작성하는 것 등의 모든 활동의 총칭이다. 추상적으로 말하면, 관광을 추진시키는 모든 활동을 관광사업이라 말할 수 있다.

관광사업을 담당하는 자는 정부나 지방자치단체 등의 공공기관과 영리를 목적으로 하는 민간기업들이다. 정부나 지방자치단체가 행하는 관광사업을 관광행정(觀光行政)이라 부르고, 민간이 행하는 것을 관광경영(觀光經營)이라 부른다. 관광사업에는 이 양자가 대단히 복잡하게 관련되어 있을 뿐만 아니라, 또한 관광사업을 구성하는 2대지주(二大支柱)가 되고 있다.

관광사업이라는 용어의 사용에 대하여 좁은 뜻으로 관광경영을 의미하는 경우도 없지 않으나, 이 책에서는 관광사업이라는 용어를 대체로 넓은 뜻으로 사용하기로 한다.

제1절 관광사업의 개요

1. 관광사업의 발전

관광사업의 개념을 규정하기에 앞서 먼저 관광사업이 어떻게 발전되어 왔는가를 살펴볼 필요가 있다. 관광사업의 발전과정을 살펴봄으로써 관광사업의 개념을 파악하는 데 도움이 될 것이기 때문이다.

관광사업은 미지의 세계나 위락을 구하는 관광여행에 대응하는 여행관련사업으로서의 기능을 하여 왔으며, 이러한 대응은 시대적으로 큰 변화를 거치면서 발전해 왔다.

이에 관하여 일본의 고다니 다쓰오(小谷達南)[1]는 관광사업을 교통기관, 숙박시설, 관광조직과 같은 관광사업 등 여러 관광현상에 근거하여, ① 자연발생적 관광사업, ② 매개(媒介)서비스적 관광사업, ③ 개발 · 조직적 관광사업의 세 가지 발전단계로 나누어 특징적인 구분을 제시하고 있다. 그리고 이와 같은 구분은 관광사업의 경영형태로 볼 때에는 기생형(寄生型) 관광사업, 매개형(媒介型) 관광사업, 개발형(開發型) 관광사업으로 파악할 수 있으며, 이를 각 단계별로 보면 〈표 7-1〉과 같다.

그가 구분하고 있는 관광사업의 각 발전단계의 특징을 보면, 자연발생적 단계의 관광사업 즉 기생형(寄生型) 관광사업은 관광객을 적극적으로 유치하려는 활동도 없지는 않았으나, 전반적으로 볼 때 일반여행자나 관광객의 증가에 따라 자연적으로 발생되고 운영되었다는 것이다.

다음으로 매개서비스적 단계의 관광사업, 즉 매개형(媒介型) 관광사업은 교통업, 여행업, 숙박업의 3자가 관광사업의 핵심적인 위치를 차지하게 되었고, 이 3자가 관광객과 관광대상 간에 매개되어 적극적인 서비스의 제공에 노력함과 동시에 관광왕래의 촉진을 도모하였다. 또한 제1차 세계대전 이후에는 각국이 관광기관의 육성을 적극적으로 추진하여 국제관광의 진흥을 도모했다는 것이다.

1) 고다니 다쓰오(小谷達南)는 일본 릿쿄대학(立敎大學) 사회학부 관광학과 교수로, 저서로는 「觀光事業論」(日本: 學文社, 1994)이 있다.

〈표 7-1〉 관광사업의 발전단계

발전단계	시 대	경영유형	사업주체	주요 기업	관광객층
자연발생적 단계	고대부터 19세기 중엽까지	기생형 관광사업	기업	말, 마차, 가마, 목조선, 여인숙, 주막	귀족, 무사 등의 특권계급과 서민의 종교적 관광여행
매개서비스적 단계	19세기 중엽부터 제2차 세계대전 종료까지	매개형 관광사업	기업 국가	철도, 증기기선, 호텔, 여관, 여행업	특권계급과 서민의 일부
개발·조직적 단계	제2차 세계대전 종전 (1945년) 이후	개발형 관광사업	기업 국가 공공단체	철도, 선박, 항공기, 자동차, 호텔업, 여행업, 관광개발업	일반대중

주) 鈴木忠義(스즈키 타다요시), 「現代觀光論」(東京: 有斐閣), 1974, p.98.

그리고 마지막 단계인 개발·조직적 단계의 관광사업, 즉 개발형(開發型) 관광사업은 관광왕래를 촉진함에 있어서 종래의 수동적인 입장을 버리고 적극적인 수요 개발에 나서는 한편, 관광객의 조직화와 관광지 개발에 비중을 옮김으로써 관광사업을 국민복지라는 입장에서 국가 시책으로 촉진하려는 인식이 높아졌으며, 동시에 관광의 대중화가 정착하기에 이르렀다는 것인데, 이와 같은 그의 구분은 관광사업을 관광객의 욕구에 대응하는 일체의 활동이라는 관점에서 파악한 관광사업의 발전을 설명하고 있는 것이다.

이상에서 보는 바와 같이 관광 그 자체가 인류의 역사와 함께 유구한데 비해, 관광사업의 역사는 그리 오래되지 않은 것으로 생각된다. 관광사업의 본격적인 발생시기는 제2차 세계대전 이후라고 보는 설이 타당한 것 같다. 그것은 국제관광의 경제적 효과에 착안한 데서 비롯된 것이며, 따라서 외래객의 유치사업과 거의 일치하는 것이라고 볼 수 있다. 그리고 관광사업에 수반되는 친선효과를 경제효과와 더불어 중시하기에 이르고, 또 관광사업의 대상이 국내관광 왕래에까지 미치게 된 것은 그 후의 일이라고 본다.

2. 관광사업의 정의

관광사업(tourist industry)은 그 연원을 거슬러 올라가면 관광(tourism)과 더불어 발전하여 왔고, 또한 그 발전은 서로 깊은 상관관계를 형성하며 불가분의 관계에 놓여 있다. 그 때문에 관광사업이 때로는 관광 그 자체와 혼동을 일으켜서 사용되고 있음을 흔히 볼 수 있다. 다시 말해서, 단지 관광이라 말할 때 관광사업의 의미까지도 포함시킨다든지, 또는 관광사업을 가리킬 때 관광이란 용어로 사용하는 경우도 있다는 것이다.

이와 같이 관광사업은 매우 다양한 관광행동이나 관광현상에 대처하지 않으면 안되는 사업이다. 그렇기 때문에 관광사업은 관광의 효용과 관광사업에 따른 여러 가지 효과를 높이기 위하여 끊임없는 노력과 개발이 요구되며, 따라서 그 내용도 매우 다양하고 광범위하기 때문에, 관광사업의 개념도 다양하게 제시되고 있다.

관광사업의 개념 규정에 있어서 독일의 글뤽스만(Glüksman)은 관광사업을 "일시적 체재지에 있어서 외래관광객들과 이를 수용한 지역의 주민들과의 제 관계의 총화"라고 정의하였으며, 일본의 이노우에 마스조(井上万壽藏)는 "관광사업은 관광객의 욕구에 대응해서 이를 수용하고 촉진하기 위하여 이루어지는 모든 인간활동"이라고 정의하였다. 또 다나카 기이치(田中喜一)는 관광사업을 "관광왕래를 유발하는 각종 요소에 대해 조화적 발달을 도모함과 아울러 그 일반적 이용을 촉진함으로써 경제적 · 사회적 효과를 올리려고 하는 조직적인 활동"이라고 정의하였으며, 스즈키 타다요시(鈴木忠義)는 관광사업을 "관광의 효용과 그 문화적 · 사회적 · 경제적 효과를 합목적적으로 촉진함을 목적으로 한 조직적 활동"이라고 정의하였다.

우리나라 「관광진흥법」은 제2조 제1호에서 "관광사업이란 관광객을 위하여 운송 · 숙박 · 음식 · 운동 · 오락 · 휴양 또는 용역을 제공하거나 그 밖에 관광에 딸린 시설을 갖추어 이를 이용하게 하는 업(業)을 말한다"고 관광사업의 정의를 내리고 있다.

이상의 여러 정의들을 종합해 보면 "관광사업이란 관광의 효용과 그 문화적·사회적·경제적 효과를 합목적적(合目的的)으로 촉진함을 목적으로 한 조직적 활동"이라고 요약할 수 있다.

3. 관광사업의 기본적 성격

관광사업은 여러 가지 업종으로 구성되어 있는 복합적인 사업이란 특성을 가지고 있고, 그 효과도 단순히 경제적인 측면에 국한되는 것이 아니라 경제외적인 효과를 촉진하는 것을 목적으로 하기 때문에 공익성과 기업성을 동시에 달성해야 한다는 특색을 가지고 있다. 따라서 관광사업은 다음과 같은 여러 가지 기본적인 특성을 가지고 있다.

1) 복합성

관광사업의 기본적인 성격은 복합성(複合性)이라고 말할 수 있다. 먼저 관광사업은 여러 사업주체로 구성된다는 점에서 복합성을 가지고 있고, 다음으로는 사업 그 자체의 내용이 매우 다양한 업종으로 구성된다는 점에서 복합성을 가지고 있다.

첫째, 관광사업은 정부나 지방자치단체 등의 공적(公的) 기관과 민간기업이 여러 가지 의미로 역할을 분담하면서 추진하는 사업이다. 관(官)과 민(民)이 서로가 역할을 분담하면서 어떤 종류의 사업을 추진하여 나간다는 것은 다른 산업의 경우에도 해당되지만, 관광사업의 경우는 특히 그러한 점이 두드러진다. 관광자원의 보존·관리나 관광기반시설의 건설은 공공부문(公共部門)의 역할이며, 여행업이라든가 숙박업은 거의가 민간기업(民間企業)의 역할이다. 이와 같이 역할이 분담되는 것은 어느 한쪽 부문만이 사업주체가 되지 않으면 아니 되는, 또는 어느 쪽의 부문 가운데 그 한쪽이 맡는 것이 적합하기 때문이다.

둘째, 관광사업은 여러 사업주체로 구성된다는 의미 외에도 다양한 업종이 모여 하나로 통합된 활동체를 성립시키는 사업이라는 것이다. 다시 말하면 관광사업은 여러 업종으로부터 제공되는 재화나 서비스를 갖추어야만 비로소 관광객의 행동에 대응할 수 있는 그러한 사업이다. 예를 들어 교통업, 숙박업, 음식업, 소매업, 출판업 등과 같은 각 업종의 사업활동이 각각 관광사업의 한 부분을 구성하고 있으며, 관광사업은 갖가지 업종에 의하여 짜여진 종합상품이라는 데 특징이 있다. 따라서 각자의 사업활동은 관광사업의 한 몫을 담당함과 동시에 고유의 존재의의를 가지고 있다.

결국 관광사업이란 여러 사업주체의 복합으로 구성될 뿐만 아니라, 갖가지 잡다한 업종의 복합으로 성립될 수 있는 조직상의 복합성을 특질로 하는 사업인 것이다.

2) 입지의존성

관광사업은 원래 관광자원에 의존하여 성립되기 때문에 입지의존성(立地依存性)이 매우 강한 사업이라고 하겠다. 그러나 관광사업은 관광자원의 우열 여하에도 의존하는 바가 크며, 동시에 그 경영적 입지조건에 의해서 크게 영향을 받는다. 이는 관광사업의 산업적 측면이 기본적으로 다음과 같은 특징을 가지고 있기 때문이다.

첫째, 관광사업은 계절의 변동에 따라 영향을 받는 사업이다. 관광사업은 관광객의 내방에 의하여 경제활동이 시작되지만, 관광객의 내방(소비활동)은 계절별, 월별, 주별, 시간별 등에 따라 변동이 크기 때문에 사업의 연속성이 불투명한 특성을 갖는다.

둘째, 관광사업은 순간생산 · 순간소비의 형태를 기본적 특질로 하고 있어 생산과 소비가 동시에 완결적으로 이루어지는 생산, 곧 소비형 산업이라는 것이다. 따라서 관광상품, 예를 들어 호텔의 객실과 같은 경우는 저장이 불가능하여 경영상의 탄력성이 적다.

셋째, 관광사업 가운데 호텔 및 항공사와 같은 장치산업은 고정자산의 투자비율이 높고 투하자본의 회임기간이 길며, 많은 인력을 필요로 하는 사업이기 때문에 타 산업에 비해 경영상 어려운 특성을 가지고 있다.

이상의 세 가지 특징은 관광사업의 경영상 서로 밀접한 관련을 맺게 되지만, 특히 많은 관광객이 연중 계속하여 평균적으로 내방하는 관광지를 최우선적으로 택하는 입지의존성을 중요시해야 할 것이다.

3) 공익성과 기업성

관광사업은 여러 관련업종의 복합체로 성립되는 특수성 때문에 사적(私的) 관광기업까지도 포함해서 공익목적을 달성하는 사업체이다. 그래서 관광사업은 공익성(公益性)과 기업성(企業性)을 함께 고려하여 사적 관광기업을 통해서 공익목적을 달성하려고 하는 특색이 있다.

관광기업에 있어서 공익적인 측면은 관광효과와 관광경제효과 및 경제외적 효과라는 면이 지적된다. 먼저 관광효과는 국제관광에 있어서 국제친선의 증진이나 국제문화의 교류 촉진을 들 수 있고, 국내관광에 있어서는 보건의 증진, 근로의욕의 증진, 교양의 향상 등을 들 수 있다.

다음에 관광의 경제적 효과면에서는 국민경제적 효과로서 외화획득효과를 들 수 있고, 지역경제적 효과로서는 고용효과, 소득효과, 산업관련효과, 조세효과, 산업기반시설 정비효과 등을 들 수 있으며, 지역개발의 측면에서 중요시되고 있다.

또한 경제외적 효과는 이른바 관광산업의 진흥에 따른 부차적 효과이긴 하지만, 자연의 보존이나 문화재의 보존 및 공원의 정비나 교통시설, 상하수도시설, 의료시설 등 생활환경시설의 정비향상이나 관광객과 지역주민과의 교류효과 등을 들 수 있다.

그런데 이러한 여러 효과는 모두 공익적인 측면으로 인식되어서 관광사업진흥의 기조가 되어 있지만, 다른 한편으로 이와 같은 효과를 실질적으로 향상시킬 수 있는 사적(私的) 관광기업은 경합적인 개별기업활동을 원칙으로 하고 있어 반드시 공익적(公益的)인 성과에 기능한다고는 볼 수 없다. 그래서 관광사업은 개별기업활동의 특징을 살리면서 공익적 효과를 높이도록 관광기업을 유도해야 하며, 공익성과 기업성의 조화적 발전을 도모해 나가는 데서 그 의의를 찾을 수 있다고 하겠다.

4) 변동성

일반인의 관광에 대한 충족욕구는 필수적인 것이 아니고 임의적인 성격을 띠고 있기 때문에 관광활동은 외부사정의 변동에 매우 민감하여 영향을 받기 쉽다.

변동성의 요인으로는 사회적 요인, 경제적 요인 및 자연적 요인을 들 수 있다.

첫째, 사회적 요인은 사회정세의 변화, 국제정세의 긴박함, 정치불안, 폭동, 질병발생 등과 그밖에 인간의 안전에 불안감을 주는 것들이다.

둘째, 경제적 요인은 경제불황, 소득의 불안정, 환율변동, 운임변동과 외화사용 제한조치 등이다.

셋째, 자연적 요인은 기후, 지진, 태풍, 폭풍우 등과 같은 자연의 변동현상을 들 수 있다.

5) 서비스성

관광사업을 서비스업이라 하는 것은 관광사업이 생산 · 판매하는 상품의 대부분이 눈에 보이지 않는 서비스이기 때문이다. 서비스는 관광객의 심리에 지대한 영향을 미치고 있으므로 서비스의 질적 수준 여하에 따라 기업 자체는 물론이고 관광지 전체, 국가 전체 관광사업의 성패에 중대한 영향을 미치게 된다.

따라서 이러한 서비스의 제공은 비단 관광사업 종사자뿐만 아니라 지역주민이나 국민 전체의 친절한 서비스 제공도 필요하기 때문에, 일반국민에게 관광 및 서비스 마인드에 대한 인식을 적극적으로 계몽시킬 필요가 있다.

4. 관광사업의 현대적 특색

앞에서 관광사업의 기본적인 성격에 관하여 검토해 보았는데, 여기서는 관광사업의 현대적 특색에 관하여 기술해 보고자 한다.

우선 첫째로 사업주체의 복합성과 관련이 있는 것으로 공적 기관(公的 機關)의 역할이 크게 증대해졌다는 점을 들 수 있겠다.

공적 기관이 관광에 적극적으로 관여를 하게 된 이유는 교통, 통신, 상하수도, 에너지, 치안, 보안과 같은 공공서비스가 관광을 진흥시키는 데 있어서 필수적 요소라는 명백한 사실에 있는 것만은 아니다. 1975년 12월 31일에 제정되고 2017년 11월 28일 최종 개정된 「관광기본법」에 명시되어 있듯이 관광행정의 목적은 ① 국제친선의 증진, ② 국민경제 및 국민복지의 향상, ③ 건전한 국민관광의 발전에 이바지한다는 인식에 있기 때문이다.

여기에서 국제친선의 증진이라 함은 우리나라 국민과 외국인 사이에 경제 · 사회 · 문화의 교류를 통하여 국민성, 풍속, 습관, 지리 및 문화를 이해하고 상호 우호적인 협력 및 선의를 증진하는 것으로서 궁극적으로는 세계평화에 이바지하게 되는 것을 말한다.

또한 국민경제 및 국민복지의 향상이란 외화획득에 의한 국제수지의 개선과 관광을 대상으로 하는 민간의 기업활동이 활발해짐으로써 국민의 사회적 · 문화적 생활영역을 확대시켜 결과적으로는 국민의 복지를 향상시키게 된다는 것이다.

다음으로 건전한 국민관광의 발전이란, 현대사회에 있어서 국민이 일상생활에서 어쩌면 여유와 인간성을 잃어버리기 쉬운 상황 속에서 관광이 그러한 것을 회복시켜 주는 의의를 가지고 있다고 보는 것이다.

현대는 사회관광(social tourism)이라 부르는 것처럼 경제적 또는 그 밖의 이유로 관광에 참가할 수 없는 사람들에 대하여 공적 기관은 적극적인 지원을 다해야 한다고 보고 있다. 이와 같은 「관광기본법」이 있다는 것은 정부가 관광행정을 적극적으로 추진할 의무가 있다는 것을 뜻한다.

관광사업의 사업주체로서 공적 기관의 역할이 어떻게 증대되었는가 하는 점에 대해서는 위에서 말한 바와 같은 배경과 더불어 자연환경의 파괴문제와 소비자 보호의 문제가 중요하게 되었기 때문이다. 즉 관광의 대중화에 의한 관광수요의 증대는 민간기업에 의한 적극적인 관광개발을 가져왔고, 유한한 자연환경이 파괴된다는 문제가 생겨나게 되있기 때문이다.

관광사업의 현대적 특색으로서 다음에 들 수 있는 것은 관광사업을 구성하고 있는 각종의 사업활동이 민간기업의 활발한 사업활동에 의해 점차 확대되고 다양화되어 간다는 점이다. 이와 같은 경향은 1960년대의 후반부터 특히 눈부신 발전을 보였다고 하겠다. 민간기업이 관광에 관계하여 활동하는 것은 말할 것도 없이 영리가 그 목적이다. 그러므로 관광이 대중화되고 더구나 앞으로 점점 그 수요가 증가할 것이라고 예상한다면, 민간기업에 있어서는 관광이 성장사업이며, 독자적인 창의와 연구를 결집시킬 분야가 된다고 하겠다. 그렇기에 야생동물을 방사하는 동물원 등 과거에는 볼 수 없었던 새로운 관광시설이 등장하기도 하고, 역사가 깊은 숙박업의 경우에도 대형화하고, 다각 경영화되는 경향을 따르는 등 관광사업은 더욱 복잡하게 발전되어가고 있다.

관광사업에 대한 민간대기업의 본격적인 진출은 우리나라에서는 민영호텔로부터 시작되었다. 민간호텔은 숙박업으로서 원래 관광사업의 중추적인 역할을 차지하고 있었으나, 특히 1965년에서 1968년 사이에 국제관광공사(현 한국관광공사)가 워커힐호텔 등의 운영권을 민간에게 매각한 후부터 한국 관광업계의 중심세력이 되고 있다. 특히 한때 해외건설에 진출하고 있던 재벌회사들이 각지에 호텔을 세워 계열업체로 경영하였고, 호텔 이외에도 그룹의 자체인력의 해외송출을 막기 위하여 기존 소자본의 항공운송대리점을 인수하여 국제여행업을 경영하기도 하였다. 이 밖에도 콘도미니엄 리조트의 개발이나 자연농원, 스키장 등의 야외레크리에이션 시설의 개발 등 갖가지 관광사업을 경영하고 있다는 것은 잘 알려진 사실이다. 이와 같이 관광사업을 전개하는 민간기업은 호텔에만 한정되어 있지 않고, 여러 가지 사업에 진출하고 있음을 볼 수 있다.

이와 같이 현대의 관광사업은 첫째로 공적 기관의 역할이 커지게 되었다는 점, 둘째로 사업활동의 내용이 민간기업의 활발한 사업활동에 따라 점점 확대되어 다양화하고 있다는 점들을 그 특색으로 들 수 있다.

제2절 관광사업의 분류

1. 사업주체에 의한 분류

관광사업은 사업주체에 따라 공적 관광기관과 사적 관광기업으로 나눌 수 있다. 공적 관광기관은 정부나 지방자치단체 등의 관광행정기관과 관광협회나 업종별 협회 등 관광공익단체로 나누어지며, 영리가 목적인 사적 관광기업은 직접관련 관광기업과 간접적 관광관련 기업으로 나누어 볼 수 있다.

1) 관광행정기관

공적 관광사업으로 관광정책 관련 기관을 의미하는데, 국가 · 정부 · 지방자치단체 등 관광행정기관을 가리킨다. 이는 관광객 · 관광기업 · 관광관련 기업들과 직간접적으로 영향을 주고받으며 관광개발업무와 관광진흥업무를 담당한다.

2) 관광공익단체

공적 관광기관으로 관광공사 · 관광협회 등의 공익법인과 관광인력을 양성하는 교육기관 및 관광연구소 등이 있다.

대표적인 공익단체로는 관광진흥, 관광자원개발, 관광사업의 연구개발 및 관광요원의 양성 · 훈련을 목적으로 설립된 한국관광공사(KNTO), 관광과 문화분야의 조사 · 연구를 통하여 체계적인 정책개발 및 정책대안을 제시하고 지원함으로써 국민의 복지증진 및 국가발전에 기여할 목적으로 설립된 한국문화관광연구원(KCTI), 그리고 우리나라 관광업계를 대표하는 한국관광협회중앙회(KTA)와 업종별 · 지역별 관광협회 등이 있다.

3) 관광기업

관광객과 직접적으로 관계되어 영리를 목적으로 하는 기업들 즉 관광객의 소비활동을 주된 수입원으로 하는 기업들을 말한다. 여기에는 여행업, 숙박업, 교통업, 쇼핑업, 관광정보제공업, 관광개발업 등 대부분의 관광사업이 포함되며, 「관광진흥법」에 의한 자영업자들도 여기에 포함된다.

4) 관광관련 기업

관광객과 직접 대면하지는 않으나 관광기업과 직접적인 관계를 가짐으로써 관광객과는 간접적(2차적)으로 관련을 갖는 간접관광사업 또는 2차 관광사업이라 지칭되는 기업을 말한다.

호텔에서 외주를 받은 세탁업자, 청소업자, 경비업자와 식품납품업자 등이 여기에 포함되며, 일반적인 소매상점, 요식업체, 숙박업체, 오락업체 등도 관광객이 이용할 때에는 여기에 해당된다.

2. 관광법규에 따른 분류[2)]

1) 우리나라 관광사업의 법적 전개과정

우리나라의 관광사업은 1960년대에 들어서서 비로소 조직과 체제를 갖추고 정부의 강력한 정책적 뒷받침 아래 관광사업 진흥을 위한 기반을 구축하기 시작하였다. 이에 정부는 관광사업의 중요성을 인식하고, 이를 진흥시키기 위하여 우리나라 최초의 관광법규인 「관광사업진흥법」을 제정하여 관광질서를 확립함과 동시에 관광행정조직의 정비, 관광사업의 국제화 추진 등 관광사업 발전에 필요한 기반을 조성하였다.

1961년 8월 22일 제정 · 공포된 「관광사업진흥법」은 우리나라 관광의 획기적인 발전을 위한 최초의 관광법규이다. 이 법의 제정 당시에는 관광사업의 종류를 여행알선업, 관광호텔업, 통역안내업, 관광시설업 등 4가지로 구분하였으나, 1975년 12월 31일에 폐지될 때까지 4차에 걸친 개정을 통해 관광사업의 종류를 여행알선업, 통역안내업, 관광호텔업, 관광시설업, 토산품판매업, 관광교통업, 관광삭도업 등 7개 업종으로 구분하였다.

그러나 1975년 12월 31일에는 종전의 「관광사업진흥법」을 폐지함과 동시에 새로 제정된 「관광사업법」에서는 관광사업의 종류를 여행알선업, 관광숙박업, 관광객 이용시설업 등 3개 업종으로 축소하였던 것이나, 그 후 시대의 변천에 따라 여행형태가 다원화되고 관광객의 관광성향이 전문화되자 관광사업의 종류도 확대 · 조정할 필요가 있게 되었다.

이에 따라 1987년 7월 1일부터 시행된 「관광진흥법」에서는 관광사업의 종류를 여행업, 관광숙박업, 관광객 이용시설업, 국제회의용역업, 관광 편의시설업 등 5개 업종으로 구분하였고, 1994년 8월 3일에는 관광진흥법을 개정하여 종래 「사행행위등 규제 및 처벌특례법」에서 '사행행위영업(射倖行爲營業)'으로 규정하고 있

2) 조진호 · 우상철 공저, 최신관광법규론(서울: 백산출판사, 2018), pp.121~142.

던 카지노업을 관광사업의 일종으로 포함시켰다. 그리고 2020년 4월 28일부터는 한옥체험업이 관광 편의시설업에서 관광객 이용시설업으로 재분류되었다.

〈표 7-2〉「관광진흥법」에 따른 관광사업의 분류

<table>
<tr><th>종 류</th><th colspan="2">세분류</th></tr>
<tr><td>여행업</td><td colspan="2">종합여행업, 국내외여행업, 국내여행업</td></tr>
<tr><td rowspan="2">관광숙박업</td><td>호텔업</td><td>관광호텔업, 수상관광호텔업, 한국전통호텔업, 가족호텔업, 호스텔업, 소형호텔업, 의료관광호텔업</td></tr>
<tr><td colspan="2">휴양 콘도미니엄업</td></tr>
<tr><td rowspan="7">관광객 이용시설업</td><td>전문휴양업</td><td>민속촌, 해수욕장, 수렵장, 동물원, 식물원, 수족관, 온천장, 동굴자원, 수영장, 농어촌휴양시설, 활공장, 등록 및 신고 체육시설업 시설, 산림휴양시설, 박물관, 미술관</td></tr>
<tr><td>종합휴양업</td><td>제1종 종합휴양업, 제2종 종합휴양업</td></tr>
<tr><td colspan="2">야영장업(일반야영장업, 자동차야영장업)</td></tr>
<tr><td colspan="2">관광유람선업(일반관광유람선업, 크루즈업)</td></tr>
<tr><td colspan="2">관광공연장업</td></tr>
<tr><td colspan="2">외국인관광 도시민박업</td></tr>
<tr><td colspan="2">한옥체험업 〈2020.04.28. 재분류〉</td></tr>
<tr><td>국제회의업</td><td colspan="2">국제회의시설업, 국제회의기획업</td></tr>
<tr><td>카지노업</td><td colspan="2"></td></tr>
<tr><td>유원시설업</td><td colspan="2">종합유원시설업, 일반유원시설업, 기타유원시설업</td></tr>
<tr><td>관광 편의시설업</td><td colspan="2">관광유흥음식점업, 관광극장유흥업, 외국인전용 유흥음식점업, 관광식당업, 관광순환버스업, 관광사진업, 여객자동차터미널시설업, 관광펜션업, 관광궤도업, 관광면세업, 관광지원서비스업</td></tr>
</table>

1999년 1월 21일에는 「관광진흥법」의 전문개정(全文改正)이 있었는데, 종전의 국제회의용역업을 국제회의업으로 명칭을 변경하고 그 업무범위를 확대하였으며, 또 종래 「공중위생법」에 의하여 보건복지부장관의 소관으로 되어 있던 유원시설업을 문화체육관광부장관의 소관으로 이관하여 관광사업의 일종으로 규정하였다.

따라서 2020년 12월 말 현재 「관광진흥법」에서 규정하고 있는 관광사업의 종류는 여행업, 관광숙박업, 관광객 이용시설업, 국제회의업, 카지노업, 유원시설업, 관광 편의시설업 등 크게 7개 업종으로 구분하고 있으며(동법 제3조 1항), 동법시행령에서는 이를 각각의 종류별로 다시 세분하고 있다(동법시행령 제2조). 이를 도표화하면 위의 〈표 7-2〉와 같다.

2) 여행업

현행 「관광진흥법」에서의 여행업이란 "여행자 또는 운송시설 · 숙박시설, 그 밖에 여행에 딸리는 시설의 경영자 등을 위하여 그 시설이용의 알선이나 계약체결의 대리, 여행에 관한 안내, 그 밖의 여행 편의를 제공하는 업"을 말한다(동법 제3조 제1항 1호).

여행업은 사업의 범위 및 취급대상에 따라 종합여행업, 국내외여행업 및 국내여행업으로 구분하고 있다(동법시행령 제2조 제1항 1호).

(1) 종합여행업

국내외를 여행하는 내국인 및 외국인을 대상으로 하는 여행업으로 사증(査證: 비자)을 받는 절차를 대행하는 행위를 포함한다. 따라서 종합여행업자는 외국인의 국내 또는 국외여행과 내국인의 국외 또는 국내여행에 대한 업무를 모두 취급할 수 있다.

(2) 국내외여행업

국내외를 여행하는 내국인을 대상으로 하는 여행업으로 사증(査證: 비자)을 받는 절차를 대행하는 행위를 포함한다. 국내외여행업은 우리나라 국민의 아웃바운드(outbound) 여행(해외여행업무)과 더불어 내국인의 국내외여행에 대한 업무를 모두 취급할 수 있으나, 외국인 대상은 허용하지 않고 있다.

(3) 국내여행업

국내를 여행하는 내국인을 대상으로 하는 여행업을 말한다. 따라서 국내여행업은 내국인을 대상으로 한 국내여행에 국한하고 있어 외국인을 대상으로 하거나 또는 내국인을 대상으로 한 국외여행업은 허용하지 않고 있다.

3) 관광숙박업

현행 「관광진흥법」은 관광숙박업을 호텔업과 휴양 콘도미니엄업으로 나누고(제3조 1항 2호), 호텔업을 다시 세분하고 있다(동법시행령 제2조 1항 2호).

(1) 호텔업

호텔업이란 관광객의 숙박에 적합한 시설을 갖추어 이를 관광객에게 제공하거나 숙박에 딸리는 음식 · 운동 · 오락 · 휴양 · 공연 또는 연수에 적합한 시설 등을 함께 갖추어 이를 이용하게 하는 업을 말한다.

호텔업은 운영형태, 이용방법 또는 시설구조에 따라 관광호텔업, 수상관광호텔업, 한국전통호텔업, 가족호텔업, 호스텔업, 소형호텔업, 의료관광호텔업 등으로 세분하고 있다.

(가) 관광호텔업

관광호텔업은 관광객의 숙박에 적합한 시설을 갖추어 관광객에게 이용하게 하고 숙박에 딸린 음식 · 운동 · 오락 · 휴양 · 공연 또는 연수에 적합한 시설 등(이하 "부대시설"이라 한다)을 함께 갖추어 관광객에게 이용하게 하는 업(業)을 말한다.

한 때는 관광호텔업을 종합관광호텔업과 일반관광호텔업으로 세분한 적도 있었으나, 2003년 8월 「관광진흥법 시행령」을 개정하면서 이를 통합하여 관광호텔업으로 단일화한 것이다.

(나) 수상관광호텔업

수상관광호텔업은 수상에 구조물 또는 선박을 고정하거나 매어 놓고 관광객의 숙박에 적합한 시설을 갖추거나 부대시설을 함께 갖추어 관광객에게 이용하게 하는 업으로서, 수려한 해상경관을 볼 수 있도록 해상에 구조물 또는 선박을 개조하여 설치한 숙박시설을 말한다. 만일 노후선박을 개조하여 숙박에 적합한 시설을 갖추고 있더라도 동력(動力)을 이용하여 선박이 이동할 경우에는 이는 관광호텔이 아니라 선박으로 인정된다.

우리나라에는 2000년 7월 20일 최초로 부산 해운대구에 객실수 53실의 수상관광호텔이 등록된 바 있으나, 그 후 2003년 태풍으로 인해 멸실되어 현재는 존재하지 않는다.

(다) 한국전통호텔업

한국전통호텔업은 한국전통의 건축물에 관광객의 숙박에 적합한 시설을 갖추거나 부대시설을 함께 갖추어 관광객에게 이용하게 하는 업을 말한다.

현재 우리나라에서 운영되고 있는 관광호텔은 모두가 서양식의 구조와 설비를 갖추고 있어 외국인관광객이 한국고유의 전통적 숙박시설을 이용할 수 없는 것이 오늘의 현실이다. 따라서 외국인관광객의 수요에 대처하기 위하여 한국고유의 전통건축 양식에 한국적 분위기를 풍길 수 있는 객실과 정원을 갖추고 한국전통요리를 제공하도록 한 것이 한국전통호텔업이다.

우리나라에는 1991년 7월 26일 최초로 제주도 중문관광단지 내에 객실수 26실의 한국전통호텔(씨에스호텔앤리조트)이 등록된 이래 2003년 10월 전남 구례에 지리산가족호텔(124실), 2004년 5월에는 인천에 을왕관광호텔(44실)이 등록되었고, 2010년 7월 5일에는 경북 경주시에 (주)신라밀레니엄 라(羅)궁 16실, 2011년 10월에는 전남 영광에 한옥호텔 영산재 21실이 등록된 바 있어, 2021년 2분기 기준 전국 8개소에 202실이 운영되고 있다.

(라) 가족호텔업

가족호텔업은 가족단위 관광객의 숙박에 적합하도록 숙박시설 및 취사도구를 갖추어 관광객에게 이용하게 하거나 숙박에 딸린 음식 · 운동 · 휴양 또는 연수에 적합한 시설을 함께 갖추어 관광객에게 이용하게 하는 업을 말한다.

경제성장으로 인한 국민소득수준의 향상은 다수 국민으로 하여금 여가활동을 향유케 함으로써 가족단위 관광의 증가를 가져왔는데, 이에 따라 가족호텔도 급격히 증가하게 되었다. 이에 정부는 증가된 가족단위의 관광수요에 부응하여 국민복지 차원에서 저렴한 비용으로 가족관광을 영위할 수 있게 하기 위하여 가족호텔 내에는 취사장, 운동 · 오락시설 및 위생설비를 겸비토록 하고 있다.

(마) 호스텔업

호스텔업은 배낭여행객 등 개별 관광객의 숙박에 적합한 시설로서 샤워장, 취사장 등의 편의시설과 외국인 및 내국인 관광객을 위한 문화·정보 교류시설 등을 함께 갖추어 이용하게 하는 업을 말한다. 이는 2009년 10월 7일 「관광진흥법 시행령」 개정 때 호텔업의 한 종류로 신설되었는데, 2010년 12월 21일 최초로 제주도에 객실수 36실의 호스텔이 등록되었으며, 2011년도에는 제주도 4개소 81실, 인천광역시에 1개소 15실이 등록되는 등 2019년 12월 31일 기준으로 전국 728개소, 객실수 11,892개로 운영되고 있다.

(바) 소형호텔업

관광객의 숙박에 적합한 시설을 소규모로 갖추고 숙박에 딸린 음식·운동·휴양 또는 연수에 적합한 시설을 함께 갖추어 관광객에게 이용하게 하는 업을 말한다. 이는 외국인관광객 1,200만명 시대를 맞이하여 관광숙박서비스의 다양성을 제고하고 부가가치가 높은 고품격의 융·복합형 관광산업을 집중적으로 육성하기 위하여 2013년 11월 「관광진흥법 시행령」 개정 때 호텔업의 한 종류로 신설된 것으로, 소형호텔업에 대한 투자를 활성화시켜 관광숙박서비스의 다양성을 제고하고 관광숙박시설을 확충하는 데 기여할 것으로 기대되고 있다. 2019년 12월 31일 기준으로 전국 36개소, 객실수 937개로 운영되고 있다.

(사) 의료관광호텔업

의료관광객의 숙박에 적합한 시설 및 취사도구를 갖추거나 숙박에 딸린 음식·운동 또는 휴양에 적합한 시설을 함께 갖추어 관광객에게 이용하게 하는 업을 말한다. 이는 외국인관광객 1,200만명 시대를 맞이하여 관광숙박서비스의 다양성을 제고하고 부가가치가 높은 고품격의 융·복합형 관광산업을 집중적으로 육성하기 위하여 2013년 11월 「관광진흥법 시행령」 개정 때 호텔업의 한 종류로 신설된 것으로, 의료관광객의 편의를 도모함은 물론 의료관광 활성화에 기여할 것으로 기대되고 있다.

(2) 휴양 콘도미니엄업

휴양 콘도미니엄업이란 관광객의 숙박과 취사에 적합한 시설을 갖추어 이를 그 시설의 회원이나 공유자, 그 밖의 관광객에게 제공하거나 숙박에 딸리는 음식 · 운동 · 오락 · 휴양 · 공연 또는 연수에 적합한 시설 등을 함께 갖추어 이를 이용하게 하는 업을 말한다(관광진흥법 제3조 제1항 2호).

본래 콘도미니엄(Condominium)은 1957년 스페인에서 기존호텔에 개인의 소유개념을 도입하여 개발한 것이 그 시초이며, 1950년대 이탈리아에서 중소기업들이 종업원들의 복리후생을 위해 회사가 공동투자를 하여 연립주택이나 호텔형태로 지은 별장식 가옥을 10여 명이 소유하는 공동휴양시설로 개발한 것이 그 효시라고 한다.

우리나라는 1981년 4월 (주)한국콘도에서 경주보문단지 내에 있는 25평형 103실을 분양한 것이 콘도미니엄의 시초인데, 1982년 12월 31일에는 휴양 콘도미니엄업을 「관광진흥법」상의 관광숙박업종으로 신설한 후 오늘에 이르고 있다. 2019년 12월 31일 기준으로 전국 235개 업체에 47,938실이 운영되고 있다.

4) 관광객 이용시설업

관광객 이용시설업이란 ① 관광객을 위하여 음식 · 운동 · 오락 · 휴양 · 문화 · 예술 또는 레저 등에 적합한 시설을 갖추어 이를 관광객에게 이용하게 하는 업 또는 ② 대통령령으로 정하는 2종 이상의 시설과 관광숙박업의 시설(이하 "관광숙박시설"이라 한다) 등을 함께 갖추어 이를 회원이나 그 밖의 관광객에게 이용하게 하는 업을 말한다.

현행 「관광진흥법」은 관광객 이용시설업의 종류를 전문휴양업, 종합휴양업(제1종, 제2종), 야영장업(일반야영장업, 자동차야영장업), 관광유람선업(일반관광유람선업, 크루즈업), 관광공연장업, 외국인관광 도시민박업, 한옥체험업 등으로 구분하고 있다. 기존의 외국인전용 관광기념품판매업은 2014년 7월 16일 「관광진흥법 시행령」 개정 때 관광객 이용시설업에서 제외되었다. 또한 2020년 4월 28일 한옥체험업을 관광 편의시설업에서 이용시설업으로 재분류하였다.

(1) 전문휴양업

관광객의 휴양이나 여가선용을 위하여 「공중위생관리법 시행령」상의 '숙박업시설'[3]이나 「식품위생법 시행령」상의 '음식점시설'[4]을 갖추고 「관광진흥법 시행령」 〈별표 1〉 제4호에 규정된 '전문휴양시설'[5] 중 1종류의 시설을 갖추어 관광객에게 이용하게 하는 업을 말한다.

이러한 전문휴양업은 민간자본에 의해 다양한 시설들이 개발되고 있는데, 경기도 용인의 서울랜드, 부산의 부산아쿠아리움, 경북의 신라밀레니엄파크, 인천의 송도유원지, 전남의 금호화순리조트 등이 있다.

(2) 종합휴양업

(가) 제1종 종합휴양업

관광객의 휴양이나 여가선용을 위하여 숙박시설 또는 음식점시설을 갖추고 전문휴양시설 중 2종류 이상의 시설을 갖추어 관광객에게 이용하게 하는 업이나, 숙박시설 또는 음식점시설을 갖추고 전문휴양시설 중 1종류 이상의 시설과 종합유원시설업의 시설을 갖추어 이를 관광객에게 이용하게 하는 업을 말한다.

제1종 종합휴양업에는 부산의 신세계샌텀시티, 경기도 용인의 한국민속촌, 서울의 롯데월드, 강원도의 남이섬, 대구의 스파벨리, 충남의 천안상록리조트 등이 있다.

(나) 제2종 종합휴양업

관광객의 휴양이나 여가선용을 위하여 관광숙박업의 등록에 필요한 시설과 제

---

3) 숙박업시설이란 「공중위생관리법 시행령」 제2조제1항 제1호(농어촌에 설치된 민박사업용시설) 및 제2호(자연휴양림 안에 설치된 시설)의 시설을 포함하며, 이를 "숙박시설"이라 한다.

4) 음식점시설이란 「식품위생법 시행령」 제21조 제8호 가목 · 나목 또는 바목의 규정에 따른 휴게음식점영업, 일반음식점영업 또는 제과점영업의 신고에 필요한 시설을 말한다.

5) 전문휴양시설은 「관광진흥법 시행령」 제5조 관련 〈별표 1〉 제4호에 규정돼 있는 16개의 개별시설을 말하는데, 민속촌, 해수욕장, 수렵장, 동물원, 식물원, 수족관, 온천장, 동굴자원, 수영장, 농어촌휴양시설, 활공장, 등록 및 신고 체육시설업시설(골프장 등 9종의 체육시설 갖출 것), 산림휴양시설(자연휴양림 및 수목원의 시설 갖출 것), 박물관 및 미술관 등이다.

1종 종합휴양업 등록에 필요한 2종류 이상의 전문휴양시설 또는 전문휴양시설 중 1종류 이상의 시설 및 종합유원시설업의 시설을 함께 갖추어 이를 관광객에게 이용하게 하는 업을 말한다.

제2종 종합휴양업에는 서울의 한화호텔앤드리조트, 강원도의 용평리조트, 보광휘닉스파크, 전북의 무주덕유산리조트 등이 있다.

(3) 야영장업

야영에 적합한 시설 및 설비 등을 갖추고 야영편의를 제공하는 시설(「청소년활동진흥법」 제10조제1호 마목에 따른 청소년야영장은 제외한다)을 관광객에게 이용하게 하는 업을 말하는데, 「관광진흥법」은 일반야영장업과 자동차야영장업으로 세분하고 있다. 종전에는 자동차야영장업만을 관광사업으로 등록하도록 하였으나, 일반야영장이 증가하고 있음에 따라 야영장의 안전관리 및 이용자들의 안전도모를 위해 일반야영장업도 관광사업으로 등록할 수 있게 한 것이다(동법시행령 제2조 제1항 제3호 다목).

(가) 일반야영장업

야영장비 등을 설치할 수 있는 공간을 갖추고 야영에 적합한 시설을 함께 갖추어 관광객에게 이용하게 하는 업을 말한다.

(나) 자동차야영장업

자동차를 주차하고 그 옆에 야영장비 등을 설치할 수 있는 공간을 갖추고 취사 등에 적합한 시설을 함께 갖추어 자동차를 이용하는 관광객에게 이용하게 하는 업을 말한다.

(4) 관광유람선업

2008년 8월 「관광진흥법 시행령」 개정 때 종전의 관광유람선업을 일반관광유람선업과 크루즈업으로 세분한 것이다(동법시행령 제2조 제1항 제3호 사목).

(가) 일반관광유람선업

「해운법」에 따른 해상여객운송사업의 면허를 받은 자나 「유선(遊船) 및 도선

사업법(渡船事業法)」에 따른 유선(遊船)사업의[6] 면허를 받거나 신고한 자가 선박을 이용하여 관광객에게 관광을 할 수 있도록 하는 업을 말한다.

(나) 크루즈업

「해운법」에 따른 순항(順航) 여객운송사업이나 복합 해상여객운송사업의 면허를 받은 자가 해당 선박 안에 숙박시설, 위락시설 등 편의시설을 갖춘 선박을 이용하여 관광객에게 관광을 할 수 있도록 하는 업을 말한다.

(5) 관광공연장업

관광객을 위하여 공연시설을 갖추고 한국전통가무가 포함된 공연물을 공연하면서 관광객에게 식사와 주류를 판매하는 업을 말한다. 관광공연장업은 1999년 5월 10일 「관광진흥법 시행령」을 개정할 때 신설한 업종으로서 실내관광공연장과 실외관광공연장을 설치 · 운영할 수 있다.

(6) 외국인관광 도시민박업

외국인관광 도시민박업이란 「국토의 계획 및 이용에 관한 법률」(이하 "국토계획법"이라 한다) 제6조제1호에 따른 도시지역(「농어촌정비법」에 따른 농어촌지역 및 준농어촌지역은 제외한다)의 주민이 자신이 거주하고 있는 단독주택 또는 다가구주택(건축법 시행령 별표 1 제1호 가목 또는 다목)과 아파트, 연립주택 또는 다세대주택(건축법 시행령 별표 1 제2호 가목, 나목 또는 다목)을 이용하여 외국인 관광객에게 한국의 가정문화를 체험할 수 있도록 적합한 시설을 갖추고 숙식 등을 제공하는 사업을 말하는데, 종전까지는 외국인관광 도시민박업의 지정을 받으면 외국인 관광객에게만 숙식 등을 제공할 수 있었으나, 도시재생활성화계획에 따라 마을기업(「도시재생 활성화 및 지원에 관한 특별법」〈약칭 "도시재생법"〉 제2조제6호 · 제9호에 따른)이 운영하는 외국인관광 도시민박업의 경우에는 외국인 관광객에게 우선하여 숙식 등을 제공하되, 외국인 관광객의 이용에 지장을 주지 아니하는 범위에서 해당 지역을

6) 유선(遊船)사업이라 함은 유선 및 유선장을 갖추고 하천 · 호소(湖沼) 또는 바다에서 어렵(漁獵) · 관광 기타 유락(遊樂)을 위하여 선박을 대여하거나 유락하는 사람을 승선시키는 것을 영업으로 하는 것으로서 「해운법」의 적용을 받지 아니하는 것을 말하고, 도선(渡船)사업이란 도선 및 도선장을 갖추고 하천 · 호소 또는 대통령령이 정하는 바다목에서 사람 또는 사람과 물건을 운송하는 것을 영업으로 하는 것으로서 「해운법」의 적용을 받지 아니하는 것을 말한다.

방문하는 내국인 관광객에게도 그 지역의 특성화된 문화를 체험할 수 있도록 숙식 등을 제공할 수 있게 하였다.

여기서 "마을기업"이란 지역주민 또는 단체가 해당 지역의 인력, 향토, 문화, 자연자원 등 각종 자원을 활용하여 생활환경을 개선하고 지역공동체를 활성화하여 소득 및 일자리를 창출하기 위하여 운영하는 기업을 말한다.

지금까지 외국인관광 도시민박업은 신고등 다른 법률에 따른 별도의 관리체계 없이 관광 편의시설업의 업종으로 분류되어 관리가 불충분한 측면이 있었는데, 2016년 3월 22일「관광진흥법 시행령」 개정 때 이를 관광객 이용시설업으로 재분류함으로써 그 관리체계를 강화하였다.

(7) 한옥체험업

한옥(주요 구조부가 목조구조로서 한식기와 등을 사용한 건축물 중 고유의 전통미를 간직하고 있는 건축물과 그 부속시설을 말한다)에 숙박 체험에 적합한 시설을 갖추어 관광객에게 이용하게 하거나, 숙박 체험에 딸린 식사 체험 등 그 밖의 전통문화 체험에 적합한 시설을 함께 갖추어 관광객에게 이용하게 하는 업을 말한다.

5) 국제회의업

국제회의업이란 대규모 관광수요를 유발하는 국제회의(세미나 · 토론회 · 전시회 등을 포함한다)를 개최할 수 있는 시설을 설치 · 운영하거나 국제회의 계획 · 준비 · 진행 등의 업무를 위탁받아 대행하는 업을 말한다(관광진흥법 제3조 제1항 제4호). 국제회의업은 국제회의시설업과 국제회의기획업으로 분류하고 있다(동법시행령 제2조 제4호).

(1) 국제회의시설업

대규모 관광수요를 유발하는 국제회의를 개최할 수 있는 시설을 설치 · 운영하는 업을 말하는데(관광진흥법 시행령 제2조 제1항 제4호), 첫째,「국제회의산업 육성에 관한 법률 시행령」 제3조에 따른 회의시설(전문회의시설 · 준회의시설) 및 전시시설의 요건을 갖추고 있을 것과, 둘째, 국제회의의 개최 및 전시의 편의를 위하여 부대시설(주차시설, 쇼핑 · 휴식시설)을 갖추고 있을 것을 요구하고 있다(관광진흥법 시행령 제5조 관련 [별표 1] 참조).

(2) 국제회의기획업

대규모 관광수요를 유발하는 국제회의의 계획 · 준비 · 진행 등의 업무를 위탁받아 대행하는 업을 말한다(관광진흥법 시행령 제2조 제1항 제4호). 우리나라 국제회의업은 '국제회의용역업'이라는 명칭으로 1986년에 처음으로 「관광진흥법」상의 관광사업으로 신설되었던 것이나, 1998년에 동법을 개정하여 종전의 '국제회의용역업'을 '국제회의기획업'으로 명칭을 변경하고 여기에 '국제회의시설업'을 추가하여 '국제회의업'으로 업무범위를 확대하여 오늘에 이르고 있다.

6) 카지노업

카지노업이란 전문영업장을 갖추고 주사위 · 트럼프 · 슬롯머신 등 특정한 기구(機具) 등을 이용하여 우연의 결과에 따라 특정인에게 재산상의 이익을 주고 다른 참가자에게 손실을 주는 행위 등을 하는 업을 말한다(관광진흥법 제3조 제1항 제5호).

우리나라 카지노 설립의 근거가 된 최초의 법률은 1961년 11월 1일에 제정된 「복표발행현상기타사행행위단속법」이다. 이 법은 1991년 3월에 「사행행위등 규제 및 처벌특례법」으로 개정되면서 카지노업을 사행행위영업으로 규정하고, 이에 대한 허가 등 행정권한을 지방경찰청장에게 부여해왔으나, 현실적으로 카지노업이 관광외화 획득뿐만 아니라 외국인관광객 유치에도 기여하는 바가 크기 때문에 이를 관광사업으로 육성하기 위하여 1994년 8월 3일 「관광진흥법」을 개정하여 관광사업의 일종으로 전환 규정함으로써 이때부터 문화체육관광부에서 허가권과 지도 · 감독권을 갖게 되었다(동법 제21조).

다만, 제주도에서는 2006년 7월부터 「제주특별자치도 설치 및 국제자유도시 조성을 위한 특별법」(이하 "제주특별법"이라 한다)이 제정 · 시행됨에 따라 '제주자치도'에서 외국인전용 카지노업을 경영하려는 자는 '도지사'의 허가를 받아야 한다(제주특별법 제244조).

현행 「관광진흥법」에 의거한 카지노업은 내국인 출입을 허용하지 않는 것을 기본으로 하고 있는데(제28조 제1항 제4호), 예외적으로 「폐광지역개발지원에 관한 특별법」(이하 "폐광지역법"이라 한다)에 의거 폐광지역의 경기활성화와 지역주민의 고용확대 및 외화유출 방지 등을 목적으로 내국인이 출입할 수 있는 강원랜드 스몰카지노가 2000년 10월에 개관되었고, 2003년 3월 28일에는 메인카지노를 강원도 정선군 고한읍 현 위치로 이전 개장하였다.

"폐광지역법"은 2005년 12월 31일까지 효력을 가지는 한시법(限時法)으로 되어 있었으나(동법 부칙 제2조), 그 시한을 10년간 연장하여(개정 2005.3.31.) 2015년 12월 31일까지 효력을 갖도록 하였던 것을, 다시 10년간 연장하여(개정 2012.1.26.) 2025년 12월 31일까지 효력을 갖도록 하였다.

우리나라 카지노업체 현황을 살펴보면 2021년 4월 말 기준으로 전국에 17개 업체가 운영 중에 있는데, 이 중에서 외국인전용 카지노가 16개 업체이고(지역별로는 서울 3개소, 부산 2개소, 인천 1개소, 강원〈알펜시아카지노〉 1개소, 대구에 1개소, 제주에 8개소), 내국인 출입이 가능한 카지노는 강원랜드카지노 1개소가 운영 중에 있다.

7) 유원시설업

유원시설업(遊園施設業)은 유기시설(遊技施設)이나 유기기구(遊技機具)를 갖추어 이를 관광객에게 이용하게 하는 업(다른 영업을 경영하면서 관광객의 유치 또는 광고 등을 목적으로 유기시설이나 유기기구를 설치하여 이를 이용하게 하는 경우를 포함한다)을 말한다(관광진흥법 제3조 1항 6호). 현행 「관광진흥법」상의 유원시설업은 종합유원시설업, 일반유원시설업, 기타유원시설업으로 분류하고 있다(동법시행령 제2조 제1항 제5호).

(1) 종합유원시설업

유기시설이나 유기기구를 갖추어 관광객에게 이용하게 하는 업으로서 대규모의 대지 또는 실내에서 「관광진흥법」 제33조에 따른 안전성검사 대상 유기시설 또는 유기기구 여섯 종류 이상을 설치하여 운영하는 업을 말한다.

(2) 일반유원시설업

유기시설이나 유기기구를 갖추어 관광객에게 이용하게 하는 업으로서 「관광진흥법」 제33조에 따른 안전성검사 대상 유기시설 또는 유기기구 한 종류 이상을 설치하여 운영하는 업을 말한다.

(3) 기타유원시설업

유기시설이나 유기기구를 갖추어 관광객에게 이용하게 하는 업으로서 「관광진흥법」 제33조에 따른 안전성검사 대상이 아닌 유기시설 또는 유기기구를 설치하여 운영하는 업을 말한다.

8) 관광 편의시설업

관광 편의시설업은 앞에서 설명한 관광사업(여행업, 관광숙박업, 관광객 이용시설업, 국제회의업, 카지노업, 유원시설업) 외에 관광진흥에 이바지할 수 있다고 인정되는 사업이나 시설 등을 운영하는 업(관광진흥법 제3조 제1항 제7호)을 말한다. 이는 비록 다른 관광사업보다 관광객의 이용도가 낮거나 시설규모는 작지만, 다른 사업 못지않게 관광진흥에 기여할 수 있다고 보아 인정된 사업이라고 하겠다.

관광 편의시설업을 경영하려는 자는 문화체육관광부령으로 정하는 바에 따라 특별시장 · 광역시장 · 특별자치시장 · 도지사 · 특별자치도지사(이하 "시 · 도지사"라 한다) 또는 시장 · 군수 · 구청장의 지정을 받을 수 있는데(관광진흥법 제6조), 그 종류는 다음과 같다(동법시행령 제2조 제1항 제6호).

(1) 관광유흥음식점업

식품위생 법령에 따른 유흥주점영업의 허가를 받은 자가 관광객이 이용하기 적합한 한국전통 분위기의 시설을 갖추어 그 시설을 이용하는 자에게 음식을 제공하고 노래와 춤을 감상하게 하거나 춤을 추게 하는 업을 말한다.

(2) 관광극장유흥업

식품위생 법령에 따른 유흥주점 영업의 허가를 받은 자가 관광객이 이용하기 적합한 무도(舞蹈)시설을 갖추어 그 시설을 이용하는 자에게 음식을 제공하고 노래와 춤을 감상하게 하거나 춤을 추게 하는 업을 말한다.

(3) 외국인전용 유흥음식점업

식품위생 법령에 따른 유흥주점영업의 허가를 받은 자가 외국인이 이용하기 적합한 시설을 갖추어 그 시설을 이용하는 자에게 주류나 그 밖의 음식을 제공하고 노래와 춤을 감상하게 하거나 춤을 추게 하는 업을 말한다.

(4) 관광식당업

식품위생 법령에 따른 일반음식점영업의 허가를 받은 자가 관광객이 이용하기 적합한 음식 제공시설을 갖추고 관광객에게 특정 국가의 음식을 전문적으로 제공하는 업을 말한다.

(5) 관광순환버스업

「여객자동차 운수사업법」에 따른 여객자동차운송사업의 면허를 받거나 등록을 한 자가 버스를 이용하여 관광객에게 시내와 그 주변 관광지를 정기적으로 순회하면서 관광할 수 있도록 하는 업을 말하는데, 지정기준으로 안내방송 등 외국어 안내서비스가 가능한 체제를 갖출 것을 요구하고 있다.

(6) 관광사진업

외국인 관광객과 동행하며 기념사진을 촬영하여 판매하는 업을 말한다. 관광사진업을 운영하기 위해서는 사진촬영기술이 풍부한 자 및 외국어 안내서비스가 가능한 체제를 갖추어야 한다.

(7) 여객자동차터미널시설업

「여객자동차 운수사업법」에 따른 여객자동차터미널사업의 면허를 받은 자가 관광객이 이용하기 적합한 여객자동차터미널시설을 갖추고 이들에게 휴게시설 · 안내시설 등 편익시설을 제공하는 업을 말한다.

(8) 관광펜션업

숙박시설을 운영하고 있는 자가 자연 · 문화 체험관광에 적합한 시설을 갖추어 관광객에게 이용하게 하는 업을 말한다(관광진흥법 시행령 제2조 제6호). 이는 2003년 8월 「관광진흥법 시행령」 개정 때 새로 추가된 업종으로 새로운 숙박형태의 소규모 고급민박시설이지만, 관광숙박업의 세부업종이 아님을 유의하여야 한다.

그러나 「제주특별자치도 설치 및 국제자유도시 조성을 위한 특별법」(이하 "제주특별법"이라 한다)을 적용받는 지역에서는 관광펜션업의 규정은 적용하지 아니한다

(관광진흥법 시행령 제2조 2항). “제주특별법”에서는 관광펜션업 대신에 ‘휴양펜션업’을 규정하고 있기 때문이다. 따라서 제주자치도에서 휴양패션업을 하고자 하는 자는 당해 사업에 대한 사업계획의 승인을 받아 도지사에게 등록하여야 한다(제주특별법 제244조).

(9) 관광궤도업

「궤도운송법」에 따른 궤도사업의 허가를 받은 자가 주변 관람과 운송에 적합한 시설을 갖추어 이를 관광객에게 이용하게 하는 업을 말한다. 이는 궤도차량인 케이블카 등을 설치 · 운행하는 사업으로 안내방송 등 외국어 안내서비스가 가능한 체제를 갖추고 있어야 하는데(관광진흥법 시행규칙 제14조 관련 별표 2), 종래의 「삭도 · 궤도법」이 전부 개정되어 「궤도운송법」으로 법의 명칭이 변경됨에 따라 2009년 11월 2일 「관광진흥법 시행령」 개정 때 종전의 ‘관광삭도업’을 ‘관광궤도업’으로 명칭이 변경된 것이다.

(10) 관광면세업

보세판매장의 특허를 받은 자 또는 면세판매장의 지정을 받은 자가 판매시설을 갖추어 관광객에게 면세물품을 판매하는 업을 말한다(관광진흥법 시행령 제2조 제1항 제6호 카목). 이는 2016년 3월 22일 「관광진흥법 시행령」 개정 때 새로 추가된 업종으로, 관광면세업을 관광사업의 업종에 포함시켜 관광면세업에 대한 관광진흥개발기금의 지원이 가능하게 함으로써 관광면세업을 체계적으로 관리 · 육성할 수 있도록 하려는 데 목적이 있다.

관광면세업의 지정기준을 살펴보면 첫째, 외국어 안내서비스가 가능한 체제를 갖출 것, 둘째, 한 개 이상의 외국어로 상품명 및 가격 등 관련 정보가 명시된 전체 또는 개별 안내판을 갖출 것, 셋째, 주변교통의 원활한 소통에 지장을 초래하지 않을 것 등이다.

제3절 여행사업

일반적으로 여행사 또는 여행대리점이라고도 불려지고 있는 여행업이란 여행자와 교통기관 · 숙박시설 등 여행과 관계를 가지는 여러 산업과의 사이에 위치하여 여행자의 이익과 편의를 제공하는 비즈니스를 말한다.

오늘날 관광하는 사람은 대부분 이 영업의 서비스를 이용하고 있고, 특히 해외여행의 경우는 이 영업을 이용하지 않는 예가 드물다고 말할 수 있다.

여행자의 편의를 도모한다는 비즈니스로서의 여행업의 역할은 매스 투어리즘(mass tourism)의 시대에 있어서 대단히 중요한 것이 되었고, 또 여행상품의 개발 등으로 말미암아 현대관광을 선도하는 확실한 하나의 사업으로 그 영역을 확대하고 있다.

1. 여행업의 역사

1) 세계 여행업의 발전

근대 여행업은 1845년 영국인 Thomas Cook에 의해 토마스 쿡社(Thomas Cook & Son Co.)가 설립되어 광고에 의해 단체관광단을 모집한 데서 비롯되었다. 그 당시에는 이를 Excursion Agent라고 하였다. 그 후 미국에서 1850년에 아메리칸 익스프레스사(American Express Company)가 설립되었는데, 처음에는 운송업과 우편업무만을 취급하였으나 후에 금융업과 여행업으로 사업을 확장하면서 1891년에는 여행자수표(Traveler's Check; 약자로 T/C라 쓴다) 제도를 본격적으로 실시하였다. 또한 아메리칸 익스프레스사는 여행비용을 분할 지급하는 할부여행(Credit Tour) 제도를 실시하여 새로운 관광수요를 창출하고 이에 성공을 거둠으로써 여행업자로서의 입지를 굳혔다.

제2차 세계대전 전까지는 주로 철도와 선박 등의 교통기관을 이용한 여행업이 주종을 이루었으나, 제2차 세계대전 이후 항공기의 발달은 관광객의 대량수송과 장거리의 관광을 신속하게 만들었고 이로 인하여 여행업의 수가 급격히 증가하였다.

세계적으로 널리 알려진 여행사로는 독일의 독일여행사(Deutsches Reisebiiro), 이탈리아의 이탈리아여행사(Compagnia Italiana Turismo)와 러시아의 국영여행사 인투어리스트(Intourist), 그리고 일본 최대의 여행사인 JTB(Japan Tourist Bureau; 일본교통공사) 등이 있다.

2) 우리나라 여행업의 발전과정

우리나라에서 여행사가 처음으로 설립된 것은 1910년에 압록강 가교공사의 준공개통으로 철도이용객이 증가함에 따라 일본의 JTB(Japan Tourist Bureau; 일본교통공사)가 1914년에 조선지사(현 대한여행사의 전신)를 설치한 것이 그 시초라고 하겠다.

이것은 일본의 식민지정책의 일환으로서 설치된 것이며, 일본은 자국 내 거주자의 한국여행을 권유하기 위하여 '조선의 저녁'이란 프로그램을 마련하여 자국 내 주요 도시의 각 극장에서 상영하면서 한국여행의 안내선전을 하였고, 이 지사를 통해 많은 일본인이 한반도에 이주할 수 있도록 이동의 편의를 제공하였다. 한편, 우리나라의 여행업은 철도의 개통으로 활발해지기 시작하였으며, 일본의 식민지정책의 일환으로 태동하였던 것이다.

광복 후 1950년을 전후로 하여 대한여행사가 새로이 창설되고, 온양, 서귀포, 설악산, 불국사, 해운대 등에 호텔이 개업함으로써 여행업도 본격적인 궤도에 오를 계기가 마련되었으나, 6 · 25전쟁으로 말미암아 1960년대 이전에 있어서는 발전을 하지 못하였다.

그러나 1961년에 우리나라 최초의 관광법규인 「관광사업진흥법」이 제정 · 공포됨으로써 제도면의 체제정비가 이루어지고, 여행업에 대한 행정적인 뒷받침이 가능하게 되었는데, 1962년 4월에 제정된 「국제관광공사법」에 따라 설립된 국제관광공사(현 한국관광공사의 전신)가 1963년 2월에 대한여행사를 인수 · 합병하여 운영해오다가 1973년 6월 30일 민영화로 현재의 대한여행사(Korean Travel

Bureau; KTB)라는 명칭으로 운영되고 있다.

그 후 1965년에는 서울에서 처음으로 제14차 아시아 · 태평양관광협회(PATA) 연차총회를 개최함으로써 우리나라의 관광사업을 국제시장에 진출시키는 새로운 계기를 마련하였고, 또한 홍콩에서 개최되는 미주여행업협회(ASTA)의 총회에 국제관광공사, 세방여행사 등 6개 단체가 참가하여 정회원으로 가입하게 됨으로써 이 때부터 우리나라 여행업도 획기적인 발전을 가져오게 되었다.

한편, 1977년에는 「관광사업법」의 개정에 의하여 일반여행업에서 국제여행알선업으로 개정되고 그 동안의 등록제가 허가제로 되었다. 1982년 4월에는 다시 「관광사업법」의 개정으로 종전의 허가제가 다시 등록제로 바뀌었고, 1989년에는 해외여행 완전자유화조치 및 자본주의의 시장경제원리에 입각한 제도의 운영으로 여행사의 수가 급증하여 격심한 경쟁시대가 되었다.

1990년대 중반 이후는 일반인, 신혼여행객의 해외여행뿐만 아니라 대학생들의 배낭여행을 시발로 중 · 장년층의 배낭여행 등 다양한 형태의 여행이 각광을 받기 시작하여, 전국민의 여행화 · 레저화로 인한 대중여행시대가 개막되기에 이르렀다.

2000년대에 들어와서는 2001년 '한국방문의 해'와 2002년 한 · 일 월드컵 축구대회 개최의 파급효과로 많은 외래관광객을 유치하여 관광업계의 모든 관련 산업들이 상승곡선을 그렸으며, 침체된 금강산 관광도 육로관광으로 재도약을 맞이하게 되었다. 2003년에는 SARS, 이라크전쟁, 조류독감 등 악재가 잇달아 발생하여 국제적으로 관광산업이 침체됨으로써 우리나라 여행업계도 잠시 위축되었지만, 대형 여행사들을 중심으로 한 적극적인 노력의 결과로 2005년에는 외래관광객 600만명을 돌파하였으며, 90년대 단체여행에서 탈피한 개별여행객의 증가, 여행구매 연령층의 확대, 생활수준의 향상에 따른 여가문화 정착 등으로 여행시장은 계속 확대되고 있다.

우리나라 여행업의 발전에 있어서 특기할 사실은, 2012년에 들어와 한국을 방문한 외래관광객이 1,114만명을 기록하면서 드디어 외래관광객 1,000만명 시대가 개막되었다. 외래관광객 1,000만명 달성은 우리나라가 세계 관광대국으로 진입하고 있음을 알리는 쾌거인 동시에, 우리나라 관광산업이 이제 양적 성장만이 아니라 질적 성장까지도 함께 이룩해야 한다는 과제를 안겨주었다.

2013년에 들어와서는 외국인 관광객 1,200만명을 돌파하였고, 2014년에는 전년 대비 16.6%의 성장률을 보이며 1,400만명을 돌파하여 역대 최대 규모를 다시 한번 기록하였다.

그러나 2015년에 들어와서는 메르스(MERS, 중등호흡기증후군)의 영향 등으로 전년 대비 6.8% 감소한 1,323만명을 기록하여 한때 외래관광객 유치에 위기를 맞기도 했으나, 2016년에 들어와 전년 대비 31.2% 증가한 1,720만명을 유치함으로써 역대 최고치를 기록하였다. 이러한 성과는 더욱 수준 높은 서비스를 제공하기 위해 힘써온 관광업계의 노력과 관광분야를 5대 유망 서비스산업으로 선정하여 집중적으로 육성해 온 정부의 지원이 어우러진 결과라 할 수 있다.

이어 2017년도에는 우리나라 방문 외래관광객 중 가장 큰 비중을 차지하던 중국인 관광객의 비중이 급감하며, 국내 인바운드 관광시장이 큰 타격을 입었다. 이에 국내 인바운드 관광시장에 있어 방한 외래 관광객 국가의 다변화를 위한 노력 및 관광객들이 더욱 다양하게 경험할 수 있는 관광 인프라와 즐길거리를 개발해야 함을 시사하기도 하였다. 이후 개별여행객 등의 증가로 인하여 꾸준히 방한 외래 관광객 수는 증가세를 보여 2019년에는 1,750만명으로 다시 1,700만명 대를 달성하였다. 하지만 2019년 말 글로벌 팬데믹의 악재로 여행사업 역시 침체기를 맞이하게 된다. 전세계적인 팬데믹 상황에서의 회복을 위한 노력을 토대로 문화체육관광부를 비롯한 관광관련 단체들은 외국인 관광객 2천민명 시대를 앞당기기 위해 이에 걸맞은 관광수용태세를 완비하고, 국민의 삶의 질을 높일 수 있는 여건을 조성하기 위해 다양한 정책과 사업을 추진하고 있다.

2. 여행업의 의의와 특성

1) 여행업의 정의

여행업이란 여행자와 공급업자 사이에서 여행에 관한 시설의 예약·수배·알선 등의 여행서비스를 제공하고 공급자로부터 일정액의 수수료를 받는 것을 영업으로 하는 사업체를 말한다. 이 사업체를 영위하는 자를 여행업자라 부르고, 여기서 공급자는 여행업자 입장에서는 프린시펄(principal)이라고 부르고 있다.

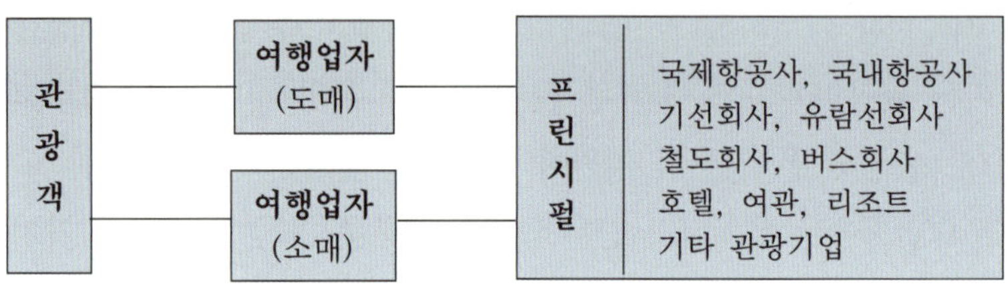

[그림 7-1] 중개자로서의 여행업자

따라서 여행업자는 하나 또는 복수의 프린시펄로부터 위탁을 받아 여행 및 여행에 관련된 서비스를 제공하는 개인 또는 회사를 말하고, 프린시펄이란 여행업자를 대리자로 하여 영업활동을 하는 개인 또는 회사로서 항공회사, 해운회사, 철도, 버스회사 등을 말한다.

현행 「관광진흥법」은 제3조 제1항 제1호에서 여행업을 "여행자 또는 운송시설·숙박시설, 그 밖에 여행에 딸리는 시설의 경영자 등을 위하여 그 시설 이용 알선이나 계약체결의 대리, 여행에 관한 안내, 그 밖의 여행 편의를 제공하는 업"이라고 정의하고 있다. 그리고 여행업은 사업의 범위와 취급대상에 따라 종합여행업, 국내외여행업 및 국내여행업으로 분류된다 함은 '제7장 제2절 관광사업의 분류'에서 이미 설명한 바 있다.

유통업자로서의 여행업자는 도매업자 및 소매업자의 기능을 담당한다. 여기서 여행자와 프린시펄의 관계를 도표로 나타낸 것이 위의 [그림 7-1]이다.

2) 여행업의 특성

첫째, 위험부담이 적은 사업이다. 즉 장치산업인 프린시펄로부터 소재(素材)를 구입하며 개업초기에는 주문생산에 주력하여 대규모 설비투자가 필요치 않는 사업이므로, 비교적 자금부담이 적고 또한 위험부담도 적은 사업이다. 이를테면 여행사가 예약된 항공좌석과 호텔객실을 취소하더라도 이에 대한 책임을 지는 경우가 거의 없어 상품구입(판매를 위한 구입)에 대한 위험부담이 거의 수반되지 않는다.

둘째, 노동집약적인 사업이다. 다시 말하면 여행업은 인적 산업이다. 이는 최근에 정보시스템의 발달로 인한 사무자동화로 내부업무의 인원삭감이 일부 이루어지고 있지만, 고객과의 접촉 및 안내에 있어서 인간을 대체할 방도는 거의 없다.

셋째, 운용자금을 활용할 여지가 있다. 여행업자는 여행대금을 수령한 후에 프린시펄에게 대금을 결제하기까지 시간적인 여유가 있어서 이 자금을 운용할 수 있다. 여행업자가 소액자본을 투자했으나 거액을 취급할 수 있는 이유는 바로 여기에 있다고 본다.

3. 여행업의 기능

여행업은 고객에게 다양한 편의를 제공하는 업으로 기존여행사는 대리판매와 알선기능이 중시되었으나 현대에는 여행자의 욕구가 세분화 · 다양화되면서 여행사의 기능이 변화되고 있으며 그 역할이 점차 다양하게 확대되고 있다. 즉, 여행업의 기능이 여행상품 판매와 알선에서 벗어나 다양한 새로운 기능이 부가적으로 요구되고 있다.

여행업의 기본적 기능으로 다음 7가지로 나누는 것이 가능하다.

1) 상담기능

여행객을 위한 정보를 수집하고, 이를 바탕으로 여행상담을 하며, 여행상품에 대한 설명을 하는 상담기능은 여행사의 가장 기본적인 기능이라고 볼 수 있다.

각종 정보제공, 여행상담, 여행코스설정, 여행요금 견적 등 여행객에게 필요한 각종 여행상담 서비스를 제공하는 기능이다. 여행에 있어 정보는 필수적으로 여행사 존재기반이라고 할 수 있는 중요한 기능이다.

2) 예약 · 수배기능

항공 · 교통 · 숙박 · 식사 · 현지가이드 · 관광매력물 및 기타 관광서비스에 대한 예약 및 수배 등 여행에 필요한 제반 구성요소들을 구매 · 확보하여 여행자들에 서비스를 제공하는 기능이다. 교통이나 호텔 등이 확보가 원활한 여행을 위한 필수적 요소이다.

3) 판매대행기능

호텔과 항공좌석 등을 대행하여 숙박권과 항공권 등을 판매하는 업무이다. 최근에는 인터넷을 통해 숙박권과 항공권을 직접 구매가 증가하고 있어 판매대행 업무의 수요가 감소되어 가고 있는 경향이 있지만 여행사의 수입원으로 중요한 기능이다.

4) 수속대행기능

여행자를 대리하여 여행에 필요한 제반수속을 여행사가 대행해 주는 것으로, 비자, 여행자보험 등의 여러 가지 수속을 여행자를 위해 대행해 주는 기능이다.

5) 발권기능

예약에 부수된 업무로 항공권 · 숙박권 · 승차권 등 각종의 쿠폰류를 판매위탁을 받아 이용에 편의를 제공해 주는 기능이다.

6) 여정관리기능

여행출발부터 귀국 시까지 여행일정을 예정대로 원활히 진행하기 위해 관리하는 기능이다.

7) 정산기능

여행비용의 견적 · 정산 · 청구 · 지불 등 정산과 관련한 제반기능을 말한다.

4. 여행업의 등록 등

1) 여행업의 등록관청

여행업을 경영하려는 자는 특별자치도지사 · 특별자치시장 · 시장 · 군수 · 구청장(자치구의 구청장을 말한다)에게 등록하여야 한다(관광진흥법 제4조 제1항). 따라서 여행업의 등록관청은 특별자치도지사 · 특별자치시장 · 시장 · 군수 · 구청장(자치구의 구청장)이다.

2) 여행업의 등록절차

여행업의 등록을 하려는 자는 별지 제1호서식의 관광사업등록신청서에 공통의 구비서류와 사업별 필요서류를 첨부하여 특별자치도지사 · 특별자치시장 · 시장 · 군수 · 구청장(자치구의 구청장을 말함)에게 제출하여야 한다.

등록신청을 받은 특별자치도지사 · 특별자치시장 · 시장 · 군수 · 구청장은 신청한 사항이 등록기준에 맞으면 관광사업등록증을 신청인에게 발급하여야 한다.

3) 여행업의 등록기준

「관광진흥법 시행령」에서 규정하고 있는 여행업의 등록기준은 다음과 같다(관광진흥법 시행령 제5조 관련 [별표 1] 〈개정 2018.7.2.〉).

(가) 종합여행업의 등록기준

1. 자본금(개인의 경우에는 자산평가액): 5천만원 이상일 것.
2. 사무실: 소유권이나 사용권이 있을 것

(나) 국내외여행업의 등록기준

1. 자본금(개인의 경우에는 자산평가액): 3천만원 이상일 것.

2. 사무실: 소유권이나 사용권이 있을 것

(다) 국내여행업의 등록기준

1. 자본금(개인의 경우에는 자산평가액): 1천500만원 이상일 것.
2. 사무실: 소유권이나 사용권이 있을 것

5. 여행업자의 보험의 가입 등[7)]

1) 여행업자의 '보증보험등' 가입의무

(1) 여행업의 등록을 한 자(이하 "여행업자"라 한다)는 그 사업을 시작하기 전에 여행알선과 관련한 사고로 인하여 관광객에게 피해를 준 경우 그 손해를 배상할 것을 내용으로 하는 보증보험 또는 한국관광협회중앙회의 공제(共濟)(이하 "보증보험등"이라 한다)에 가입하거나 업종별 관광협회(업종별 관광협회가 구성되지 아니한 경우에는 지역별 관광협회, 지역별 관광협회가 구성되지 아니한 경우에는 광역단위의 지역관광협의회)에 영업보증금을 예치하고 그 사업을 하는 동안 계속하여 이를 유지하여야 한다(관광진흥법 제48조의9 제1항, 동법시행규칙 제18조 제1항 〈개정 2017.2.28.〉). 다만, 제주자치도에서는 '보증보험등'에 관하여 「관광진흥법 시행규칙」 대신 도조례(道條例)로 정하도록 하였다(제주특별법 제244조 제2항).

(2) 여행업자 중에서 기획여행을 실시하려는 자는 그 기획여행 사업을 시작하기 전에 보증보험 등에 가입하거나 영업보증금을 예치하고 유지하는 것 외에 추가로 기획여행과 관련한 사고로 인하여 관광객에게 피해를 준 경우 그 손해를 배상할 것을 내용으로 하는 보증보험등에 가입하거나 업종별 관광협회(업종별 관광협회가 구성되지 아니한 경우에는 지역별 관광협회, 지역별 관광협회가 구성되지 아니한 경우에는 지역관광협의회)에 영업보증금을 예치하고 그 기획여행 사업을 하는 동안(기획여행 휴업기간을 포함한다) 계속하여 이를 유지하여야 한다(관광진흥법 제48조의9 제1항, 동법시행규칙 제18조 제2항 〈개정 2017.2.28.〉).

---

7) 조진호 · 우상철 공저, 최신관광법규론(서울: 백산출판사, 2018), pp.139~160.

(3) 그러나 직전 사업연도의 매출액이 없는 사업개시 연도의 경우에는 보증보험등 가입금액 또는 영업보증금 예치금액을 직전 사업연도 매출액이 1억원 미만인 경우에 해당하는 금액으로 한다. 직전 사업연도의 매출액이 없는 기획여행의 사업개시 연도의 경우에도 또한 같다. 그리고 여행업과 함께 다른 사업을 병행하는 여행업자인 경우에는 직전 사업연도 매출액을 산출할 때에 발생한 매출액만으로 산정하여야 한다.

2) '보증보험등'의 가입금액 및 영업보증금 예치금액의 기준

여행업자가 가입하거나 예치하고 유지하여야 할 보증보험등의 가입금액 또는 영업보증금의 예치금액은 직전 사업연도의 매출액(손익계산서에 표시된 매출액을 말한다) 규모에 따라 [별표 3]과 같이 한다.

〈표 7-3〉 보증보험등 가입금액(영업보증금 예치금액) 기준
(시행규칙 제18조 제3항 관련 [별표 3])

(단위: 천원)

여행업의 종류(기획여행 포함) / 직전 사업연도의 매출액	국내여행업	국내외여행업	종합여행업	국내외 여행업의 기획여행	종합 여행업의 기획여행
1억원 미만	20,000	30,000	50,000	200,000	200,000
1억원 이상 5억원 미만	30,000	40,000	65,000		
5억원 이상 10억원 미만	45,000	55,000	85,000		
10억원 이상 50억원 미만	85,000	100,000	150,000		
50억원 이상 100억원 미만	140,000	180,000	250,000	300,000	300,000
100억원 이상 1,000억원 미만	450,000	750,000	1,000,000	500,000	500,000
1,000억원 이상	750,000	1,250,000	1,510,000	700,000	700,000

6. 기획여행 요건 설정 및 광고[8)]

1) 기획여행의 의의

기획여행이란 여행업을 경영하는 자(여행업자)가 국외여행을 하려는 여행자를 위하여 여행의 목적지 · 일정, 여행자가 제공받을 운송 또는 숙박 등의 서비스 내용과 그 요금 등에 관한 사항을 미리 정하고 이에 참가하는 여행자를 모집하여 실시하는 여행을 말한다(관광진흥법 제2조 제3호).

그동안 기획여행이 무분별하게 판매되어 왔으며, 여행업자 간의 과당경쟁으로 인하여 관광업계의 질서를 파괴하는 경우가 허다하였다. 이에 따라 국외여행의 질적 향상을 도모하고 여행자의 권익보호 및 과당경쟁 방지를 위하여 기획여행을 규제할 필요성이 제기됨으로써, 여행업자는 법정요건을 갖추어 일정한 절차에 따라 기획여행을 실시할 수 있도록 한 것이다(동법 제12조).

2) 기획여행의 실시요건

「관광진흥법」은 국외여행을 하려는 여행자를 위해 기획여행을 실시하도록 규정하고 있기 때문에 기획여행은 '국외여행'에 국한하고 있다. 그러므로 기획여행을 할 수 있는 여행업자는 종합여행업자와 국내외여행업자이고 국내여행업자는 대상에서 제외된다. 또 제주자치도에서는 기획여행의 실시요건이나 광고 등의 표시에 관하여는 '도조례'로 정할 수 있도록 하였다(제주특별법 제244조 제2항).

따라서 국내외여행업 또는 종합여행업을 하는 여행업자 중에서 기획여행을 실시하려는 자는 국내외여행업 또는 종합여행업에 따른 보증보험등에 가입하거나 영업보증금을 예치하고 이를 유지하는 것 외에 추가로 기획여행에 따른 보증보험등에 가입하거나 영업보증금을 예치하고 이를 유지하여야 한다.

3) 기획여행실시 광고등 표시의무

기획여행을 실시하는 자가 광고를 하려는 경우에는 다음 각 호의 사항을 표시

8) 조진호 · 우상철 공저, 전게서, pp.161~162.

하여야 한다. 다만, 2 이상의 기획여행을 동시에 광고하는 경우에는 다음 각 호의 사항 중 내용이 동일한 것은 공통으로 표시할 수 있다(동법시행규칙 제21조 〈개정 2014.9.16.〉).

1. 여행업의 등록번호, 상호, 소재지 및 등록관청
2. 기획여행명 · 여행일정 및 주요 여행지
3. 여행경비
4. 교통 · 숙박 및 식사 등 여행자가 제공받을 서비스의 내용
5. 최저 여행인원
6. 보증보험등의 가입 또는 영업보증금의 예치내용
7. 여행일정 변경 시 여행자의 사전 동의 규정
8. 여행목적지(국가 및 지역)의 여행경보단계〈신설 2014.9.16.〉

7. 유자격 국외여행 인솔자에 의한 인솔의무[9]

1) 국외여행 인솔자의 자격요건

여행업자가 내국인의 국외여행을 실시할 경우 여행자의 안전 및 편의 제공을 위하여 그 여행을 인솔하는 자를 둘 때에는 문화체육관광부령으로 정하는 다음 각 호의 어느 하나에 해당하는 자격요건에 맞는 자를 두어야 한다(관광진흥법 제13조 제1항 및 동법시행규칙 제22조 제1항). 다만, '제주자치도'에서는 이러한 자격요건을 「관광진흥법 시행규칙」이 아닌 '도조례'로 정할 수 있도록 규정하고 있다(제주특별법 제244조 제2항).

1. 관광통역안내사 자격을 취득할 것
2. 여행업체에서 6개월 이상 근무하고 국외여행 경험이 있는 자로서 문화체육관광부장관이 정하는 소양교육을 이수할 것
3. 문화체육관광부장관이 지정하는 교육기관에서 국외여행인솔에 필요한 양성교육을 이수할 것

9) 조진호 · 우상철 공저, 전게서, pp.164~165.

2) 국외여행 인솔자의 자격 등록

국외여행 인솔자의 자격요건을 갖춘 자가 내국인의 국외여행을 인솔하려면 문화체육관광부장관에게 등록하여야 한다. 이는 내국인 국외여행 인솔자에 대한 등록제도를 도입한 것이다.

국외여행인솔자의 자격요건을 갖춘 자로서 국외여행 인솔자로 등록하려는 사람은 국외여행 인솔자등록신청서(별지 제24호의2서식)에 다음 각 호의 어느 하나에 해당하는 서류 및 사진(최근 6개월 이내에 촬영한 탈모 상반신 반명함판) 2매를 첨부하여 관련 업종별 관광협회에 제출하여야 한다.

1. 관광통역안내사 자격증
2. 문화체육관광부장관이 지정하는 교육기관에서 국외여행 인솔에 필요한 소양교육 또는 양성교육을 이수하였음을 증명하는 서류

3) 국외여행 인솔자의 자격증 발급 및 재발급

(1) 국외여행 인솔자등록신청을 받은 업종별 관광협회는 국외여행 인솔자 자격요건에 적합하다고 인정되는 경우에는 국외여행 인솔자 자격증(별지 제23호의3 서식)을 발급하여야 한다.

(2) 발급받은 국외여행 인솔자 자격증을 잃어버리거나 헐어 못 쓰게 되어 자격증을 재발급받으려는 사람은 국외여행 인솔자 자격증 재발급신청서(별지 제24호의2 서식)에 자격증(자격증이 헐어 못 쓰게 된 경우만 해당한다) 및 사진(최근 6개월 이내에 촬영한 탈모 상반신 반명함판) 2매를 첨부하여 관련 업종별 관광협회에 제출하여야 한다.

8. 여행계약의 구체화(여행지 안전정보 제공 등)[10)]

(1) 여행업자는 여행자와 여행계약을 체결할 때에는 여행자를 보호하기 위하여 다음 각 호의 사항을 포함한 해당 여행지에 대한 안전정보를 서면으로 제공하

10) 조진호 · 우상철 공저, 전게서, pp.165~166.

여야 한다. 해당 여행지에 대한 안전정보가 변경된 경우에도 또한 같다(관광진흥법 제14조제1항〈개정 2015.2.3.〉 및 동법시행규칙 제22조의4 제1항〈개정 2015.8.4.〉).

① 「여권법」(제17조)에 따라 여권의 사용을 제한하거나 방문 · 체류를 금지하는 국가 목록 및 「여권법」(제26조 제3호) 위반시의 벌칙

② 외교부 해외안전여행 인터넷홈페이지에 게재된 여행목적지(국가 및 지역)의 여행경보단계 및 국가별 안전정보(긴급연락처를 포함한다)

③ 해외여행자 인터넷 등록제도에 관한 안내

(2) 여행업자는 여행자와 여행계약을 체결하였을 때에는 그 서비스에 관한 내용을 적은 여행계약서(여행일정표 및 약관을 포함한다) 및 보험 가입 등을 증명할 수 있는 서류를 여행자에게 내주어야 한다(관광진흥법 제14조 2항 〈개정 2015.5.18.〉).

(3) 여행업자는 여행계약서(여행일정표 및 약관을 포함한다)에 명시된 숙식 · 항공 등 여행일정(선택관광 일정을 포함한다)을 변경하려면 해당 날짜의 일정을 시작하기 전에 여행자로부터 서면으로 동의를 받아야 한다. 이 서면동의서에는 변경일시, 변경내용, 변경으로 발생하는 비용 및 여행자 또는 단체의 대표자가 일정변경에 동의한다는 의사를 표시하는 자필서명이 포함되어야 한다(동법시행규칙 제22조의4 제3항).

(4) 여행업자는 천재지변, 사고, 납치 등 긴급한 사유가 발생하여 여행자로부터 사전에 일정변경 동의를 받기 어렵다고 인정되는 경우에는 사전에 일정변경 동의서를 받지 아니할 수 있다. 다만, 여행업자는 사후에 서면으로 그 변경내용 등을 설명하여야 한다(동법시행규칙 제22조의4 제4항).

제4절 호텔사업

1. 호텔의 개념

1) 고전적 개념

과거의 고전적인 호텔의 기능은 가정을 떠나 이동하는 사람들에게 가장 기본적으로 필요한 잠자고 쉴 수 있는 곳(숙박기능), 음식을 먹는 곳(취사 서비스기능), 언제 발생할지도 모르는 외부의 적으로부터 피할 수 있는 곳(보호기능) 등 주로 장소제공 기능이 가장 핵심을 이루고 있었다. 따라서 호텔의 의미도 '객실과 식음료를 제공하는 곳' 이상의 의미를 찾기는 어렵다.

2) 현대적 개념

산업혁명을 거치고 후기 산업사회로 발전하면서 소득이 증가하고 가치관이 변화함에 따라 여행의 목적 또한 이동 자체가 목적이 아니라 이동과정에서의 안락함도 추구하게 되면서 이에 맞추어 호텔의 개념도 변화하고 있다. 즉 객실과 식음료를 제공하는 단순한 기능에 부가하여 숙박과정에서 오락 및 여가 그리고 보다 편안하게 휴식을 취할 수 있는 휴게 및 문화시설을 갖추게 된 것이다. 그리고 호텔의 목표시장(target market) 또한 여행자(traveler)에서 지역주민들(local resident)에게까지 확대함으로써 시설 및 내부 프로그램이 더욱 다양하게 발전하였다.

즉 오늘날의 호텔 고객들은 자신의 집을 떠나 이동하거나 사업을 진행하는 과정에서도 '자신의 집처럼 안락함을 누릴 수 있는 곳'을 찾게 되었고, 집에서는 느낄 수 없는 새로운 것을 추구하게 되었다. 그에 따라 호텔은 이러한 이용객들의 다양한 욕구를 충족시킬 수 있는 내 · 외장 시설 등의 하드웨어(hard ware)와 인적 서비스 및 다양한 프로그램 등의 소프트웨어(soft ware)를 보강하게 되었고, 이렇게 새로이 확장된 호텔의 기능은 소득수준이 높아진 지역주민들의 휴식 및 문화에 대한 다양하고도 높아진 욕구까지도 수용할 수 있게 되었다.

3) 관광법규적 정의

호텔에 대한 법규적 개념은 우리나라 「관광진흥법」에 명기되어 있다. 즉 호텔업이라 함은 관광객의 숙박에 적합한 시설을 갖추어 이를 관광객에게 제공하거나 숙박에 딸리는 음식 · 운동 · 오락 · 휴양 · 공연 또는 연수에 적합한 시설 등을 함께 갖추어 이를 이용하게 하는 업을 말한다(동법 제3조 제1항 제2호).

여기서 관광객의 숙박에 적합한 시설이란 주로 관광객이 수면을 취하면서 체재할 수 있는 객실에 관련되는 시설을 말한다. 따라서 호텔업은 객실에 관련되는 숙박시설을 갖추어 숙박기능만을 운영하는 호텔업과 숙박시설과 숙박에 부수되는 시설(음식 · 운동 · 오락 · 휴양 · 공연 또는 연수)을 함께 갖추어 운영하는 호텔업으로 구분하고 있다.

2. 우리나라 호텔업의 발전과정[11)]

1) 우리나라 호텔업의 시작

우리나라 호텔업의 발전은 최초의 서양식 호텔로부터 살펴볼 수 있다. 우리나라 최초의 서양식 호텔은 일본인 호리 리기타로(堀力太郎)가 1888년(고종 25년) 인천 서린동에 세운 대불(大佛)호텔이었다. 우리나라 호텔의 효시(嚆矢)로 불리는 이 호텔은 3층 건물에 객실 11개를 갖춘 당시로서는 고급으로 지어진 건물로 우리나라를 찾는 외국인을 위한 서양식호텔이었다. 이후 대불호텔의 호황에 힘입어 청나라의 이태(怡泰)라는 사람이 대불호텔 맞은편에 객실 8개의 2층짜리 스튜워드 호텔(Steward Hotel)을 개관하였는데, 1층에서는 양잡화상(洋雜貨商)을 운영하면서 2층은 객실로 영업을 하였다.

그러나 1899년 9월에 경인선(京仁線)이 개통되면서 서울과 인천 간의 여행시간이 단축됨으로써 외국인들은 굳이 인천에서만 숙박할 필요가 없게 되자 인천의 대불호텔 등은 사양길을 걷게 되었고, 반면에 서울에서는 1902년 독일 여인 안트와네트 손탁(Sontag)이 지금의 정동에 손탁호텔(Sontag Hotel)을 건립하였다. 이

11) 김미경 외 4인 공저, 최신 호텔경영관리론(서울: 백산출판사, 2012), pp.27~32.

손탁호텔은 1층에는 보통 객실과 식당 · 회의장 등을 갖추고, 2층에는 황실의 귀빈을 모시는 객실로 꾸며 우리나라 숙박시설에 일대 전환기를 가져왔다. 호텔 내 식당에서는 처음으로 프랑스요리를 선보였으며, 객실의 가구를 비롯한 장식품, 악기, 의류 및 요리 등이 서양식으로 제공되었다. 1909년에는 역시 정동에 프랑스인이 하남(何南)호텔을, 1911년에는 일본인이 남산입구에 소복(笑福)호텔을 개업하기도 하였다.

2) 철도호텔의 발전기

일본이 중국대륙의 침략을 위해 한반도를 교두보로 삼아 남북을 종단하는 철도를 부설하고 이에 따른 부대사업으로 철도이용객의 편의를 위해 철도역에 역사(驛舍)를 건축하는 것이 필요불가결하였던 것이다.

1899년 경인선, 1905년 경부선, 1906년 경의선이 개통되면서 여행자들의 편의를 위해 철도호텔들이 탄생하게 되었다. 1912년 8월 신의주에 가장 먼저 철도호텔이 개관되었고, 동년 12월에는 부산역에 역사(驛舍)를 벽돌 2층 건물로 세우면서 1층은 대합실로, 2층은 호텔객실로 활용하게 되었는데, 이것이 우리나라 국영호텔의 시초이다.

이러한 국영호텔은 1914년 조선호텔, 1915년 금강산호텔, 1918년 장안사호텔, 1920년 온양온천호텔, 1925년 평양호텔 등이 계속해서 건립되었다. 이어서 경성호텔, 광화문호텔, 목포호텔, 부산의 동래호텔, 월미도호텔 등이 영업을 시작하였고, 1936년에는 미국 스타틀러(Statler) 호텔의 경영방식을 도입한 반도호텔이 일본인 노구찌(野口)에 의해 우리나라 최초의 상용(商用)호텔시대의 문을 열었다. 이 반도호텔은 111개의 객실을 갖춘 당시 최대의 시설규모를 자랑하면서 우리나라 호텔산업에 일대 전환기를 가져왔다.

3) 현대적 호텔의 발전

해방 이후 1949년에는 교통부에서 빅토리호텔을 인수 · 경영하였고, 1950년도에는 온양, 대구, 설악산, 무등산, 화진포에 호텔이 개관되었으며, 1952년에는 대원호텔이 문을 열었다. 이후 1954년 2월 교통부 육운국에 관광과가 개설되면서 호텔은 새로운 국면을 맞게 되는데, 1955년에는 금수장 호텔(현 앰배서더호텔의 전신), 1957년에는 대구 관광호텔과 UN Center Hotel이, 1960년에는 설악산 관광호텔과 Astoria Hotel 및 Metro Hotel이 건설되었고, 뒤이어 사보이호텔, 뉴코리아호텔, 그랜드호텔 등이 등장하였다.

1961년 8월 22일에는 우리나라 최초의 관광법규인 「관광사업진흥법」이 제정·공포되었는데, 이로써 관광호텔은 획기적인 발전의 기틀을 마련하게 되었다. 또 1962년에는 「국제관광공사법」이 제정되고 이 법에 의하여 국제관광공사(현 한국관광공사)가 설립되면서 기존의 반도호텔, 조선호텔을 비롯한 지방호텔의 호텔경영권을 인수받아 새로이 영업에 들어갔다. 그리고 1963년에는 워커힐 호텔이 개관하여 영업을 시작하였고, 1966년에는 순수 민간자본으로 건립된 세종호텔이 문을 열었다.

1970년대에는 정부가 제3차 경제개발5개년계획에 따라 관광사업을 국가전략사업으로 인식하면서 관광호텔이 더욱 증가하였는데, 정부주도하에 운영되던 호텔들이 하나 둘씩 민영화하면서 경영방식에 있어서도 일대 전환점을 가져왔으며, 전국적인 관광호텔의 등급화제도가 시행되면서 민간자본으로 이루어진 국제수준의 대규모 호텔들의 신축도 줄을 이었다. 또 외국인 뿐만 아니라 내국인의 호텔이용에 대한 수요가 증가함에 따라 세계 유명호텔과의 체인화를 유치하여 서양식 대규모 관광호텔의 건설이 활기를 띠었다. 1976년 서울의 프라자호텔, 1978년 서울 하얏트호텔, 1979년에 개관된 호텔신라 등이 대표적인 호텔이다.

1980년대에는 국민관광과 국제관광의 조화발전 및 서비스수준의 향상, 국제회의의 국내유치, 86아시안게임과 88서울올림픽 개최 등을 통하여 우리나라 호텔산업도 일대 도약기를 맞이하게 되었다. 이 시기에는 국내 유수의 대기업들의 호텔사업 진출이 본격적으로 시작되었고, 아울러 한국 고유의 멋을 살린 관광호텔이 건설되는 등 호텔기업의 다양화·고급화 경향으로 각종 편의시설을 비롯한 판매시설에 더해 '관광의 꽃'이라 불리는 각종 컨벤션산업의 무대로도 호텔이 큰 역할을 하게 되었다. 서울의 르네상스호텔, 그랜드 힐튼호텔, 서울 인터컨티넨탈호텔,

호텔 롯데월드가 각각 개관되어 현대적 시설을 갖춘 국제수준의 특급호텔들이 확충되었다.

특히 1997년 1월 13일 제정·공포된 「관광숙박시설지원 등에 관한 특별법」은 2000년 ASEM회의, 2002년의 아시안게임 및 월드컵축구대회 등 대규모 국제행사에 대비하여 관광호텔시설의 건설과 확충을 촉진하여 관광호텔시설의 부족을 해소하고 관광호텔업 기타 숙박업의 서비스 개선을 위하여 각종 지원을 함으로써 국제행사의 성공적 개최와 관광산업의 발전에 크게 이바지하였다.

이와 같이 20세기 후반부터 우리나라는 국제화의 물결과 경제적 고도성장으로 세계 굴지의 호텔체인들이 상륙하는 시대에 놓이게 되었으며, 호텔의 시설과 인적 서비스도 세계적인 수준에 진입하는 시기를 맞게 되었다.

3. 호텔의 분류

호텔은 입지조건, 시설의 규모나 운영방식 및 위치나 고객의 성격에 따라 다양하게 분류되어서 복합기업으로서 하나의 산업군을 이루고 있다. 호텔의 분류도 이와 같은 호텔업의 다양성과 복잡성 때문에 호텔경영학자들 간에 그 분류에 있어 상당한 차이를 나타내고 있다. 따라서 현대사회가 요구하는 호텔을 100% 만족하게 규정지을 수는 없지만, 대체로 다음과 같이 분류할 수 있다.

1) 관광법규에 따른 분류

과거에는 관광숙박업을 관광호텔업, 국민호텔업, 휴양 콘도미니엄업, 해상관광호텔업, 가족호텔업, 한국전통호텔업으로 분류한 적도 있었으나, 현행 「관광진흥법」은 관광숙박업을 호텔업과 휴양 콘도미니엄업으로 분류하고(제3조 제1항 제2호), 다시 호텔업을 관광호텔업, 수상관광호텔업, 한국전통호텔업, 가족호텔업, 호스텔업, 소형호텔업, 의료관광호텔업 등으로 세분하고 있다(동법시행령 제2조 제1항 제2호).

이에 대하여는 앞의 제2절 관광사업의 분류에서 상세히 설명하였으므로 여기서는 생략하기로 한다.

2) 입지조건에 따른 분류

(1) **메트로폴리탄 호텔**(Metropolitan hotel)

대도시에 위치하고 수천 개의 객실을 보유하고 있는 매머드 호텔을 말한다. 이러한 호텔은 많은 숙박객을 동시에 수용할 수 있고 대연회장, 전시장, 주차장 등을 완비한 컨벤셔널호텔이라고 할 수 있다. 그러므로 이 호텔은 회의와 비즈니스상에 필요한 설비와 시설 그리고 서비스가 철처하게 완비되어 있는 호텔이다.

(2) **시티호텔**(City hotel)

휴양지 또는 관광지 호텔과 대조적으로 불리는 호텔로서 주로 도시의 중심부에 위치하기 때문에 도심호텔(down town)이라고도 불린다.

(3) **서버반(교외)호텔**(Suburban hotel)

이 호텔은 도시를 벗어난 한가한 교외에 세워진 호텔이다. 위에서 설명한 바 있는 시티호텔은 자동차 공해와 주차난 등으로 많은 난점들이 있지만, 자가용 여행자들이 급격히 증가하고 있는 오늘날에는 공기 좋고 주차가 편리한 교외호텔의 이용도가 날로 높아지고 있다. 예를 든다면 서울의 워커힐호텔이 여기에 해당한다.

(4) **컨트리 호텔**(Cuntry hotel)

이 호텔은 교외라기보다는 산간(山間)에 세워진 호텔로 마운틴호텔(mountain hotel)이라고도 부른다. 특히 등산, 스키, 골프 등의 레크리에이션 기능을 다 할 수 있는 용도의 호텔을 말하며, 우리나라의 지리산, 속리산, 설악산 등에 있는 호텔 등이 이에 속한다고 할 수 있다.

(5) **에어포트(공항) 호텔**(Airport hotel)

공항 근처에 위치하면서 비행기 사정으로 출발 및 도착이 지연되어 탑승을 기다리는 손님과 승무원들이 이용하기에 편리한 호텔을 말한다. 최근에는 이를 에어텔(Airtel)이란 약칭으로 부르기도 한다.

(6) **시포트(항구) 호텔**(Seaport hotel)

에어포트 호텔과 같이 크게 성행하고 있지는 않지만, 항구 근처에 위치하고 있으면서 여객선의 출입에 따라 여객과 선원들이 이용하기에 편리한 호텔이다. 이러한 호텔들은 철도업무와 서비스를 일원화하기 위해 대개의 경우 철도회사에서 직접 경영하는 형태가 늘어나고 있다.

(7) **터미널 호텔**(Terminal hotel)

철도역이나 버스터미널, 공항터미널 또는 항구 등의 근처에 위치하는 호텔을 말한다. 주로 이러한 호텔을 이용하는 고객은 교통기관의 종류별로 기차, 비행기, 버스, 여객선 등의 이용승객과 승무원들이다. 유럽에서는 국제철도(Eurail Pass)가 운행되고 있어 각국의 주요 도시역마다 이 호텔들이 널리 애용되고 있음을 볼 수 있다.

3) 숙박기간에 따른 분류

(1) **트렌지언트 호텔**(Transient hotel)

주로 하루나 이틀 정도의 기간 동안 여행자들이 체재하는 호텔로서 흔히 상용객이 많이 이용하는 비즈니스 호텔을 말한다.

(2) **레지덴셜 호텔**(Residential hotel)

주택형식의 호텔로서 적어도 1주일 이상의 체재객을 대상으로 한다. 아파트와 다른 점은 호텔식의 메이드 서비스(maid service)가 있고, 또한 최소한의 식사와 음료서비스가 제공되는 식당과 주장의 시설도 갖추고 있다.

(3) **퍼머넌트 호텔**(Permanent hotel)

레지덴셜 호텔과 같은 부류에 속하지만, 이것과는 약간 다르게 아파트식의 장기 체재객을 대상으로 하는 호텔로서 메이드 서비스가 제공되는 것이 특징이다.

4) 숙박목적에 따른 분류

(1) **컨벤셔널 호텔**(Conventional hotel)

이는 회의를 유치하기 위한 대규모 호텔로서 객실의 대형화는 물론, 대회의장 및 주차장의 설비를 완비하고, 회의를 위해 필요한 통역시설과 원격 화상회의 시설, 컴퓨터를 통한 회의시스템 등을 확보하고 있어야 한다.

(2) 커머셜 호텔(Commercial hotel)

전형적인 상용(商用) 호텔을 일컫는 말이며, 일명 비즈니스호텔(business hotel)이라고도 한다. 이 호텔의 이용객들은 대부분 세일즈맨, 엔지니어, 각 회사의 지점원, 연락사무원들이 주류를 이루고 있으므로 주로 도심지에 위치하는 것이 일반적이다. 그리고 이용객들의 이용목적에 맞추어 호텔에서 업무를 보는 데 불편함이 없도록 팩스 및 복사기, 컴퓨터, 프린터기 등의 사무기기를 갖춘 비즈니스센터를 운영하고 있다.

(3) 리조트 호텔(Resort hotel)

상용호텔과는 달리 휴양이나 레크리에이션의 목적으로 이용되는 호텔을 말한다. 주로 관광지, 피서지 및 피한지, 해변, 산간 등의 휴양지와 온천지에 건축되는 호텔로서 일명 vacational hotel이라고도 부른다.

(4) 아파트먼트 호텔(Apartment hotel)

우리나라에서는 보기 힘든 장기체재 이용객들을 위한 호텔로서 주로 퇴직한 노년층들이 사회복지제도의 일환으로 이용하는 호텔이다. 객실마다 주방설비가 되어 있어 일반 아파트와 같은 인상을 주는 것이 특징이다.

(5) 카지노 호텔(Casino hotel)

카지노 호텔은 주로 도박을 즐기는 사람들, 즉 갬블러(gamblcr)들이 주로 찾는 호텔로서 객실규모가 1,000실 이상에서 수천 실에 이르기까지 다양한 매머드급의 호텔이다. 호텔마다 나름대로 독특한 건축양식이나 각종 이벤트 혹은 상징물을 갖고 있는 것이 특징인데, 이러한 호텔군을 형성하는 대표적인 도시가 미국의 라스베이거스(Las Vegas)이다.

5) 숙박시설형태에 따른 분류

(1) 모텔(Motel)

모텔이란 글자 그대로 자동차 여행자를 위한 모터호텔(moter hotel)을 말한다. 오늘날 여행의 다양화에서 오는 도로의 발달과 자동차여행의 급격한 증가로 자동차와 함께 쉬고 숙박할 수 있는 모텔이 미국을 비롯하여 세계적으로 호텔 못지 않게 확산되고 있다.

(2) **유스호스텔**(Youth Hostel)

청소년들의 심신 수련과 보건휴양여행을 장려하기 위한 매스 투어리즘(mass tourism)의 일환으로 만들어진 숙박시설이다. 일반적인 숙박시설이 영리를 목적으로 하는 데 반해 유스호스텔은 영리적인 목적보다는 청소년들이 여행을 통해 봉사와 우애의 정신, 그리고 애국심을 함양할 수 있도록 숙박요금을 저렴하게 책정한 일종의 사회복지시설의 성격을 띠고 있다.

(3) **보텔**(Boatel)

보트로 여행하는 사람들이 이용하는 호텔로서 항해중 해변에서 보트를 정박시켜 두고 투숙할 수 있는 시설이다. 이는 육지의 모텔(motel)과 그 성격이 같다.

(4) **요텔**(Yachtel)

이는 해안, 호반 및 강변에 위치하여 요트를 이용하는 여행자들이 숙박하는데 편리하도록 꾸며진 호텔을 말한다. 해안이나 호반에 요트를 계류(繫留)시킬 수 있는 설비를 갖출 것을 요한다.

(5) **로텔**(rotel)

1966년 독일의 스투트가르트에 처음 출현한 로텔은 움직이는 이동식 호텔로서 26인승 2층 버스형태로 등장하여 초기에는 대중들의 눈길을 끌었지만, 많은 사람들이 움직이는 버스에서 숙식을 함께 하기란 쉬운 일이 아니므로, 로텔(rotel)의 변형된 형태로 나타난 것이 지금의 캠핑카(camping car)라고 할 수 있다.

(6) **후로텔**(Floatel)

후로텔은 해상 및 수상의 호화호텔이라 할 수 있는데, 주로 폐선(癈船)을 개조하여 숙박시설로 이용하는 것이 일반적이다. 우리나라 「관광진흥법 시행령」 제2조 제1항 제2호에 명기되어 있는 호텔업의 일종인 수상관광호텔업에 해당한다고 할 수 있다.

6) 요금지급방식에 따른 분류

(1) 유럽식 요금제도(European Plan: EP)

유럽식 요금제도는 객실요금과 식사요금이 별도로 계산되는 요금제도이다. 이 제도는 호텔객실요금을 싸게 제공한다는 이미지 제고의 효과가 있다. 또한 고객은 고객이 원하는 음식을 자유롭게 선택할 수 있다. 일반적으로 상용호텔들은 유럽식 요금제도를 많이 채택하고 있다. 특히 상용여행객들은 시간제한에 의하여 식사시간을 놓치기 쉽고, 단체손님들과 식사하는 번거로움을 피하기 위하여 유럽식 요금제도를 선호한다.

(2) 미국식 요금제도(American Plan: AP)

미국식 요금제도는 객실요금에 아침(breakfast), 점심(lunch), 저녁(dinner) 식사요금이 모두 포함되어 있는 요금제도이다. 유럽에서는 이 제도와 유사한 Full Plan 혹은 Full Pension이 있다. 주로 휴양지호텔 혹은 산간지역호텔에서 사용하는 방법으로, 호텔 주변에 식당이나 상가가 거의 없고 전적으로 호텔에서 식사를 해결할 경우에 많이 사용한다.

(3) 대륙식 요금제도(Continental Plan: CP)

대륙식 요금제도는 객실요금에 아침식사가 포함되어 있는 요금제도이다. 식사는 커피 · 초콜릿 · 롤빵과 약간의 치즈를 제공하는 대륙식 아침식사(continental breakfast)를 제공한다. 유럽 대도시의 사업여행고객을 위한 호텔에서 자주 볼 수 있는 형태이다.

(4) 버뮤다 요금제도(Bermuda Plan)

버뮤다 요금제도는 객실요금에 아침식사가 포함되어 있는 요금제도이다. 식사는 계란요리와 빵 그리고 햄 등을 제공하는 미국식 아침식사(American plan)를 제공한다.

(5) 수정 미국식 요금제도(Modified American Plan: MAP)

객실요금에 2식이 포함된 요금제도이다. 수정 미국식 제도는 고객으로 하여금 요금부담에서 일부 덜어 줄 수 있다. 일반적으로 고객은 아침식사와 저녁식사만 호텔에서 하고, 점심식사는 하지 않는다.

(6) 혼합식 요금제도(Dual Plan)

고객의 선택에 따라 미국식 혹은 유럽식 요금선택을 할 수 있도록 하는 호텔을 뜻한다. 혼합식 제도는 고객에게 선택의 폭을 넓혀 주기 위함이다.

7) 규모에 따른 분류

(1) 소형 호텔(Small hotel)

객실 수가 25실 이하인 소형 호텔을 말한다. 지금은 우리나라에도 이런 소규모의 호텔은 존재하지 않지만, 여관 같은 숙박시설들은 25실 이하의 객실을 갖추고 있는 곳이 많다.

(2) 중형 호텔(Average hotel)

우리나라에서는 「관광진흥법」상 2등급(2성급) 이하의 부류에 속하는 호텔로 객실 수가 25실에서 100실까지 보유한 호텔을 말한다.

(3) 중대형 호텔(Above average hotel)

객실을 100실에서 300실까지를 확보하고 있는 호텔을 말하는데, 우리나라의 「관광진흥법」상 1등급(3성급) 관광호텔들이 이에 해당한다고 본다.

(4) 대형 호텔(large hotel)

호텔의 객실 수가 300실 이상을 보유하고 있는 대규모 호텔을 말한다. 우리나라의 「관광진흥법」상 특등급(5성급 · 4성급) 관광호텔들이 이에 속한다고 말할 수 있지만, 요즘에는 수백에서 수천의 객실을 보유하는 대규모 호텔이 속속 등장하고 있기 때문에, 위에서와 같은 객실 수에 의한 호텔의 분류는 전근대적인 분류방식이라고 볼 수 있다.

4. 호텔기업의 특성

현대의 호텔은 사회적 · 문화적 역할과 공익적 서비스 제공을 위한 고객의 활동공간으로서의 기능을 중시하게 됨에 따라 숙박 및 식음료를 제공할 수 있는 시설 이외에도 스포츠, 레크리에이션, 레저 및 회의장, 전시장, 연회장과 같은 부대시설을 갖추고 있으며, 심지어 쇼핑시설, 놀이시설 등과의 연계까지도 추진하고 있다. 따라서 현대의 호텔은 종합적인 서비스를 판매하는 생활의 공간으로 보다 포괄적인 정의를 내리는 것이 타당할 것이다. 이처럼 종합적인 서비스를 판매하는 다기능적인 호텔기업은 다음과 같은 여러 가지 특성들을 가지고 있다.

1) 초기투자의 과다

호텔시설은 다른 어떤 산업시설보다도 일시적 최초투자(initial investment)의 필요성이 높아서 방대한 규모의 투자가 호텔 건립시 일시적으로 이루어져야 한다. 그러므로 호텔시설은 다른 일반 산업시설처럼 연차적으로 확장 및 재투자를 할 수 없기 때문에, 이것이 호텔기업이 갖는 숙명적인 최대의 불리점이기도 하다.

2) 비생산적 공공장소의 과다

호텔은 고객들이 이용하는 객실과 식당, 그리고 부수적으로 이용할 수 있는 오락 · 휴게시설로 스포츠센터 및 카지노, 바(bar)와 커피숍 등으로 구성된다. 하지만 이 외에도 라운지와 로비, 주차장 및 입구를 비롯한 주변의 환경시설 등은 그 자체로는 수익을 올릴 수 없는 비생산적인 요소이지만 호텔의 특성상 넓은 공간을 차지하고 있다.

3) 시설의 조기노후화

호텔시설은 다른 산업시설에 비해 노후화가 매우 빠르다. 호텔기업은 시설 그 자체를 상품으로 활용하기 때문이다. 이에 비해 타 기업은 시설물 자체를 상품으로 활용하지 않으므로 훼손의 속도가 비교적 느리다. 호텔시실은 시설 자체가 하나의 제품으로서 고객에게 어필(appeal)되어야 하기 때문에 결과적으로 그 노후화와 진부화는 가장 빠르게 이루어진다.

4) 고정경비지출의 과다

호텔기업은 다른 기업에 비해 높은 고정비지출을 감수해야 할 숙명을 지니고 있다. 연료비, 전기료, 인건비 등 공공장소(public space)와 관련된 경비는 호텔의 고정경비로서 고객이 많든 적든 간에 일정한 수준으로 유지되어야 하는 데에 경영상의 어려움이 있다.

5) 저장 불가능성(非탄력성)

호텔의 제품은 저장이 불가능하다. 일반제품들은 오늘 팔지 못했다 하더라도 그 다음날 판매가 가능하지만, 호텔의 객실이라는 상품은 당일 판매하지 않으면 그 가치가 소멸된다. 식음료상품의 경우에도 주문생산이므로 정확한 수요예측이 곤란하여 많은 식재료들이 버려지는 경우가 많다.

6) 인적 서비스에 대한 의존성

호텔기업의 경영은 먼저 고객에 대한 서비스를 강조하게 된다. 호텔의 개념이 '임시적 가정'으로 집약될 수 있음에 비추어, 호텔을 이용하는 고객에게 마치 가정과 같은 안도감과 유쾌한 시간을 최대한 보장해 주어야 할 의무가 있는 것이다. 오늘날 고객의 욕구는 매우 다종다양하므로 임기응변의 재치있는 서비스는 규격화되고 자동화된 기계설비에 의해서는 제공될 수 없다고 보기 때문에, 인적자원에 대한 의존도는 타기업에 비하여 크다고 할 수 있다.

7) 연중무휴의 영업활동

연중무휴로 영업활동을 하는 것은 호텔의 대표적인 특징이다. 특히 외국인들이 다수 체재하는 호텔의 특성상 연중무휴 영업활동은 필수적인 사항이다. 이로 인해 호텔종사원들은 다른 사람이 공휴일을 즐기거나 쉬고 있는 동안에도 일을 해야 되기 때문에, 부득이 시프트(shift)제도를 통해 휴일에 쉬지 못하는 불편을 감수해야 하며, 호텔의 경영자는 이러한 점을 감안하여 일반기업보다는 많은 수의 종업원들을 확보해야 할 것이다.

8) 높은 고정자산 의존성

호텔업은 고정자산에 대한 비중이 일반기업보다 높은 편으로 일반기업은 건물이나 시설과 같은 고정자산보다는 상품이나 현금과 같은 유동자산의 비중이 높다고 할 수 있다. 그러나 호텔업은 토지, 건물, 집기 비품류 등 고정자산에 대한 투자금액이 총자본금 중 70~80% 이상을 차지하므로 호텔사업을 위한 최초의 자본투자가 매우 높은 편이다.

9) 과중한 인건비 지출

호텔은 연중무휴로 운영되면서 직원들이 교대로 쉴 수밖에 없으므로 더 많은 직원들을 확보해야 하며, 이는 곧 과중한 인건비 지출로 이어진다. 뿐만 아니라 보다 양질의 서비스를 제공하기 위한 종업원들의 주기적인 교육훈련도 필요한데, 이 때에도 시프트(shift)제도의 실시로 말미암아 같은 내용의 훈련을 수차례 반복해야 하는 경우도 있다. 이 모든 것이 인건비의 지출로 연결되는 것이다.

10) 낮은 자본회전율

호텔은 건설과정에서 상당한 거액이 투자되지만 매출액은 투자된 자본에 비해 상대적으로 매우 낮아 자본회전율이 낮다. 이러한 낮은 자본회전율은 호텔경영을 압박하는 요인으로 작용하는데, 따라서 많은 호텔들이 종업원들의 정신교육 강화, 기계화의 도입, 그리고 보다 과학적인 수요예측기법의 활용 등을 통하여 경영성과 제고에 힘쓰고 있다.

5. 호텔업의 등록 등[12)]

1) 등록의 의의 및 성질

「관광진흥법」상의 등록은 행정법상의 허가(許可)와 유사하나, 허가보다는 재량의 여지가 거의 없고 등록요건에 맞으면 특별한 사정이 없는 한 등록을 해주어야 하는 기속(羈束)행위이며, 상대방에게 이익을 주는 수익적 행정행위(授益的 行政行爲)로 이해되고 있다. 따라서 관광사업의 등록기준에 적합한 시설을 갖추고 등록신청을 하였음에도 불구하고 등록을 받아 주지 않는 행위는 위법행위가 된다.

2) 호텔업의 등록관청

관광숙박업(호텔업)을 경영하려는 자는 특별자치도지사·특별자치시장·시장·군수·구청장(자치구의 구청장을 말한다)에게 등록하여야 한다(관광진흥법 제4조 제1항). 따라서 호텔업의 등록관청은 특별자치도지사·특별자치시장·시장·군수·구청장이다.

그런데 관광사업의 등록(登錄)은 관광사업의 허가(許可)나 지정(指定)과는 달리 등록에 앞서 선행행정절차를 거쳐야 하는 업종이 많다. 즉 관광숙박업(호텔업 및 휴양 콘도미니엄업)을 경영하려는 자는 관광숙박업의 등록을 하기 전에 그 사업에 대한 사업계획을 작성하여 특별자치도지사·특별자치시장·시장·군수·구청장의 승인을 받아야 하고(동법 제15조 제1항; 사업계획의 사전승인제도), 또 관광숙박업 및 관광객 이용시설업 등록심의위원회(이하 "등록심의위원회"라 한다)의 심의를 거쳐야 등록을 할 수가 있다(동법 제17조 제1항).

3) 호텔업의 등록기준(개정 2016.6.30.)

「관광진흥법」은 관광사업의 등록이나 변경등록의 기준·절차 등에 필요한 사항은 대통령령으로 정하도록 하고 있다(제4조 제3항, 동법시행령 제5조 관련 〈별표

12) 조진호·우상철 공저, 전게서, pp.126~129, pp.142~146.

1)). 따라서 현행 「관광진흥법」은 관광호텔업의 획기적인 개선을 위하여 등록기준을 대폭 완화하여 일반호텔이나 여관 등이 관광호텔업으로 용이하게 전환할 수 있도록 하였다.

(1) 관광호텔업의 등록기준

1. 욕실이나 샤워시설을 갖춘 객실을 30실 이상 갖추고 있을 것
2. 외국인에게 서비스를 제공할 수 있는 체제를 갖추고 있을 것
3. 대지 및 건물의 소유권 또는 사용권을 확보하고 있을 것. 다만, 회원을 모집하는 경우에는 소유권을 확보하여야 한다.

(2) 수상관광호텔업의 등록기준

1. 수상관광호텔이 위치하는 수면은 「공유수면 관리 및 매립에 관한 법률」 또는 「하천법」에 따라 관리청으로부터 점용허가를 받을 것
2. 욕실이나 샤워시설을 갖춘 객실이 30실 이상일 것
3. 외국인에게 서비스를 제공할 수 있는 체제를 갖추고 있을 것
4. 수상오염을 방지하기 위한 오수 저장·처리시설과 폐기물처리시설을 갖추고 있을 것
5. 구조물 및 선박의 소유권 또는 사용권을 확보하고 있을 것. 다만, 회원을 모집하는 경우에는 소유권을 확보하여야 한다.

(3) 한국전통호텔업의 등록기준

1. 건축물의 외관은 전통가옥의 형태를 갖추고 있을 것
2. 이용자의 불편이 없도록 욕실이나 샤워시설을 갖추고 있을 것
3. 외국인에게 서비스를 제공할 수 있는 체제를 갖추고 있을 것
4. 대지 및 건물의 소유권 또는 사용권을 확보하고 있을 것. 다만, 회원을 모집하는 경우에는 소유권을 확보하여야 한다.

(4) 가족호텔업의 등록기준

1. 가족단위 관광객이 이용할 수 있는 취사시설이 객실별로 설치되어 있거나 층별로 공동취사장이 설치되어 있을 것

2. 욕실이나 샤워시설을 갖춘 객실이 30실 이상일 것
3. 객실별 면적이 19제곱미터 이상일 것
4. 외국인에게 서비스를 제공할 수 있는 체제를 갖추고 있을 것
5. 대지 및 건물의 소유권 또는 사용권을 확보하고 있을 것. 다만, 회원을 모집하는 경우에는 소유권을 확보하여야 한다.

(5) 호스텔업의 등록기준

1. 배낭여행객 등 개별 관광객의 숙박에 적합한 객실을 갖추고 있을 것
2. 이용자의 불편이 없도록 화장실, 샤워장, 취사장 등의 편의시설을 갖추고 있을 것. 다만, 이러한 편의시설은 공동으로 이용하게 할 수 있다.
3. 외국인 및 내국인 관광객에게 서비스를 제공할 수 있는 문화 · 정보 교류시설을 갖추고 있을 것
4. 대지 및 건물의 소유권 또는 사용권을 확보하고 있을 것

(6) 소형호텔업의 등록기준

1. 욕실이나 샤워시설을 갖춘 객실을 20실 이상 30실 미만으로 갖추고 있을 것
2. 부대시설의 면적 합계가 건축 연면적의 50퍼센트 이하일 것
3. 두 종류 이상의 부대시설을 갖출 것. 다만, 「식품위생법 시행령」 제21조제8호다목에 따른 단란주점영업, 같은 호 라목에 따른 유흥주점영업 및 「사행행위 등 규제 및 처벌 특례법」 제2조제1호에 따른 사행행위를 위한 시설은 둘 수 없다.
4. 조식 제공, 외국어 구사인력 고용 등 외국인에게 서비스를 제공할 수 있는 체제를 갖추고 있을 것
5. 대지 및 건물의 소유권 또는 사용권을 확보하고 있을 것. 다만, 회원을 모집하는 경우에는 소유권을 확보하여야 한다.

(7) 의료관광호텔업의 등록기준

1. 의료관광객이 이용할 수 있는 취사시설이 객실별로 설치되어 있거나 층별

로 공동취사장이 설치되어 있을 것

2. 욕실이나 샤워시설을 갖춘 객실이 20실 이상일 것
3. 객실별 면적이 19제곱미터 이상일 것
4. 「학교보건법」 제6조제1항제12호, 제15호, 제19호 및 같은 법 시행령 제6조제1호에 따른 영업이 이루어지는 시설을 부대시설로 두지 아니할 것
5. 의료관광객의 출입이 편리한 체계를 갖추고 있을 것
6. 외국어 구사인력 고용 등 외국인에게 서비스를 제공할 수 있는 체제를 갖추고 있을 것
7. 의료관광호텔 시설(의료관광호텔의 부대시설로 「의료법」 제3조제1항에 따른 의료기관을 설치할 경우에는 그 의료기관을 제외한 시설을 말한다)은 의료기관 시설과 분리될 것. 이 경우 분리에 관하여 필요한 사항은 문화체육관광부장관이 정하여 고시한다.
8. 대지 및 건물의 소유권 또는 사용권을 확보하고 있을 것
9. 의료관광호텔업을 등록하려는 자가 다음의 구분에 따른 요건을 충족하는 외국인환자 유치 의료기관의 개설자 또는 유치업자일 것
   가) 외국인환자 유치 의료기관의 개설자
      1) 「의료법」 제27조의2 제3항에 따라 보건복지부장관에게 보고한 사업실적에 근거하여 산정할 경우 전년도(등록신청일이 속한 연도의 전년도를 말한다. 이하 같다)의 연환자수(외국인환자 유치 의료기관이 2개 이상인 경우에는 각 외국인환자 유치 의료기관의 연환자수를 합산한 결과를 말한다. 이하 같다) 또는 등록신청일 기준으로 직전 1년간의 연환자수가 500명을 초과할 것. 다만, 외국인환자 유치 의료기관 중 1개 이상이 서울특별시에 있는 경우에는 연환자수가 3,000명을 초과하여야 한다. 〈**개정** 2015.11.18.〉
      2) 「의료법」 제33조제2항제3호에 따른 의료법인인 경우에는 1)의 요건을 충족하면서 다른 외국인환자 유치 의료기관의 개설자 또는 유치업자와 공동으로 등록하지 아니할 것

3) 외국인환자 유치 의료기관의 개설자가 설립을 위한 출연재산의 100분의 30 이상을 출연한 경우로서 최다출연자가 되는 비영리법인(외국인환자 유치 의료기관의 개설자인 경우로 한정한다)이 1)의 기준을 충족하지 아니하는 경우에는 그 최다출연자인 외국인환자 유치 의료기관의 개설자가 1)의 기준을 충족할 것 **〈신설 2015.11.18.〉**

나) 유치업자

1) 「의료법」 제27조의2 제3항에 따라 보건복지부장관에게 보고한 사업실적에 근거하여 산정할 경우 전년도 실환자수(둘 이상의 유치업자가 공동으로 등록하는 경우에는 실환자수를 합산한 결과를 말한다. 이하 같다) 또는 등록신청일 기준으로 직전 1년간의 실환자수가 500명을 초과할 것 **〈신설 2015.11.18.〉**

2) 외국인환자 유치 의료기관의 개설자가 100분의 30 이상의 지분 또는 주식을 보유하면서 최대출자자가 되는 법인(유치업자인 경우로 한정한다)이 1)의 기준을 충족하지 아니하는 경우에는 그 최대출자자인 외국인환자 유치 의료기관의 개설자가 (가)1)의 기준을 충족할 것 **〈신설 2015.11.18.〉**

4) 사업계획의 승인

관광사업 중에서 관광숙박업 등은 막대한 시설투자비가 소요되고, 성격상 여러 행정기관으로부터 수많은 인·허가 등을 받아야 하는 어려움이 있으므로, 사업계획의 승인 없이 사업자가 임의로 시설투자를 한 후 관광사업의 등록을 신청한 경우에 등록관청이 등록을 거부한다면, 등록을 신청한 자는 막대한 재산상의 손실을 당할 우려가 있다. 이러한 위험성을 사전에 방지하기 위해 사업계획승인을 받은 후에 관광사업의 등록을 하도록 함으로써 사업시행의 원활을 기하고자 함에 사업계획승인제도의 목적이 있다.

이에 따라 「관광진흥법」은 "관광숙박업(호텔업 및 휴양 콘도미니엄업)을 경영하려는 자는 등록을 하기 전에 그 사업에 대한 사업계획을 작성하여 특별자치도지사 · 특별자치시장 · 시장 · 군수 · 구청장의 승인을 받아야 한다(제15조 제1항)"고 규정하여 '사업계획의 사전승인제도'를 도입하였다.

5) '등록심의위원회'의 심의

관광사업 중 관광숙박업(호텔업 및 휴양 콘도미니엄업)의 등록(등록사항의 변경을 포함한다)에 관한 사항을 심의하기 위하여 특별자치도지사 · 특별자치시장 · 시장 · 군수 · 구청장(권한이 위임된 경우에는 그 위임을 받은 기관을 말함) 소속으로 관광숙박업 등 등록심의위원회(이하 "등록심의위원회"라 한다)를 두는데(관광진흥법 제17조 제1항), 이들 관광숙박업 등은 다른 사업에 비하여 규모나 시설이 크고 의제(擬制)되는 법률도 많기 때문에, 등록을 하기 전에 미리 '등록심의위원회'의 심의를 거치도록 한 것이다. 다만, 대통령령으로 정하는 경미한 사항의 변경에 관하여는 '등록심의위원회'의 심의를 거치지 아니할 수 있다(동법 제17조 제4항).

6. 관광숙박업 등의 등급[13)]

1) 개 요

문화체육관광부장관(제주자치도는 도지사)은 관광숙박시설 및 야영장 이용자의 편의를 돕고, 관광숙박시설 · 야영장 및 서비스의 수준을 효율적으로 유지 · 관리하기 위하여 관광숙박업자 및 야영장업자의 신청을 받아 관광숙박업 및 야영장업에 대한 등급을 정할 수 있다. 다만, 호텔업 등록을 한 자 중 대통령령으로 정하는 자는 등급결정을 신청하여야 한다(관광진흥법 제19조 제1항 〈개정 2015.2.3.〉). 또 문화체육관광부장관은 등급결정을 위하여 필요한 경우에는 관계 전문가에게 관광숙박업 및 야영장업의 시설 및 운영 실태에 관한 조사를 의뢰할 수 있다(동법 제19조 제3항 〈개정 2015.2.3.〉). 이러한 등급결정권은 일정한 요건을 갖춘 법인으로서 문화체육관광부장관이 정하여 고시하는 법인에 위탁한다(동법 제80조 제3항 제2호 및 동법시행령 제66조 제2항).

13) 조진호 · 우상철 공저, 전게서, pp.176~181.

한편, 관광숙박업 등의 등급결정에 관하여 제주자치도에서는 문화체육관광부 장관의 권한은 제주자치도지사의 권한으로 하고, 「관광진흥법 시행령」이나 「관광진흥법 시행규칙」에서 정하도록 되어 있는 것은 제주자치도 '도조례'로 정할 수 있게 하였다(제주특별법 제240조 제2항).

2) 등급결정대상 관광숙박업 및 등급구분

관광숙박업의 시설 및 서비스수준을 높이고 이용자의 편의를 돕기 위하여 의무적으로 등급결정을 신청하여야 하는 호텔업은 관광호텔업, 수상관광호텔업, 한국전통호텔업, 소형호텔업 및 의료관광호텔업에 한하고, 가족호텔업과 호스텔업은 제외된다(관광진흥법 시행령 제22조 제1항). 그리고 호텔업의 등급은 5성급, 4성급, 3성급, 2성급 및 1성급으로 구분한다(동법시행령 제22조 제2항 〈개정 2014.11.28.〉).

종전의 특1등급, 특2등급, 1등급, 2등급 및 3등급으로 구분해 왔던 호텔업의 등급을 국제적으로 통용되는 별(星) 등급 체계로 정비함으로써 외국인 관광객들이 호텔을 선택함에 있어서의 편의를 도모하고자 한 것이다.

3) 호텔업 등급결정 권한의 위탁

(1) 문화체육관광부장관은 호텔업의 등급결정권을 다음 각 호의 요건을 모두 갖춘 법인으로서 문화체육관광부장관이 정하여 고시하는 법인에 위탁한다(관광진흥법 제80조 제3항 2호, 동법시행령 제66조 제1항 〈개정 2014.11.28.〉). 이 때 등급결정권을 위탁받은 법인(이하 "등급결정 수탁기관"이라 한다)은 기존의 한국관광호텔업협회 및 한국관광협회중앙회의 이원화 체계에서 객관성과 신뢰성을 높일 수 있는 한국관광협회중앙회로 일원화하였다.

1. 문화체육관광부장관의 허가를 받아 설립된 비영리법인이거나 「공공기관의 운영에 관한 법률」에 따른 공공기관일 것
2. 관광숙박업의 육성과 서비스 개선 등에 관한 연구 및 계몽활동 등을 하는 법인일 것
3. 문화체육관광부령으로 정하는 기준에 맞는 자격을 가진 평가요원을 50명 이

상 확보하고 있을 것

(2) 문화체육관광부장관은 위탁업무 수행에 필요한 경비의 전부 또는 일부를 호텔업 등급결정권을 위탁받은 법인("등급결정 수탁기관")에 지원할 수 있다(동법시행령 제66조 제2항 〈개정 2014.11.28.〉).

(3) 호텔업 등급결정권 위탁기준 등 호텔업 등급결정권의 위탁에 필요한 사항은 문화체육관광부장관이 정하여 고시한다(동법시행령 제66조 제3항 〈신설 2014.11.28.〉).

4) 호텔업의 등급결정 절차

(1) 등급결정 신청

관광호텔업, 수상관광호텔업, 한국전통호텔업, 소형호텔업 및 의료관광호텔업의 등록을 한 자는 다음 각 호의 사유가 발생한 날부터 60일 이내에 문화체육관광부장관으로부터 등급결정권을 위탁받은 법인(이하 "등급결정 수탁기관"이라 한다)에 호텔업의 등급 중 희망하는 등급을 정하여 등급결정을 신청하여야 한다(동법시행규칙 제25조 제1항 〈개정 2014.12.31., 2017.6.7.〉).

1. 호텔을 신규 등록한 경우: 호텔업 등록을 한 날부터 60일
2. 호텔업 등급결정의 유효기간이 만료되는 경우: 유효기간 만료 전 150일부터 90일까지
3. 시설의 증·개축 또는 서비스 및 운영실태 등의 변경에 따른 등급 조정사유가 발생한 경우: 등급 조정사유가 발생한 날부터 60일

(2) 등급평가기준

「관광진흥법 시행규칙」 제25조 제3항의 규정에 의한 호텔업 세부등급평가기준(이하 "등급평가기준"이라 한다)은 별표와 같다(등급결정요령 제7조).

■ 등급결정기준표

구분		5성	4성	3성	2성	1성
등급평가기준	현장평가	700점	585점	500점	400점	400점
	암행평가/불시평가	300점	265점	200점	200점	200점
	총배점	1,000점	850점	700점	600점	600점
결정기준	공통기준	1. 등급별 등급평가기준 상의 필수항목을 충족할 것 2. 제11조 제1항에 따른 점검 또는 검사가 유효할 것				
	등급별 기준	평가점수가 총 배점의 90% 이상	평가점수가 총 배점의 80% 이상	평가점수가 총 배점의 70% 이상	평가점수가 총 배점의 60% 이상	평가점수가 총 배점의 50% 이상

(3) 등급결정을 위한 평가요소

등급결정 수탁기관이 등급결정을 하는 경우에는 다음 각 호의 요소를 평가하여야 하며, 그 세부적인 기준 및 절차는 문화체육관광부장관이 정하여 고시한다(동법시행규칙 제25조 3항 〈개정 2014.12.31.〉).

1. 서비스 상태
2. 객실 및 부대시설의 상태
3. 안전관리 등에 관한 법령 준수 여부

(4) 등급결정

① 등급결정 수탁기관은 등급결정 신청을 받은 경우에는 문화체육관광부장관이 정하여 고시하는 호텔업 등급결정의 기준에 따라 신청일부터 90일 이내에 해당 호텔의 등급을 결정하여 신청인에게 통지하여야 한다. 다만, 부득이한 경우에는 60일의 범위에서 그 기간을 연장할 수 있다(동법시행규칙 제25조 2항).

② 등급결정 수탁기관은 평가의 공정성을 위하여 필요하다고 인정하는 경우에는 평가를 마칠 때까지 평가의 일정 등을 신청인에게 알리지 아니할 수 있다(동법시행규칙 제25조 4항 〈개정 2014.12.31.〉).

③ 등급결정 수탁기관은 평가한 결과 등급결정 기준에 미달하는 경우에는 해당 호텔의 등급결정을 보류하여야 한다. 이 경우 보류사실을 신청인에게 통지하

여야 한다(동법시행규칙 제25조 5항 〈개정 2014.12.31.〉).

(5) 등급결정의 재신청 등

① 등급결정 보류의 통지를 받은 신청인은 그 보류의 통지를 받은 날부터 60일 이내에 신청한 등급과 동일한 등급 또는 낮은 등급으로 호텔업 등급결정의 재신청을 하여야 한다(동법시행규칙 제25조의2 제1항 〈신설 2014.12.31.〉). 이때 재신청을 받은 '등급결정 수탁기관'은 해당 호텔의 등급을 결정하거나 해당 호텔의 등급결정을 보류한 후 그 사실을 신청인에게 통지하여야 한다(동법시행규칙 제25조의2 제2항 〈신설 2014.12.31.〉).

② 등급결정이 보류되어 당초 신청한 등급과 동일한 등급으로 호텔업 등급결정을 재신청하였으나 다시 등급결정이 보류된 경우에는 등급결정 보류의 통지를 받은 날부터 60일 이내에 신청한 등급보다 낮은 등급으로 등급결정을 신청하거나 '등급결정 수탁기관'에 등급결정의 보류에 대한 이의를 신청하여야 한다(동법시행규칙 제25조의2 제3항 〈신설 2014.12.31.〉).

③ 호텔의 등급결정이 두 차례나 보류되어 이의신청을 한 경우에 이의신청을 받은 '등급결정 수탁기관'은 문화체육관광부장관이 정하여 고시하는 절차에 따라 신청일부터 90일 이내에 이의신청에 이유가 있는지 여부를 판단하여 처리하여야 한다. 다만, 부득이한 사유가 있는 경우에는 60일의 범위에서 그 기간을 연장할 수 있다.

④ 2차 보류에 대한 불복으로 이의신청을 거친 자가 다시 등급결정을 신청하는 경우에는 당초 신청한 등급보다 낮은 등급으로만 할 수 있다.

⑤ 등급결정보류의 통지를 받은 신청인이 직전에 신청한 등급보다 낮은 등급으로 호텔업 등급결정을 재신청하였으나 다시 등급결정이 보류된 경우에는 최초로 등급결정 보류의 통지를 받은 신청인이 재신청을 하는 경우와 같은 절차에 따라 처리하게 된다.

(6) 등급결정의 유효기간 등

① 문화체육관광부장관은 등급결정을 하는 경우 유효기간을 정하여 등급을 정할 수 있는데, 호텔업 등급결정의 유효기간은 등급결정을 받은 날부터 3년으로

한다(관광진흥법 제19조제2항, 동법시행규칙 제25조의3 제1항 〈신설 2014.12.31.〉).

② 문화체육관광부장관은 등급결정 결과를 분기별로 문화체육관광부의 인터넷 홈페이지에 공표하여야 하고, 필요한 경우에는 그 밖의 효과적인 방법으로 공표할 수 있다(동법시행규칙 제25조의3 제2항 〈신설 2014.12.31.〉).

③ 이 규칙에서 규정한 사항 외에 호텔업의 등급결정에 필요한 사항은 문화체육관광부장관이 정하여 고시한다(동법시행규칙 제25조의3 제3항 〈신설 2014.12.31.〉).

5) 호텔업의 등급결정권 수탁기관의 임 · 직원을 공무원으로 간주

문화체육관광부장관(제주자치도에서는 도지사)으로부터 호텔업의 등급결정권을 위탁받아 등급결정업무를 수행하는 등급결정업무 수행기관의 임 · 직원은 부정이나 위법행위로 인하여 「형법」 제129조부터 제132조까지의 규정을 적용하는 경우 공무원으로 본다(관광진흥법 제80조 4항).

제5절 관광교통업

1. 관광교통업의 이해

1) 관광과 교통

우리나라의 관광관련 법규(관광진흥법)에 따르면 교통업은 관광사업으로 규정되어 있지는 않다. 그러나 관광과 교통은 그동안 불가분의 관계를 형성하면서 발전해 왔다. 관광은 이동을 본질적 요소로 하는데, 이동을 담당하는 것이 교통시설이며, 교통시설을 이용하여 사람이나 물건(재화) 및 정보를 장소적으로 이동하는 교통서비스를 파는 것은 교통업이기 때문이다.

사람이 관광을 하기 위해서는 관광지까지의 교통로와 어떤 교통수단이 필요하다. 교통수단을 계획적이고 조직적으로 제공하는 교통기관의 발달은 이동을 편리하게 하고, 즐거움을 위한 여행이 성립하는 기반을 만들었다. 교통기관의 발달은 관광지에 이르는 시간을 단축시키고, 또한 이동에 필요한 비용을 상대적으로 싸게 들게 했던 것이다.

어떻든 교통업은 관광왕래를 촉진하고 그 효과를 기대하는 데서 이용되었으며, 관광에 매개를 강화하면서 발전돼 왔다. 따라서 관광과 교통과의 관계는 교통업이 매개되지 않았던 관광으로부터 교통업의 매개를 전제로 한 관광으로 구조상의 일대 변혁을 가져온 것이다.

그렇긴 하지만, 일상생활권으로부터의 탈출, 즉 이동이 관광을 성립시키고 또 그것을 가능하게 하는 것인데, 일상생활권은 행동범위의 확대와 도시권의 확대에 따라 점차 넓어져 가고 있고, 그곳으로부터의 탈출은 교통기관에 맡기지 않을 수 없게 되었다.

2) 관광교통의 개념

관광교통은 관광루트와 관광코스를 결정짓는 가장 중요한 요소이고, 인간의 이동이라는 대의를 가지고 있으면서도 그 자체가 인간의 만남과 문화의 발달을 동시에 추구하여, 관광대상으로서 기능한다는 점에서 인류에게는 매우 중요한 생활영위수단이고, 관광활동을 가치 있고 다양하게 하는 역할을 하게 된다.

이러한 관광교통의 개념정의에 관하여는 학자들의 견해가 다양하지만, 이들을 종합해 보면 "관광교통이란 관광객이 일상생활권을 벗어나 반복적이면서 체계 있고 관광적 가치가 있는 교통수단을 이용하여 관광자원을 찾아가면서 이루어지는 경제적 · 사회적 · 문화적 현상이 내포된 이동행위의 총체"라고 정의할 수 있다.

3) 관광교통업의 기본적 성격

(1) 즉시재

교통서비스는 흔히 즉시재(instantaneous goods) 또는 무형재(invisible goods)로 불린다. 일반적으로 유형재는 반드시 일정한 형상과 존속기간을 가지며, 그 생산과 소비는 각기 다른 장소에서 이루어지는 것이 보통이지만, 교통서비스는 생산되고 있는 순간에 소비되지 않으면 소용이 없다. 다시 말하면 생산과 소비가 동시에 이루어지는 성격을 띠고 있기 때문에 교통서비스는 저장이 불가능하다. 이는 교통수요에 대하여 언제든지 이에 대처할 수 있는 적정한 규모의 수송시설이 사회적으로 존재하지 않으면 안된다는 것을 의미한다.

(2) 수요의 편재성

교통은 본원적으로 휴가기간, 주말, 출퇴근 시간 등 특정기간이나 특정시간에 수요가 집중되는 수요의 편재성이 나타난다. 특히 관광교통은 통근 등과 같이 직장에 가기 위하여 교통기관을 이용하는 파생수요(derived demand)와는 달라서 관광여행 그 자체가 목적으로 되어 있는 본원적 수요(elemental demand)이기 때문에 수요의 탄력성이 매우 크다.

(3) 자본의 유휴화

관광교통수요가 시간적 · 지역적으로 편재하기 때문에 성수기를 제외하면 자본의 유휴성(遊休性)이 높은 특징을 갖는다. 교통사업의 총비용 가운데서 차지하는 감가상각비, 고정인건비, 고정적 유지 · 관리비, 수리비 등의 이른바 고정비의 비율이 높고, 그 때문에 조업도(操業度)의 증가에 따른 단위당 고정비의 감소가 강하게 작용하므로 조업률이 높은 만큼 평균비용이 감소된다. 따라서 가격을 내려서라도 좌석을 채우는 것이 효율적이기 때문에 특히 비수기에는 가격경쟁이 심해져 경영에 많은 어려움을 겪고 있다.

(4) 독점성

관광객과 관광자원의 매개적 역할을 수행하고 있는 관광교통은 이동을 전제로 하는 관광의 특성상 독점형태의 성격을 띠고 있다. 그러므로 대체 교통수단이 없을 경우에 운임이 크게 인상되었다 하더라도 그 교통수단을 이용하지 않을 수 없다. 교통업은 이와 같은 독점에 따른 폐단이 크기 때문에 교통사업에 대한 통제는 사회문제로 논의돼 왔고, 정부의 통제 하에 운행되고 있는 경우가 많다.

2. 육상교통업

1) 철 도[14]

(1) 철도관광의 개요

우리나라의 철도는 1899년 9월 18일 제물포~노량진 간에 33.2㎞의 경인철도를 개통한 이래 지속적으로 발전을 거듭하면서 국민의 안전하고 편리한 생활철도로서 널리 이용되었고, 건전한 국내 관광산업을 주도하는 중요한 교통수단으로 자리잡았다. 최근에는 민간기업 경영기법을 도입하여 고객만족서비스 제공과 업무 프로세스 개선을 통한 경영효율화를 추구하고 있다.

철도를 이용한 관광은 안정성 · 정시성 등으로 관광객들에게 인기가 높다. 최근에는 관광열차 프로그램이 만들어져 운행되고 있으며, 특히 안정성을 고려해야 하는 수학여행 등의 단체여행은 철도를 이용한 관광이 선호되고 있다. 또한 철도의 운행은 각 경유지의 관광자원에 대한 접근성을 확보하여 관광객들에게 편리성을 제공하고, 새로운 관광지를 만들어 내기도 하며, 다른 교통수단과의 연계를 통하여 관광의 범위확대에 기여하고 있다.

철도를 다른 교통수단과 비교하면, 신속성 측면에서는 항공기, 대량수송의 경제성 측면에서는 선박, 편리성 측면에서는 자동차에 뒤지는 경향이 있으나, 교통기관의 가장 중요한 조건인 안정성 · 정시성이라는 측면에서는 타 교통기관에 비하여 매우 우수한 교통수단이다.

(2) 고속철도 관광

21세기에 들어와 우리 국토는 고속철도시대의 개막이라는 전환점을 맞이하게 된다. 많은 국가적 관심과 더불어 추진돼온 경부고속철도 1단계 사업이 2004년 4월에 완료됨으로써 우리나라도 고속철도시대에 진입하게 되었다.

2004년 4월 1일 개통된 고속열차인 KTX는 1992년에 시작된 경부고속철도사업의 일환으로 서울과 부산간 418.7㎞를 잇는 고속철도 건설 프로젝트 1단계에 해당하는 서울~대구 간의 사업구간에 개통이 이루어짐으로써 서울에서 부산까지의

14) 문화체육관광부, 2016년 기준 관광동향에 관한 연차보고서, pp.351~356.

소요시간을 2시간 40분대로 앞당겨 전국을 반나절 생활권으로 바꾸는 혁명적인 생활문화 변화를 이룩하게 되었다.

특히 2005년 1월 1일부터는 철도청이 한국철도공사로 전환되면서 기존의 틀에서 벗어나 경영개선과 각종 서비스의 제공 등 다양한 이벤트와 관광활성화를 위하여 노력하고 있는데, 고속철도 개통 5년 8개월 만인 2009년 12월에는 이용객이 무려 2억명을 돌파하는 교통혁명을 이룩하였다.

2010년 11월 1일에는 대구~부산 간 경부고속철도 2단계 구간이 완전 개통됨으로써 서울~부산 간을 2시간 8분에 주파하는 속도의 혁명을 이루어냈다. 경춘선 복선전철 개통(2010.12.21), 전라선 KTX 영업개시(2011.10.5)를 통해 국가의 사회·경제에 미친 긍정적 파급효과는 형용하기 어려울 정도이다.

그리고 KTX와 일반철도와의 상호보완적인 결합은 고객의 욕구에 맞는 열차의 운행으로 보다 편리하고 쉽게 철도에 접근할 수 있게 되었으며, 지방자치단체와 연계한 시티투어 상품개발은 물론 선박연계 및 해외상품, 계절요인을 반영한 상품, 문화예술축제와 연계한 상품 등을 개발하고 있다.

외국인 관광객의 수요창출과 문화관광진흥에 기여하고자 개발된 코레일패스(KR-PASS)는 외국인 전용으로 판매되고 있으며 외국인 관광객의 국내관광편의를 도모해 왔다. 코레일패스는 일정기간 동안 구간이나 횟수의 제한 없이 KTX, 새마을호의 특실과 수도권 전동열차 및 관광열차를 제외한 모든 열차의 이용이 가능한 상품으로 외국인 관광객의 이동편의를 증진시켜 수도권 중심의 인바운드 관광시장을 지역단위 관광으로 분산시켰다.

최근에는 계절별·지역별로 문화축제, 이벤트열차 등 열차의 멋과 낭만을 느낄 수 있는 관광상품을 출시하여 많은 고객으로부터 호응을 얻고 있다.

이와 같이 고속철도의 등장은 정치, 경제, 사회, 문화 모든 영역에 있어서 우리가 종전에 경험하지 못한 기회를 제공하고 있다. 직접적으로 나타나는 효과로는 여행시간이 단축됨에 따라 여행 및 통행패턴에 많은 변화를 가져왔으며, 고속철도가 통과하는 지역은 산업입지 및 거주여건이 향상되어 지역경제가 활성화되면서 인구의 흡인력이 커지게 될 것이다. 또한 고속철도로 인해 생활패턴의 변화,

지방도시로의 인구분산효과, 지역균형발전, 관광산업의 활성화, 화물수송능력 증가 등 국민생활경제에 크게 기여할 것으로 기대된다.

2) 전세버스운송사업

(1) 전세버스운송사업의 의의

전세버스운송사업이란 운행계통을 정하지 아니하고 전국을 사업구역으로 하여 1개의 운송계약에 따라 국토교통부령으로 정하는 자동차를 사용하여 여객을 운송하는 사업을 말한다. 다만, 정부기관 · 지방자치단체와 그 출연기관 · 연구기관 등 공법인(公法人) 및 회사, 학교 또는 「영유아보육법」 제10조에 따르는 어린이집, 그리고 「산업집적활성화 및 공장설립에 관한 법률」에 따른 산업단지 중 국토교통부장관이 정하여 고시하는 산업단지의 관리기관의 장과의 1개의 운송계약(운임의 수령주체와 관계 없이 개별 탑승자로부터 현금이나 회수권 또는 카드결제 등의 방식으로 운임을 받는 경우는 제외한다)에 따라 그 소속원(산업단지 관리기관의 경우에는 해당 산업단지 입주기업체의 소속원을 말한다) 만의 통근 · 통학목적으로 자동차를 운행하는 경우에는 운행계통을 정하지 아니한 것으로 본다(여객자동차운수사업법 시행령 제3조 2호).

(2) 전세버스 관광상품의 형태

(가) 전세버스관광

전세버스관광은 학교, 회사, 협회 또는 계모임, 친목단체 등과 같은 자생단체에서 전세버스 운송업체의 운송서비스를 제공받아 스포츠행사, 박람회, 쇼핑센터, 관광지 등을 여행하는 것을 말한다. 이 상품은 단일목적지의 여행으로 관광안내원은 동반하지 않는다.

(나) 단체관광

국내에서 가장 많이 이용하는 전세버스의 한 형태이다. 단체의 대표와 여행사(전세버스업자) 간의 상담을 통하여 여행일정 및 관광목적지를 결정하여 계획된 운송서비스를 제공하는 것이다. 모든 일정표에 숙박 · 식사 · 쇼핑 · 관광지 등이 포함되며, 전 여정기간 동안 전문 관광안내원이 동반하여 여행서비스를 제공한다.

(다) 개별 패키지관광

전세버스회사에서 특별한 이벤트나 계절상품, 유명관광지를 목적지로 한 특별기획 여행상품을 개별 여행자들이 모여 이용하는 운송관광상품이다.

(라) 도시 패키지관광

개별 패키지관광과 유사하나 일정한 도시 내의 주요 관광지, 호텔, 음식점, 쇼핑센터 등을 운행하며 운송서비스를 제공한다.

(마) 연계 교통관광

타 교통수단인 항공, 크루즈, 여객선, 철도와 전세버스를 연결하여 운송서비스를 제공하는 관광형태이다. 우리나라의 경우 관광열차와 연계하는 형태와 제주도 여행시 항공기와 버스, 여객선과 버스를 이용하는 연계교통 관광형태가 가장 전형적으로 이루어지고 있다.

(3) 전세버스사업의 현황

우리나라는 1948년 서울~온양 간에 관광전세버스가 처음으로 운행되기 시작하였으나, 1950년 6 · 25전쟁의 발발로 사실상 중단되었다. 그 후 정부가 관광에 대한 관심이 높아지면서 1961년 8월 22일 우리나라 관광에 관한 최초의 법률인 「관광사업진흥법」을 법률 제689호로 제정 · 공포하였는데, 여기에 관광사업의 일종으로 전세버스업이 관광교통업으로 신설 규정되면서 많은 발전이 있었다.

그러나 1975년 12월 31일 「관광사업진흥법」이 폐지되고 「관광기본법」과 「관광사업법」으로 분리 제정되었는데, 새로운 「관광사업법」에서는 관광교통업이 관광사업의 종류에서 제외되었고, 1986년 12월 31일 「관광사업법」이 폐지됨과 동시에 동법의 내용을 거의 답습한 현행 「관광진흥법」에서도 관광교통업에 관한 규정은 없다. 전세버스운송사업은 현행 「여객자동차운수사업법 시행령」 제3조에서 규정하고 있는 '여객자동차운송사업' 중의 한 업종으로 발전하면서 오늘에 이르고 있다.

3) 자동차대여사업

(1) 자동차대여사업의 의의

자동차대여사업이란 렌터카(rent-a-car) 즉 자동차를 빌려주는 사업을 말한다. 광의의 개념으로 자동차를 이용하는 고객의 요구에 부응하여 자동차 자체의 대여와 이에 부과되는 다양한 서비스를 포함하여 고객에게 필요할 때 필요한 장소에서 필요한 만큼 빌린다는 점에서 서비스산업에 해당된다.

법적인 개념으로 자동차대여사업이란 다른 사람의 수요에 응하여 유상(有償)으로 자동차를 대여(貸與)하는 사업을 말한다(여객자동차운수사업법 제2조 제4호).

(2) 자동차대여사업의 특성

관광교통수단을 크게 분류하면 철도 · 버스 · 항공기 등의 공공교통기관과 자가용 자동차로 대표되는 사적(私的) 교통기관으로 분류할 수 있는데, 자동차대여사업은 이 중간에 틈새시장을 파고드는 '제3의 교통기관'의 위치에 있다고 볼 수 있다.

자동차대여사업이 제3의 교통기관으로 불리는 이유는 첫째, 철도 · 항공기 · 버스 · 택시 등의 공공수송기관의 보완적 교통수단과 도시주변, 근교, 관광지 등에서 공공수송기관의 대체교통기관으로서의 기능을 발휘하고 있다는 점, 둘째, 유통부문 및 기업활동에서 업무용 자동차의 경비절감과 휴가철 자동차 선호 이용자들의 렌터카 사용이 증가하고 있다는 것이다.

또한 자동차대여업의 매력은 필요할 때마다 자동차를 빌릴 수가 있어 자동차를 운전하여 드라이브를 즐기면서 비밀싱을 보장받을 수 있나는 섯이다. 특히 상거리 여행시 자가용 자동차를 이용하지 않고도 신속하고 안전한 타 교통수단을 이용한 후 목적지에서 보조차의 기능을 담당함으로써 여행자들에게 기동성을 보장하여 줄 수 있다는 점이다.

(3) 자동차대여사업과 타 관광사업과의 연계

(가) 철도 · 항공기와의 결합수송 서비스

사람들이 여행을 할 때 자가용만을 이용한다는 것은 합리적 현대사회에 있어서는 극히 불합리한 이야기로 볼 수밖에 없으며, 시간적으로나 경제적인 측면에서 철도나 항공기를 이용할 때가 많다. 따라서 철도의 고속성 · 안전성의 장점 및 항공기의 장거리 고속성의 장점 또는 아무래도 자동차가 아니면 안된다고 하는 자동차가 갖는 기동성 등을 감안하여 스케줄을 세워서 여행을 하게 되는 것이다.

각각 특성 있는 교통수단 중에서 여행하는 사람이 각각의 필요에 알맞은 방법으로 터미널에서 연계승차가 되는 시스템을 요구한다. 이러한 렌터카는 장시간 차를 운전하여 드라이브를 즐긴다든지, 사업상 몇 군데의 방문지가 있다든지, 밀실성 있는 이동하는 방이라는 자가용적 특성을 요구하는 사람들에게 많이 이용된다.

(나) 여행업자와의 제휴

여행 중 렌터카를 사용하는 경우, 렌터카의 예약과 더불어 당연히 철도와 항공기의 예약도 필요하게 되는데, 이는 목적지까지의 교통수단으로서 철도와 항공기를 연계하여 이용하기 때문이다. 특히 성수기인 경우에 렌터카 예약이 절대 필요하고, 더불어 렌터카를 장시간 사용하면 숙박이 수반되어야 하므로 호텔 등의 예약이 필요하게 된다. 따라서 여행업자에게서 하나의 패키지상품으로 구입하는 것이 유용할 수도 있다. 렌터카업자는 필연적으로 이러한 여행업자와 제휴하여 여행의 편리성 향상에 노력을 기울여야 한다.

(다) 관광산업과의 제휴 등 부가가치 서비스

관광지의 렌터카 회사는 그 지역 내에 있는 관광명소 및 관광시설 등과도 제휴하거나, 책임 있는 토산품점 등을 추천하거나 한다. 렌터카를 이용한 관광활동은 단지 자연경관을 감상하는 것만이 아니고 지역의 신뢰성 있는 리조트 · 여가사업체와 제휴함으로써 관광객의 편리성에도 기여하게 된다.

라) 경쟁사업과의 역할분담

렌터카의 경쟁사업으로서 대표적인 것은 택시가 있다. 택시나 렌터카 모두에 각각 장 · 단점이 있고, 한편으로는 분명히 경쟁되는 점과 역할분담면도 있다.

택시는 직업전문운전자가 운전하기 때문에 안심하고 타게 되며, 친절하고, 지리에 밝고, 안내도 자세하게 받으며, 기념사진 등도 걱정 없이 해결해 준다. 반면에 요금은 약간 비싸며, 프라이버시면의 문제와 식사시간 맞추기 등이 불리한 점으로 지적되고 있다.

렌터카는 완전 밀실성이 있고, 프라이버시가 지켜지며, 자기가 운전대를 잡고 운전 그 자체를 즐길 수 있다. 그리고 자신이 좋을 때 바라는 장소에 언제나 갈 수 있고, 어느 곳에나 정차할 수 있는 자유가 있다. 또한 장시간 이용하면 요금이 상대적으로 저렴하다.

이와 같이 택시와 렌터카 각각의 특성을 명확하게 살린 형태로 역할을 분명히 주장하고 여행자에게도 이해를 구하여 양 업계의 보다 나은 발전을 위하고, 나아가서 여행자의 편리성 향상에 도움이 되는 방향으로 협력을 해야 할 것이다.

3. 항공운송사업[15)]

1) 항공운송사업의 이해

(1) 항공운송의 중요성

항공운송은 가장 중요한 장거리 교통수단으로서 5대양 6대주를 연결하고 있어 국제관광 발전에 크게 이바지하고 있다. 그간 항공운송시장 환경은 '규제와 보호'가 중요시되었으나, 세계화 · 자유화 · 민영화의 큰 축을 중심으로 '경쟁과 협력'에 의한 시장원리가 강조되는 추세이며, 최근 항공자유화 및 항공사 간의 전략적 제휴, 지역간 통합운송시장의 확산으로 다양한 형태의 경쟁구도가 형성됨에 따라, 당분간 이러한 시장원리가 강조되는 기조는 크게 변화하지 않을 것으로 전망된다.

(2) 항공운송사업의 개념

항공운송사업이란 타인의 수요에 맞추어 항공기를 사용하여 유상(有償)으로 여객이나 화물을 운송하는 사업을 말한다(항공법 제2조 제31호).

(3) 항공운송사업의 분류

항공운송사업은 국내항공운송사업, 국제항공운송사업 및 소형항공운송사업으로 분류하고 있다.

15) 김성혁 외 2인 공저, 최신관광사업개론(서울: 백산출판사, 2013), pp.301~309.

(가) 국내항공운송사업

국내항공운송사업이란 국토교통부령으로 정하는 일정 규모 이상의 항공기를 이용하여 다음 각 목의 어느 하나에 해당하는 운항을 하는 항공운송사업을 말한다(항공법 제2조 제32호).

1. 국내 정기편 운항: 국내공항과 국내공항 사이에 일정한 노선을 정하고 정기적인 운항계획에 따라 운항하는 항공기 운항
2. 국내 부정기편 운항: 국내에서 이루어지는 가목 외의 항공기 운항

(나) 국제항공운송사업

국제항공운송사업이란 국토교통부령으로 정하는 일정 규모 이상의 항공기를 이용하여 다음 각 목의 어느 하나에 해당하는 운항을 하는 항공운송사업을 말한다(항공법 제2조 제33호).

1. 국제 정기편 운항: 국내공항과 외국공항 사이 또는 외국공항과 외국공항 사이에 일정한 노선을 정하고 정기적인 운항계획에 따라 운항하는 항공기 운항
2. 국제 부정기편 운항: 국내공항과 외국공항 사이 또는 외국공항과 외국공항 사이에 이루어지는 가 목 외의 항공기 운항

(다) 소형항공운송사업

소형항공운송사업이란 국내항공운송사업 및 국제항공운송사업 외의 항공운송사업을 말한다(항공법 제2조 제34호).

(4) 항공운송사업의 구성요소

항공운송사업을 구성하는 기본적 요소는 3가지로 구성되는데, 운송수단인 항공기, 항공기의 이 · 착륙 장소와 여객출입국 서비스를 제공하는 공항 및 터미널, 항공기의 운항로이자 운송권을 확보해 주는 항공노선이다.

(가) 항공기

항공운송서비스는 항공기의 운항에 의해 직접 생산되고 소비된다. 따라서 항공기는 항공운송시스템 구성요소로서 절대적인 위치를 차지하므로 안전성, 항공

기의 속도, 적재력과 쾌적성, 항공기의 정비 및 부품의 조달용이성 등이 동시에 확보되어야 한다. 항공기의 선정과 수명은 항공운송사업 발전의 중요한 요소라 할 수 있다.

(나) 공 항

공항은 운송시스템의 능률에 많은 영향을 미치고 있으면서도 소홀히 취급되는 경향이 있다. 공항의 중요성은 단순히 접근이 용이한 입지문제 뿐만 아니라 기상조건 및 출입국 여객의 원활한 처리 또는 흐름을 보장해 줄 수 있는 내부시설의 확보가 중요하다. 이와 더불어 공항으로 연결되는 대중교통망과 거리 그리고 다양한 교통수단을 상호 연결시킬 수 있는 수송체계를 확립하는 것이 중요하다.

(다) 항공노선

항공운송사업에 있어 항공노선을 개설 · 확보한다는 것은 노선의 운항권, 곧 영업권을 확보한다는 의미이다. 따라서 항공사로서는 확보하고 있는 항공노선의 수 등에 따라 항공사의 지위, 항공사의 발전 및 수익확보 가능성 그리고 특정시장에서의 점유율을 평가하는 척도가 된다.

(5) 항공운송사업의 특성

(가) 안전성

모든 교통기관이 안전성을 중요시하지만, 그 중에서도 항공운송사업은 안전성을 지상과제로 삼고 그 지속적인 유지에 노력하고 있다. 초기의 항공운송은 안전성이 우려되었으나, 과학기술의 발달과 더불어 모든 첨단기술의 집합체인 항공기의 출현으로 고도의 안전성을 확보하였지만, 아직도 항공기의 안전성 문제가 논의되고 있음은 부인할 수 없는 현실이기도 하다.

항공운송사업의 안전성은 항공기 제작 및 정비기술의 발전, 항공기의 운항 및 유도시스템의 진전, 공항 활주로의 개선 등에 힘입어 이제는 거의 완벽하리 만큼 그 안전성이 보장되고 있어 다른 교통수단의 추종을 불허하고 있다.

(나) 고속성

항공운송의 중요한 특성 중의 하나는 고속성이다. 이 고속성이 고객을 유인하는 흡인요소이자 다른 기관의 추월을 불가능하게 만드는 요소이다. 이 고속성은 전 세계의 주요 도시를 서로 연결하는 항공노선망을 구축하여 시간적 · 거리적 장애를 극복함으로써 이용객의 증대를 가져와 국제교통체계를 항공 중심으로 이끌었다. 특히 항공운송의 고속성은 국내항공 운항보다는 일정한 고도에 올라서 운항하는 순항거리가 긴 국제노선에서 고속성의 진가가 발휘되고 있다.

(다) 정시성 확보의 어려움

항공기 이용객들은 항공사의 정시성 확보 여부를 항공사 선택기준으로 삼는 경향이 있는데, 이는 운항정시성(運航定時性)이 항공사의 신뢰성과 직결됨을 의미한다. 그러나 항공운송은 타 교통기관에 비하여 항공기의 정비 및 기상조건 등에 의하여 크게 제약을 받는 특성이 있기 때문에 정시성(定時性) 확보에 많은 어려움이 있다. 따라서 항공운송사업에 있어 정시성의 확보 여부는 반드시 극복하여야 할 중요한 과제 중의 하나이다.

(라) 쾌적성 및 편리성

항공기 이용객들은 비싼 요금을 지급하고 폐쇄된 공간에서 장거리여행을 하게 됨으로, 기내 서비스 및 안전한 비행을 통한 쾌적함이 매우 중요하다. 최근 항공업계의 두드러진 경향은 항공사들이 동일한 기종(機種)을 보유 · 운항하기 때문에 항공기 자체만으로는 상품차별화가 어렵다고 보고 쾌적성과 안락감을 향상시킬 수 있는 각종 시설을 기내에 추가함으로써 서비스 경쟁에서 우위를 차지하려는 노력을 경주하고 있다.

(마) 노선개설의 용이성

항공운송은 육상교통과 같이 도로나 철도의 건설과 관계없이 공항이 있는 곳이면 항공노선의 개설이 용이하다는 것이다. 따라서 노선의 제약을 받지 않으면서도 수요에 부응하여 운항편수의 증감, 기종선정 등 공급을 탄력성 있게 조정해 나가면서 운항할 수 있다.

(바) 경제성

항공운송의 경제성은 여객운임의 저렴성(低廉性)에 있다. 다른 교통수단과 비교하여 비싼 것은 사실이지만, 항공운송의 발전에 따라 타 교통기관에 비교하여 상대적으로 저렴해지고 있으며, 항공운송으로 절약되는 시간의 가치를 감안한다면 항공운송의 경제성은 매우 높다고 할 수 있다.

(사) 공공성

정기항공운송사업은 특히 공공성(公共性)을 중시하고 이를 지켜야 한다. 이러한 공공성의 유지 필요성 때문에 어느 업종보다 정부의 규제와 간섭이 많을 뿐만 아니라, 항공운송사업은 국제성(國際性)을 띠고 있어 국익과도 밀접한 관계가 있다.

(아) 자본집약성

항공운송사업은 규모의 경제(economy of scale)가 발휘되는 사업이다. 특히 대량운송시대를 맞이하여 항공사 간의 경쟁은 막대한 자본을 투자하여 경쟁우위를 확보해야만 하는 자본집약적인 사업이다. 이에 따라 항공운송사업의 출자형태도 정부가 전액 출자하는 국영기업 형태가 많이 나타나게 된다.

2) 항공운송 현황

항공운송은 가장 중요한 장거리 교통수단으로서 5대양 6대주를 연결하고 있어 국제관광 발전에 크게 이바지하고 있다. 그간 항공운송시장 환경은 '규제와 보호'가 중요시되었으나, 세계화 · 자유화 · 민영화의 큰 축을 중심으로 '경쟁과 협력'에 의한 시장원리가 강조되는 추세이며, 최근 항공자유화 및 항공사 간의 전략적 제휴, 지역간 통합운송시장의 확산으로 다양한 형태의 경쟁구도가 형성됨에 따라, 당분간 이러한 시장원리가 강조되는 기조는 크게 변화하지 않을 것으로 전망된다.

우리나라의 항공산업은 1989년 해외여행 자유화 및 경제성장에 따른 생활수준 향상 등에 따라 항공운송수요 증가로 이어져 1993년 이후 10년간 여객 5.8%, 화물 7.0%의 높은 항공수요 증가율을 보이며 내실 있는 성장을 이룩해 왔다. 그러나 2003년 이후의 항공운송수요는 고유가 지속과 세계경제의 침체, 아시아의 SARS(중증급성호흡기증후군) 등 여러 가지 요인의 영향을 받아 감소와 증가를 되풀이하고 있다.

국내선의 경우 고속도로의 확충(서해안고속도로, 중앙고속도로, 대전~진주간 고속도로) 및 고속철도 개통 등의 대체 육상교통수단의 고속화에 따른 영향으로 인하여 제주도 연계노선을 제외한 내륙을 연결하는 항공수요는 전년수준을 유지하거나 마이너스 성장을 나타내고 있다.

한편, 국제선의 경우는 1952년 3월 자유중국과 최초로 항공협정을 체결한 데 이어 2020년 12월 말 기준으로 구주 25개국을 비롯하여 총 109개국과 항공협정을 체결하였으며, 이중 우리나라 국적항공사는 34개국 72개 도시, 103개 노선으로 국제선 정기편이 운항되고 있다.

4. 해상운송사업

1) 해상운송의 개요

해상운송은 대외무역 증대에 따른 수출입 화물 운송수단 뿐만 아니라 해상 관광자원 개발 및 해안도서 지방의 교통수요에 따라 여객 및 관광객 운송수단으로서도 그 수요가 날로 증가하고 있다.

최근 국민생활수준의 향상과 새로운 관광욕구, 삼면이 바다인 우리나라의 지리적 특성은 육지와 가까운 도서지역의 관광객 수요가 급증하고 있는 것은 물론, 멀리 백령도, 홍도, 거문도, 울릉도 등도 관광지화가 이루어지고 있어 경치가 수려한 도서지역에 대해서는 지역개발차원에서도 관광자원의 개발과 보존의 필요성이 강조되고 있다.

이에 따라 지금껏 도서주민의 교통수단으로 이용되어 왔던 여객선은 교육수준과 생활수준의 향상에 따른 여가선용의 방법으로서 미지의 바다에 대한 동경과 해양레포츠활동 등이 급속히 확산되면서 해안관광을 겸한 연안여객선 운항이 활성화되고 있다. 또한 해양관광산업이 본격적으로 개발되면서 해양관광을 목적으로 해상유람을 즐기고자 하는 관광객들을 대상으로 특급호텔 수준의 시설과 서비스를 제공하면서 주요 항구도시 및 해안관광자원을 운항하는 크루즈가 해양관광객의 교통수단으로서 그 가치가 날로 높아지고 있다.

2) 해상운송업의 종류

해상운송은 대외무역 증대에 따른 수출입 화물의 운송수단 뿐만 아니라 해상관광자원 개발 및 해안도서 지방의 교통수요에 따라 여객 및 관광객 운송수단으로서도 그 수요가 날로 증가하고 있다. 이에 따라 해상운송업도 연안여객선에서 카페리, 관광유람선으로 발전을 거듭하고 있다.

(1) 연안여객선

연안여객선은 육지와 인근 도서지방을 연결하는 선박으로 여행자를 비롯해 주로 서민들이 이용하는 선박이다. 최근의 여행패턴이 도서지방을 선호하는 점을 감안한다면 연안여객선을 이용한 여행상품 개발은 필수불가결한 것으로 인식하지 않으면 아니 된다. 연안여객선은 국제화 · 지방화시대를 맞이하여 관광객을 끌어들여서 지역을 활성화하려는 지자체에게 있어서 지역발전에 기여하는 좋은 사업체로서 인식되고 있다.

(2) 카페리

카페리(car ferry)란 승객과 함께 자동차를 실어 나르는 배를 일컫는데, 한국과 일본(부산~시모노세키)을 오가는 부관(釜關)페리를 비롯해 국내항로에는 부산~제주, 인천~제주, 목포~제주, 완도~제주, 고흥~제주, 포항~울릉도, 부산~서귀포, 진해~거제 등의 노선에 카페리가 운행 중에 있다. 국제항로에는 부산~시모노세키 구간(227km)을 비롯해 부산~오사카(700km), 부산~하카타(214km), 인천~웨하이(426km), 인천~칭타오(531km), 인천~텐진(926km), 부산~연태(1,000km), 인천~대련(533km) 등의 노선에 카페리가 취항중이다. 카페리는 개별관광객 수송이나 대형단체의 행사에 주로 이용하며 승선권을 예매하거나 판매하는 여행사는 승객에 따른 수수료를 챙길 수 있는 장점이 있다.

(3) 관광유람선

여행 선진국인 서구는 물론 최근에 와서는 우리나라도 선박을 이용한 유람선여행에 많은 관심을 갖는 관광객들이 생겨나게 되었다. 관광유람선을 이용하는 유람선여행은 '생(生)의 최고의 낭만'이라고 부르듯 관광의 극치라고 할 수 있다.

우리나라는 2008년 8월에 「관광진흥법 시행령」을 개정하여 종전의 관광유람선업을 일반관광유람선업과 크루즈(cruise)업으로 세분하여 규정하고 있다 (동법시행령 제2조 제1항 3호).

3) 해상여객운송사업

(1) 해상여객운송사업의 개념

해상여객운송사업이란 해상이나 해상과 접하여 있는 내륙수로(內陸水路)에서 여객선(여객 정원이 13명 이상인 선박을 말한다)으로 사람 또는 사람과 물건을 운송하거나 이에 따르는 업무를 처리하는 사업으로서 「항만운송사업법」 제2조 제4항에 따른 항만운송관련사업 외의 것을 말한다.

(2) 해상여객운송사업의 종류

(가) 내항 정기 여객운송사업

이는 국내항[해상이나 해상에 접하여 있는 내륙수로에 있는 장소로서 상시(常時) 선박에 사람이 타고 내리거나 물건을 싣고 내릴 수 있는 장소를 포함한다]과 국내항 사이를 일정한 항로와 일정표에 따라 운항하는 해상여객운송사업을 말한다.

(나) 내항 부정기 여객운송사업

이는 국내항과 국내항 사이를 일정한 일정표에 따르지 아니하고 운항하는 해상여객운송사업을 말한다.

(다) 외항 정기 여객운송사업

이는 국내항과 외국항 사이 또는 외국항과 외국항 사이를 일정한 항로와 일정표에 따라 운항하는 해상여객운송사업을 말한다.

(라) 외항 부정기 여객운송사업

이는 국내항과 외국항 사이 또는 외국항과 외국항 사이를 일정한 항로와 일정표에 따르지 아니하고 운항하는 해상여객운송사업을 말한다.

(마) 순항(巡航) 여객운송사업

이는 해당 선박 안에 숙박시설, 식음료시설, 위락시설 등 편의시설을 갖춘 대통령령으로 정하는 규모 이상의 여객선을 이용하여 관광을 목적으로 해상을 순회하며 운항(국내외의 관광지에 기항하는 경우를 포함한다)하는 해상여객운송사업을 말한다.

(바) 복합 해상여객운송사업

이는 위의 (가)부터 (라)까지의 규정 중 어느 하나의 사업과 (마)의 사업을 함께 수행하는 해상여객운송사업을 말한다.

4) 크루즈업

(1) 크루즈의 개념

해양관광산업이 본격적으로 개발되면서 해상유람을 즐기고자 하는 관광객들을 대상으로 선내에 객실 · 식당 · 스포츠 및 레크리에이션 시설 등 관광객의 편의를 위한 각종 서비스시설과 부대시설을 갖추고 순수한 관광활동을 목적으로 관광자원이 수려한 지역을 순회하며 안전하게 운항하는 선박을 크루즈(cruise)라 말한다.

일반적으로 크루즈여행이라고 할 때에는 크루즈 내에 숙박과 위락시설 등 관광객을 위한 각종 시설을 갖추고 여행자의 요구에 적합한 선상활동 및 유흥 · 오락프로그램 등의 행사와 최고의 서비스를 제공하는 것은 물론, 매력적인 지상 관광자원 및 관광지를 순회하면서 관광시키는 종합관광시스템을 말한다.

(2) 크루즈관광의 유형

(가) 선박 · 거리 · 가격에 따른 분류

대중 크루즈(volume cruise)는 크게 2~5일의 단기 크루즈와 7일 짜리인 일반크루즈, 9~14일 간의 장기 크루즈가 있다. 고급 크루즈(premium cruise)는 1주일 항해에서부터 2주~3개월 간의 장기 항해까지 있다. 호화 크루즈(luxury cruise)는 최상의 서비스를 제공하고, 크루즈 중 가장 비싸고 긴 일정과 이국적인 관광지들이 포함되어 있다. 특수목적 크루즈(speciality cruise)는 고래구경 · 스쿠버 다이빙 ·

고고학 · 생물학 연구 등의 크루즈를 포함한다.

(나) 장소 · 활동범위 · 운항 유형에 따른 분류

장소에 따라 호수나 하천을 운항하는 내륙 크루즈, 바다를 순항하는 해양 크루즈로 구분할 수 있다. 활동범위에 따라서는 해양법상 국내 영해를 순항하는 국내 크루즈와 자국과 자국 외의 지역을 함께 순항하는 국제크루즈, 주요 항구를 중심으로 순항하는 항만크루즈, 섬을 순회하는 도서순항 크루즈로 분류된다. 운항유형에 따라서는 특별한 파티나 이벤트가 펼쳐지는 파티크루즈와 식사를 중심으로 하는 레스토랑 크루즈, 장거리를 운항하는 장거리 크루즈, 외항 여객선으로 오락 시설을 갖춘 외항 크루즈로 분류된다.

(3) 크루즈관광의 특성

크루즈와 타 해운교통과의 차이점은 첫째, 크루즈는 관광이 목적이고, 여객선은 수송이 목적이다. 둘째, 기간이 크루즈는 장기적이고, 카페리는 단기적이다. 셋째, 크루즈는 대규모이고, 쾌속선은 소규모의 고속성을 가진다.

따라서 크루즈관광의 특성은 첫째, 목적이 수송이 아닌 관광이다. 크루즈는 관광매력이 있는 곳을 연계하여 관광루트를 만든다. 둘째, 기간이 장기적이다. 셋째, 수려한 지역(경승지)을 관광한다. 넷째, 선내에 다양한 시설이 설치되어 있다. 다섯째, 선내 서비스가 최고급이다. 여섯째, 규모가 대형이다.

(4) 현행 「관광진흥법」에서의 크루즈업

(가) 개 요

2008년에 개정된 「관광진흥법 시행령」은 관광객 이용시설업의 일종인 '관광유람선업'에 크루즈업을 추가 신설하고 이를 일반관광유람선업과 크루즈업으로 구분하여 규정하고 있다(제2조 제1항 3호).

① 일반관광유람선업: 「해운법」에 따른 해상여객운송사업의 면허를 받은 자나 「유선(遊船) 및 도선사업법(渡船事業法)」에 따른 유선(遊船)사업의 면허를 받거나 신고한 자가 선박을 이용하여 관광객에게 관광을 할 수 있도록 하는 업(業)을 말한다.

② 크루즈업: 「해운법」에 따른 순항(巡航) 여객운송사업이나 복합 해상여객운송사업의 면허를 받은 자가 해당 선박 안에 숙박시설, 위락시설 등 편의시설을 갖춘 선박을 이용하여 관광객에게 관광을 할 수 있도록 하는 업을 말한다.

(나) 등록기준

① 일반관광유람선업의 등록기준

1. 「선박안전법」에 따른 구조 및 설비를 갖춘 선박일 것
2. 이용객의 숙박 또는 휴식에 적합한 시설을 갖추고 있을 것
3. 수세식화장실과 냉 · 난방 설비를 갖추고 있을 것
4. 식당 · 매점 · 휴게실을 갖추고 있을 것
5. 수질오염을 방지하기 위한 오수 저장 · 처리시설과 폐기물처리시설을 갖추고 있을 것

② 크루즈업의 등록기준

크루즈업의 등록기준은 일반관광유람선업의 등록기준에 일부를 추가하고 있다(동법시행령 제5조 관련 〈별표 1〉 참조).

1. 「선박안전법」에 따른 구조 및 설비를 갖춘 선박일 것
2. 이용객의 숙박 또는 휴식에 적합한 시설을 갖추고 있을 것
3. 수세식화장실과 냉 · 난방 설비를 갖추고 있을 것
4. 식당 · 매점 · 휴게실을 갖추고 있을 것
5. 수질오염을 방지하기 위한 오수 저장 · 처리시설과 폐기물처리시설을 갖추고 있을 것
6. 욕실이나 샤워시설을 갖춘 객실을 20실 이상 갖추고 있을 것
7. 체육시설, 미용시설, 오락시설, 쇼핑시설 중 두 종류 이상의 시설을 갖추고 있을 것

제6절 국제회의업

1. 국제회의업의 이해[16)]

1) 국제회의의 정의

국제회의의 정의에 관하여는 이론상의 정의와 실정법상의 정의로 나누어 고찰해 볼 수 있다. 이론상의 정의를 보면, 국제회의란 통상적으로 공인된 단체가 정기적 또는 부정기적으로 주최하며 3개국 이상의 대표가 참가하는 회의를 의미하는데, 회의는 그 성격에 따라 국가 간의 이해조정을 위한 교섭회의, 전문학술회의, 참가자 간의 우호증진이 목적인 친선회의, 국제기구의 사업결정을 위한 총회나 이사회 등 그 종류가 매우 다양하다.

한편, 실정법상의 정의로서 현행 「국제회의산업 육성에 관한 법률」(이하 "국제회의산업법"이라 한다)에 따르면, 국제회의란 첫째, 국제기구나 국제기구에 가입한 기관 또는 법인 · 단체가 개최하는 회의(세미나 · 토론회 · 전시회등을 포함한다)로서 5개국 이상의 외국인이 참가하고, 회의 참가자가 300명 이상이고 그 중 외국인이 100명 이상이며, 3일 이상 진행되는 회의일 것, 둘째, 국제기구에 가입하지 아니한 기관 또는 법인 · 단체가 개최하는 회의로서 회의 참가자 중 외국인이 150명 이상이고, 2일 이상 진행되는 회의를 국제회의로 규정하고 있다(동법 제2조 제1호 및 동법시행령 제2조).

2) 국제회의의 종류

일반적으로 국제회의를 회의의 형태에 따라 분류하면 다음과 같다.

(1) 회의(meeting)

회의는 모든 종류의 모임을 총칭하는 포괄적인 용어이다. 특히 모든 참가자가

16) 조진호 · 우상철 공저, 최신관광법규론(서울: 백산출판사, 2018), pp.342~347.

단체에 관한 사항을 토론하기 위해서 단체의 구성원이 되는 형태의 회의를 말한다.

(2) **총회**(assembly)

한 기구의 회원국들의 대표가 모여 의사결정 및 정책결정 등을 하고 위원회의 선출과 예산협의의 목적으로 모이는 공식적인 회의를 말한다.

(3) **컨벤션**(convention)

회의분야에서 가장 일반적으로 쓰이는 용어로서 정보전달을 주된 목적으로 하는 정기집회에 많이 사용되는데 전시회를 수반하는 경우가 많다. 각 기구나 단체에서 개최하는 연차총회(annual meeting)의 의미로 쓰였으나, 요즘에는 총회, 휴회기간 중에 개최되는 각종 소규모 회의, 위원회회의 등을 포괄적으로 의미하는 용어로 사용된다.

(4) **콘퍼런스**(conference)

컨벤션과 거의 같은 뜻을 가진 용어이지만, 컨벤션이 주로 불특정다수의 주제를 다루는 조직 및 관련기구의 정기회의인 반면, 콘퍼런스는 주로 과학 · 기술 · 학문 등 전문분야의 새로운 정보를 전달하고 습득하거나 특정 문제점 연구를 위한 회의이기 때문에 통상 컨벤션에 비해 토론회가 많이 준비되고 회의참가자들에게 토론의 참여기회가 많이 주어진다.

(5) **콩그레스**(congress)

컨벤션과 유사한 의미를 가진 용어로서 유럽지역에서 많이 사용되며, 주로 국제규모의 회의를 의미한다. 컨벤션이나 콩그레스는 본회의와 사교행사 그리고 관광행사 등의 다양한 프로그램으로 구성되며, 대규모 인원이 참가한다. 대개 연차적으로 개최되며, 주로 상설 국제기구가 주최한다.

(6) **포럼**(forum)

제시된 한 가지의 주제에 대해 상반된 견해를 가진 동일 분야의 전문가들이 사회자의 주도하에 대중 앞에서 벌이는 공개토론회로서 청중이 자유롭게 질의에 참여할 수 있으며 사회자가 의견을 종합한다.

(7) **심포지엄**(symposium)

제시된 안건에 대해 전문가들이 연구결과를 중심으로 다수의 청중 앞에서 벌이는 공개토론회로서, 포럼에 비해 회의참가자들이 다소의 형식을 갖추어 회의를 진행하므로 청중의 질의기회는 적게 주어진다.

(8) **패널토의**(panel discussion)

청중이 모인 가운데 2명에서 8명까지의 연사가 사회자의 주도하에 서로 다른 분야에서의 전문가적 견해를 발표하는 공개토론회로서 청중도 자신의 의견을 발표할 수 있다.

(9) **워크숍**(workshop)

콘퍼런스, 컨벤션 또는 기타 회의에 보조적으로 개최되는 짧은 교육프로그램으로, 30명 내외의 참가자가 특정문제나 과제에 관한 새로운 지식, 기술, 아이디어 등을 교환하며, 발표자와 참가자가 동질성을 갖고 새로운 정보와 전문업무를 교육시키는 교육토론회이다.

(10) **세미나**(seminar)

교육 및 연구목적으로 개최되는 회의로 발표자와 참가자가 단일한 논제에 대해 발표 · 토론하며, 발표자와 참가자는 교육자와 피교육자의 관계를 전제로 한다.

(11) **클리닉**(clinic)

클리닉은 특별한 기술을 교육하고 습득하기 위한 목적에 많이 활용되는 회의형태로 기술과 전문지식 제공이 목적이며, 대부분은 소규모 집단이 참여한다.

(12) **전시회**(exhibition)

무역, 산업, 교육분야 또는 상품 및 서비스판매업자들의 대규모 전시회로서 회의를 수반하는 경우도 있다. 'exposition' 및 'tradeshow'라고도 하며, 유럽에서는 주로 'trade fair'라는 용어를 사용한다.

(13) **원격회의**(teleconference)

회의참석자가 회의장소로 이동하지 않고 국가간 또는 대륙간 통신시설을 이용하여 회의를 개최한다. 회의경비를 절감하고 준비 없이도 회의를 개최할 수 있다는 장점이 있으며, 오늘날에는 각종 audio, video, graphics 및 컴퓨터 장비, 멀티미디어를 갖춘 고도의 통신기술을 활용하여 회의를 개최할 수 있으므로 그 발전이 주목되고 있다.

(14) 인센티브 관광(incentive travel)

기업에서 주어진 목적이나 목표달성을 위해 종업원(특히 판매원), 거래상(대리점업자), 거액 구매고객들에게 관광이라는 형태로 동기유발을 시키거나 보상함으로써 생산효율성을 증대하고 고객을 대상으로 광고효과를 유발하는 것으로서 포상관광이라고도 말한다.

3) 국제회의의 기준

(1) 국제협회연합의 기준

국제회의에 관한 각종 통계를 작성하여 발표하고 있는 권위있는 국제기구인 국제협회연합(UIA: Union of International Associations)에서는 각종 국제회의 통계를 작성할 때 국제회의의 기준을 다음과 같이 제시하고 있다.

① 국제기구가 주최하거나 후원하는 회의

② 국제기구에 소속된 국내지부가 주최하는 국내 회의 가운데 다음 조건을 모두 만족하는 회의:

ⓐ 전체 참가자수가 300명 이상일 것

ⓑ 참가자 중 외국인이 40% 이상일 것

ⓒ 참가국수가 5개국 이상일 것

ⓓ 회의기간이 3일 이상일 것

(2) 우리나라의 기준

우리나라의 「국제회의산업 육성에 관한 법률」(이하 "국제회의산업법"이라 한다)에서는 국제회의요건을 다음과 같이 규정하고 있다(동법 제2조 1호, 동법시행령 제2조 1호 및 2호).

① 국제기구나 국제기구에 가입한 기관 또는 법인 · 단체가 개최하는 회의로서 다음 요건을 모두 갖춘 회의

ⓐ 해당 회의에 5개국 이상의 외국인이 참가할 것

ⓑ 회의참가자가 300명 이상이고 그 중 외국인이 100명 이상일 것

ⓒ 3일 이상 진행되는 회의일 것

② 국제기구에 가입하지 아니한 기관 또는 법인 · 단체가 개최하는 회의로서 다음 요건을 모두 갖춘 회의

ⓐ 회의참가자 중 외국인이 150명 이상일 것

ⓑ 2일 이상 진행되는 회의일 것

4) 국제회의의 개최효과

금세기 국제회의산업이 고부가가치의 신종산업으로 떠오르자 국제회의를 비롯한 전시회 또는 이벤트 등 국제행사의 개최건수가 해마다 증가추세를 보이고 있다. 이제 관광산업의 꽃으로 불리는 국제회의산업은 국가전략산업으로 각광을 받으면서 정착되어가고 있으며, 특히 그 효과는 다방면에 걸쳐 상승작용을 함으로써 개최국의 위상과 경제적인 부를 동시에 상승시켜 주고 있다. 그 구체적인 효과를 국가홍보, 외화획득, 고용창출, 지역경제 발전 등의 측면에서 살펴보고자 한다.

(1) 정치적 효과

국제회의 개최는 국가 간의 인적교류와 국제회의 참가자 상호간의 정보교환으로 인하여 국가간 협력을 증진하는 데 필수적이다. 대부분의 국제회의는 대규모 인원이 참가한다는 점과 참가자들은 각 나라와 그들의 활동영역에서 어느 정도의 사회적 지위를 가진 사람들이라는 점에서 국가와 국가 사이의 관계를 증진시키는 효과를 기대할 수 있다.

국제회의는 인종 · 문화적 차이를 넘어 상호간의 결합을 촉진시킬 수 있다는 정치사회화의 기능을 가지고 있으며, 참가하는 국가 간의 인적 · 문화적 커뮤니케이션을 통해 친선 · 우호 협력관계에서 상호교류를 통해 국가이익을 실현할 수 있다. 또한 국제회의는 개최국이 자국의 사회 · 문화적 특성을 홍보하는 계기가 되

며, 참가자들 간의 증가된 상호접촉은 장벽을 허물게 하고, 불신을 감소시키며, 상호이해를 촉진시킨다.

(2) 사회 · 문화적 효과

국제회의는 외국과의 직접적인 교류를 통해 지식 · 정보의 교환, 참가자와 개최국 시민 간의 접촉을 통한 시민의 국제감각 함양 등 국제화의 중요한 수단이 될 수 있다. 또한 국제회의 유치, 기획, 운영의 반복은 개최지의 기반시설 뿐만 아니라 다양한 기능을 향상시키며 개최국의 이미지 향상, 국제사회에서의 위상확립 등 개최국의 지명도 향상에도 큰 기여를 한다. 또한 지방으로의 국제회의 분산 개최는 지방의 국제화와 지역 균형발전에도 큰 몫을 하게 된다.

(3) 경제적 효과

국제회의산업은 종합 서비스산업으로 서비스업을 중심으로 사회 각 산업분야에 미치는 승수효과가 매우 크다. 국제회의는 개최국의 소득향상효과(회의참가자의 지출→서비스산업 등 수입증가→시민소득 창출), 고용효과(서비스업 인구 등 광범위한 인력 흡수), 세수 증가효과(관련산업 발전→법인세→시민소득 증가→소득세) 등 경제 전반의 활성화에 기여하게 된다. 그 밖에도 참가들이 직접 대면을 하게 되므로 상호 이해 부족에서 올 수 있는 통상마찰 등을 피할 수 있게 될 뿐만 아니라, 선진국의 노하우를 직접 수용함으로써 관련분야의 국제경쟁력을 강화하는 등 산업발전에도 중요한 역할을 한다.

(4) 관광산업적 효과

국제회의 개최는 관광산업 측면에서 볼 때 관광 비수기 타개, 대량 관광객 유치 및 양질의 관광객 유치효과를 가져다 줄 뿐만 아니라, 국제회의는 계절에 구애받지 않고 개최가 가능하며, 참가자가 보통 100명에서 많게는 1,000명 이상에 이르므로 대량 관광객 유치의 첩경이 된다. 또한 국제회의 참가자는 대부분 개최지를 최종 목적지로 하기 때문에 체재일수가 길며 일반 관광객보다 1인당 소비액이 높아 관광수입 측면에서도 막대한 승수효과를 가져온다.

5) 국제회의 개최 현황[17)]

국제협회연합(Union of International Associations; UIA)의 통계발표에 따르면, 2016년에 총 11,000건의 국제회의가 개최되었으며(2015년에는 12,350건), 이 중 한국은 총 997건의 국제회의를 개최하여 세계 1위를 차지했다. 이는 5개년 연속 세계 5위권 유지와 함께 세계 1위를 기록함으로써 국제회의 주요 개최국으로서의 입지를 굳혔다. 또한 2017년에도 1,297건 개최로 2년 연속 세계 1위를 달성하였으며, 2018년과 2019년에는 2위를 기록하였으나, 2020년에는 글로벌 팬데믹의 영향으로 세계 4위를 기록하였다. 세계 주요 국가별 개최실적을 보면, 2020년 기준, 1위는 싱가포르(780건), 2위는 미국(438건), 3위는 벨기에(338건)이다.

세계 주요 도시별 개최실적으로는 2019년 기준, 도시 국가인 싱가포르(1,205건, 1위), 벨기에의 브뤼셀(963건, 2위) 한국의 서울(609건, 3위), 프랑스의 파리(405건, 4위), 오스트리아의 비엔나(325건, 5위) 등의 순으로 나타났다.

그 외 국내 도시별 개최실적은 한국 내 16개 광역 시/도별로 살펴보면, 서울이 609건으로 1위를 달성하였고, 다음으로 부산(160건, 2위), 제주(96건, 3위), 인천(56건, 4위), 대구(42건, 5위) 등의 순으로 나타난다.

〈표 7-4〉 주요 국가별 국제회의 개최 현황

(단위: 건)

순위	국가명	개최건수	
		2018	2019
1	싱가포르	1,238	1,205
2	한국	890	1,113
3	벨기에	857	1,094
4	미국	616	750
5	일본	597	719
5	프랑스	488	665
6	스페인	465	531
7	독일	456	418
8	영국	333	418
9	오스트리아	305	417

자료: 한국관광공사, UIA(국제협회연합), 2019년 통계보고서 기준

주): 순위는 2019년 개최건수 기준

17) 문화체육관광부, 전게 2016년 기준 연차보고서, pp.126~128.

〈표 7-5〉 주요 도시 국제회의 개최 현황

(단위: 건)

순위	도시명	개최건수	
		2018	2019
1	싱가포르	1,238	1,205
2	브뤼셀	734	963
3	서울	439	609
4	파리	260	405
5	비엔나	404	325
6	도쿄	325	305
7	방콕	121	293
8	런던	186	217
9	마드리드	201	215
10	리스본	146	204

자료: 한국관광공사, UIA(국제협회연합), 2019년 통계보고서 기준
주): 순위는 2019년 개최건수 기준

2. 국제회의시설

1) 국제회의시설의 정의

현행 「국제회의산업 육성에 관한 법률」(이하 "국제회의산업법"이라 한다)에서는 국제회의시설의 정의로 "국제회의의 개최에 필요한 회의시설, 전시시설 및 이와 관련된 부대시설 등으로서 대통령령으로 정하는 종류와 규모에 해당하는 것을 말한다"고 규정하고 있다(국제회의산업법 제2조 3호). 한편, 국제회의시설업은 관광사업자의 결격사유(관광진흥법 제7조)만 없으면 누구든지 경영할 수 있는데, 국제회의시설의 건립과 확충사업에 관광진흥개발기금을 출자할 수 있게 함으로써 민간자본의 유치를 촉진하고 있다.

2) 국제회의시설의 종류

국제회의시설은 전문회의시설 · 준회의시설 · 전시시설 및 부대시설로 구분하지만, 부대시설은 전문회의시설 및 전시시설에 부속된 시설을 말한다(동법시행령

제3조 제1항).

(1) **전문회의시설**은 다음 각 호의 요건을 모두 갖추어야 한다.

1. 2천명 이상의 인원을 수용할 수 있는 대회의실이 있을 것
2. 30명 이상의 인원을 수용할 수 있는 중·소회의실이 10실 이상 있을 것
3. 옥내와 옥외의 전시면적을 합쳐서 2천제곱미터 이상 확보하고 있을 것

(2) **준회의시설**은 국제회의의 개최에 필요한 회의실로 활용할 수 있는 호텔연회장·공연장·체육관 등의 시설로서 다음 각 호의 요건을 갖추어야 한다.

1. 200명 이상의 인원을 수용할 수 있는 대회의실이 있을 것
2. 30명 이상의 인원을 수용할 수 있는 중·소회의실이 3실 이상 있을 것

(3) **전시시설**은 다음 각 호의 요건을 모두 갖추어야 한다.

1. 옥내와 옥외의 전시면적을 합쳐서 2천제곱미터 이상 확보하고 있을 것
2. 30명 이상의 인원을 수용할 수 있는 중·소회의실이 5실 이상 있을 것

(4) **부대시설**은 국제회의의 개최와 전시의 편의를 위하여 전문회의시설과 전시시설에 부속된 숙박시설·주차시설·음식점시설·휴식시설·판매시설 등으로 한다.

3) 우리나라 국제회의시설 현황

우리나라는 2000년 5월까지 '전문회의시설'은 전무한 상태였고, 그동안 유치한 국제회의는 거의가 준회의실에서 개최되었다. 그러나 2000년 아시아·유럽정상회의(ASEM), 2002년 월드컵축구대회와 부산아시안게임, 2010년의 G20정상회의 개최 등으로 '컨벤션센터'가 활발하게 운영되고 있다.

우리나라의 전문 컨벤션센터(국제회의시설)는 2016년 12월 말 현재 서울 코엑스(COEX)컨벤션센터(1979.3. 개관)를 비롯하여 부산 전시컨벤션센터(BEXCO, 2001.9. 개관), 대구 전시컨벤션센터(EXCO, 2001.4. 개관), 제주국제컨벤션센터(ICC JEJU, 2003.3. 개관), 경기도 고양에 한국국제전시장(KINTEX, 2005.4. 개관), 창원에 창원컨벤션센터(CECO, 2005.9. 개관), 광주에 김대중컨벤션센터(KTJ Center, 2005.9.

개관), 대전에 대전컨벤션센터(DCC, 2008.4. 개관), 인천에 송도컨벤시아(Songdo Convensia, 2008.10. 개관), 최근에는 경주 화백컨벤션센터(HICO, 2015.3.2.개관) 등이 문을 열었다. 그리고 고양 KINTEX(2011.9.), 대구 EXCO(2011.5.), 부산 BEXCO(2012.6.)가 확장을 위한 신축공사를 완료하였다. 이 외에도 2013년 6월에는 광주 김대중 컨벤션센터 제2센터를 개관하였으며, 2014년 7월 군산 새만금컨벤션센터(GSCO)와 2015년 3월 경주 화백컨벤션센터(HICO)가 개관되어 시설관련 수용태세는 점차 개선되고 있다.

3. 국제회의산업의 육성시책[18)]

1) 국제회의산업의 정의

국제회의산업이라 함은 국제회의의 유치와 개최에 필요한 국제회의시설, 서비스 등과 관련된 산업을 말한다('국제회의산업법' 제2조 2호). 즉 「관광진흥법」에서 규정하고 있는 국제회의시설업과 국제회의기획업과 관련된 산업을 말한다.

여기서 국제회의시설업이란 대규모 관광수요를 유발하는 국제회의를 개최할 수 있는 시설(컨벤션센터)을 설치하여 운영하는 업을 말하고, 국제회의기획업은 대규모 관광수요를 유발하는 국제회의의 계획 · 준비 · 진행 등의 업무를 위탁받아 대행하는 업을 말한다.

2) 국제회의산업 육성을 위한 국가 및 정부의 책무

'국제회의산업법'에서는 국제회의산업 육성을 위하여 국가나 정부의 책임과 지원 그리고 지방자치단체의 역할 등에 관하여 규정하고 있다(동법 제3조부터 제16조).

(1) 행정상 · 재정상의 지원조치 강구

국가는 국제회의산업의 육성 · 진흥을 위하여 필요한 계획의 수립 등 행정상 · 재정상의 지원조치를 강구하여야 하는데, 이 지원조치에는 국제회의 참가자가 이용할 숙박시설 · 교통시설 및 관광 편의시설 등의 설치 · 확충 또는 개선을 위하여

18) 조진호 · 우상철 공저, 전게서, pp.349~358.

필요한 사항이 포함되어야 한다(국제회의산업법 제3조). 여기에서 국가라는 표현을 사용한 것은 국제회의산업 육성을 위한 재정상의 지원은 행정부인 문화체육관광부 단독으로는 해결할 수 없기 때문이다.

(2) 국제회의 전담조직의 지정 및 설치

국제회의 전담조직이라 함은 국제회의산업의 진흥을 위하여 각종 사업을 수행하는 조직을 말한다.

(가) "전담조직"의 지정

문화체육관광부장관은 국제회의산업의 육성을 위하여 필요하면 국제회의 전담조직(이하 "전담조직"이라 한다)을 지정할 수 있다.

국제회의 전담조직은 다음 각 호의 업무를 담당한다.

1. 국제회의의 유치 및 개최 지원
2. 국제회의산업의 국외 홍보
3. 국제회의 관련 정보의 수집 및 배포
4. 국제회의 전문인력의 교육 및 수급(需給)
5. 지방자치단체의 장이 설치한 전담조직에 대한 지원 및 상호 협력
6. 그 밖에 국제회의산업의 육성과 관련된 업무

(나) "전담조직"의 설치

국제회의시설을 보유·관할하는 지방자치단체의 장은 국제회의 관련업무를 효율적으로 추진하기 위하여 필요하다고 인정하면 전담조직을 설치할 수 있다.

(3) 국제회의산업 육성기본계획의 수립 등

(가) 기본계획의 내용

문화체육관광부장관은 국제회의산업의 육성·진흥을 위하여 국제회의산업육성기본계획(이하 "기본계획"이라 한다)을 수립·시행하여야 한다. 기본계획의 내용은 다음과 같다.

1. 국제회의의 유치와 촉진에 관한 사항
2. 국제회의의 원활한 개최에 관한 사항

3. 국제회의에 필요한 인력의 양성에 관한 사항
4. 국제회의시설의 설치 및 확충에 관한 사항
5. 그 밖에 국제회의산업의 육성 · 진흥에 관한 중요 사항

(나) 기본계획의 수립 및 변경

문화체육관광부장관이 기본계획을 수립 또는 변경하려는 경우에는 국제회의산업과 관련이 있는 기관 또는 단체 등의 의견을 들어야 한다.

(다) 필요한 협조의 요청

문화체육관광부장관은 국제회의산업 육성과 관련된 기관의 장에 대하여 기본계획의 효률적인 달성을 위하여 필요한 협조를 요청할 수 있다.

(4) 국제회의 유치 · 개최 지원

(가) 지 원

문화체육관광부장관은 국제회의의 유치를 촉진하고 그 원활한 개최를 위하여 필요하다고 인정하면 국제회의를 유치하거나 개최하는 자(국제회의개최자)에게 지원을 할 수 있다.

(나) 권한의 위탁

문화체육관광부장관은 국제회의 유치 · 개최의 지원에 관한 업무를 대통령령으로 정하는 바에 따라 법인이나 단체에 위탁할 수 있다. 이에 따라 국제회의 유치 · 개최의 지원에 관한 업무는 국제회의 전담조직에 위탁하도록 되어 있다.

(다) 경비의 보조

문화체육관광부장관은 국제회의 유치 · 개최의 지원에 관한 업무를 위탁한 경우에는 해당 법인이나 단체에 예산의 범위에서 필요한 경비(經費)를 보조할 수 있다.

(라) 지원신청

지원을 받으려는 자는 문화체육관광부장관에게 국제회의 유치 · 개최에 관한 지원을 신청하여야 한다(국제회의산업법 제7조 2항). 이 경우 국제회의지원신청서에

다음의 서류를 첨부하여 국제회의 전담조직의 장에게 제출하여야 한다.

1. 국제회의의 유치 · 개최 계획서(국제회의의 명칭 · 목적 · 기간 · 장소 · 참가자수 · 소요비용 등을 포함하여야 한다) 1부
2. 국제회의의 유치 · 개최 실적에 관한 서류(국제회의를 유치 · 개최한 실적이 있는 경우에 한한다) 1부
3. 지원을 받고자 하는 세부내용을 기재한 서류 1부

(5) 국제회의산업 육성기반의 조성

(가) 국제회의산업 육성기반 조성의 내용

국제회의산업 육성기반이란 국제회의시설, 국제회의 전문인력, 전자국제회의 체제, 국제회의 정보 등 국제회의의 유치 · 개최를 지원하고 촉진하는 시설, 인력, 체제, 정보 등을 말한다.

문화체육관광부장관은 국제회의산업육성기반을 조성하기 위하여 관계 중앙행정기관의 장과 협의하여 다음 각 호의 사업을 추진하여야 한다.

1. 국제회의시설의 건립
2. 국제회의 전문인력의 양성
3. 국제회의산업 육성기반의 조성을 위한 국제협력
4. 인터넷 등 정보통신망을 통하여 수행하는 전자국제회의 기반의 구축
5. 국제회의산업에 관한 정보와 통계의 수집 · 분석 및 유통
6. 그 밖에 국제회의산업 육성기반의 조성을 위하여 필요하다고 인정되는 사업으로서 대통령령으로 정하는 사업

(나) 사업시행기관의 사업실시

문화체육관광부장관은 다음 각 호의 기관 · 법인 또는 단체(이하 "사업시행기관"이라 한다) 등으로 하여금 국제회의산업 육성기반의 조성을 위한 사업을 실시하게 할 수 있다.

1. 문화체육관광부장관이 지정하거나 지방자치단체의 장이 설치한 국제회의 전담조직

2. 문화체육관광부장관에 의하여 지정된 국제회의도시
3. 「한국관광공사법」에 따라 설립된 한국관광공사
4. 「고등교육법」에 따른 대학 · 산업대학 및 전문대학
5. 그 밖에 대통령령으로 정하는 법인 · 단체. 여기서 "대통령령으로 정하는 법인 · 단체"라 함은 국제회의산업의 육성과 관련된 업무를 수행하는 법인 · 단체로서 문화체육관광부장관이 지정하는 법인 · 단체를 말한다.

(6) 국제회의 전문인력의 교육 · 훈련 등

문화체육관광부장관은 국제회의 전문인력의 양성 등을 위하여 사업시행기관이 추진하는 다음 각 호의 사업을 지원할 수 있다(국제회의산업법 제10조).

1. 국제회의 전문인력의 교육 · 훈련
2. 국제회의 전문인력 교육과정의 개발 · 운영
3. 그 밖에 국제회의 전문인력의 교육 · 훈련과 관련하여 필요한 사업으로서 문화체육관광부령으로 정하는 사업

(7) 국제회의도시의 지정 및 지원

(가) 국제회의도시의 지정

문화체육관광부장관은 국제회의산업의 육성 · 진흥을 위하여 국제회의도시 지정기준에 맞는 특별시 · 광역시 · 특별자치시 또는 시를 국제회의도시로 지정할 수 있는데, 이 경우 지역 간의 균형적 발전을 고려하여야 한다. 그러나 「제주특별자치도 설치 및 국제자유도시 조성을 위한 특별법」(이하 "제주특별법"이라 약칭함)은 이러한 '국제회의산업법'(제14조)의 규정에도 불구하고 제주자치도를 국제회의도시로 지정 · 고시할 수 있다고 규정하고 있다(동법 제254조). 이에 따라 문화관광부(당시)는 2006년 9월 14일 제주특별자치도를 국제회의도시로 지정 · 고시한 바 있으며, 종전의 국제회의도시였던 '서귀포시'는 국제회의도시에서 제외되었다.

이로써 우리나라는 2005년 서울특별시, 부산광역시, 대구광역시, 제주특별자치도를 국제회의도시로 지정된데 이어 2007년에는 광주광역시, 2009년에는 대전광역시와 경남 창원시, 2011년에는 인천광역시, 2014년에는 강원도 평창군, 경기도

고양시, 경상북도 경주시를 추가로 지정함으로써 2016년 12월 말 기준으로 11개가 지정되어 있다.[19]

(나) 국제회의도시의 지원

문화체육관광부장관은 지정된 국제회의도시에 대하여는 다음 각 호의 사업에 우선 지원할 수 있다.

1. 국제회의도시에서의 관광진흥개발기금('기금법' 제5조)의 용도에 해당하는 사업
2. '국제회의산업법'의 규정(제16조 제2항 각 호)에 의한 재정지원에 해당하는 사업

(8) 국제회의산업 육성재원의 지원

(가) 재정의 지원

문화체육관광부장관은 국제회의산업의 발전과 국민경제의 향상 등에 이바지하기 위하여 관광진흥개발기금의 재원 중 국외여행자의 출국납부금 총액의 100분의 10에 해당하는 금액의 범위에서 국제회의산업의 육성재원을 지원할 수 있다(국제회의산업법 제16조 1항).

(나) 재정지원 대상사업

문화체육관광부장관은 국제회의산업 육성재원의 범위 안에서 다음 각 호에 해당되는 사업에 소요되는 비용의 전부 또는 일부를 지원할 수 있다(국제회의산업법 제16조 2항).

1. 국제회의 전담조직의 운영
2. 국제회의 유치 또는 그 개최자에 대한 지원
3. '국제회의산업법' 제8조 제2항의 "사업시행기관"에서 실시하는 국제회의산업 육성기반 조성사업, 즉 ⓐ 국제회의도시, ⓑ 한국관광공사, ⓒ 대학 · 산업대학 및 전문대학, ⓓ 국제회의산업의 육성과 관련된 업무를 수행하는 법인 · 단체로서 문화체육관광부장관이 지정하는 법인 · 단체

19) 문화체육관광부, 전게 2016년 기준 연차보고서, p.124 참조.

4. '국제회의산업법' 제10조부터 제13조까지의 각 호에 해당하는 사업, 즉 ⓐ 국제회의 전문인력의 교육 · 훈련, ⓑ 국제협력의 촉진, ⓒ 전자국제회의 기반의 확충, ⓓ 국제회의 정보의 유통 촉진
5. 그 밖에 국제회의산업의 육성을 위하여 필요한 사항으로서 대통령령으로 정하는 사업

제7절 리조트사업

1. 리조트의 이해

1) 리조트의 개념

리조트(resort)의 사전적 의미는 "건강, 휴양 등과 관련하여 사람들이 자주 가는 장소" 또는 "대중적인 오락, 레크리에이션의 장소"로 해석되고 있는데, 우리나라의 경우에는 '휴양지', '관광단지' 또는 '종합휴양시설' 등의 개념으로 해석되고 있다.

우리나라에서 리조트란 아직까지 일반적으로 통용되는 용어가 아니고 현행 「관광진흥법」에서 규정하고 있는 관광객 이용시설업 중 전문휴양업이나 종합휴양업(제1종 · 제2종)으로 분류되어 있을 따름이다.

일본에서는 '종합보양지역정비법'(일명 "리조트법")이 제정되어 있는데, 여기에서 리조트를 "양호한 자연조건을 가지고 있는 토지를 포함한 상당규모(15ha)의 지역에 있어서 국민이 여가 등을 이용하려고 체재하면서 스포츠, 레크리에이션, 교양문화활동, 휴양, 집회 등의 다양한 활동을 할 수 있도록 종합적인 기능이 정비된 지역(약 3ha)"으로 정의하고 있다. 이 정의에 따르면 리조트는 ① 체재성, ② 자연성, ③ 휴양성(보양성), ④ 다기능성, ⑤ 광역성 등의 요건을 모두 겸비하고 있어야 하는 것으로 해석하고 있다. 따라서 하나의 요건만 만족시켰다고 해서 모두 리조트라고 말할 수 없다는 것이다.

이상의 리조트에 관한 정의들을 종합해 보면, 리조트는 사람들을 위해 휴양 및 휴식을 제공할 목적으로 일상생활권을 벗어나 자연경관이 좋은 지역에 위치하며, 레크리에이션 및 여가활동을 위한 다양한 시설을 갖춘 종합단지(complex)를 의미한다고 하겠다. 즉 리조트란 "자연경관이 수려한 일정규모의 지역에 관광객의 욕구를 충족시킬 수 있는 레크리에이션, 스포츠, 상업, 문화, 교양, 오락, 숙박 등을 위한 시설들이 복합적으로 갖추어져 재방문을 유도하고 심신의 휴양 및 에너지의 재충전을 목적으로 조성된 4계절 종합휴양지"라고 정의하고자 한다.

2) 리조트사업의 특성

(1) 리조트사업의 요건

현대는 스트레스사회라고 일컬어진다. 전후 일본은 경제적으로 눈부신 발전을 이루었고, 기술혁신이 진행되어 물질문명이 꽃을 피웠다. 반면 소비생활은 풍성하게 되었지만, 정신생활에 있어 마음의 피로와 갈증으로 고뇌하는 사람들이 증가하고 있었다.

리조트는 현대사회가 부과하는 다양한 스트레스에서 벗어나 본래의 자기를 찾고 싶다는 사람들이 증가함에 따라 보급되어 온 기본적 성격을 갖고 있다.

그래서 사회가 점점 근대화하고, 경제적 가치와 합리성이 한층 중시되어져 가는 것이 예상되면서부터 경쟁사회에 있어서 정신과 육체에 대한 정신적 압박감은 점차 커지고, 이로써 리조트에 대한 요구도 높아져 가게 된 것이다. 리조트사업은 이러한 인간의 정신과 관련되는 사업영역을 갖고 있기 때문에 리조트시설 등의 하드웨어적 요소만으로는 불충분하다. 서비스와 시스템, 사상, 혹은 리조트를 둘러싼 문화, 자연환경 등의 주변적 요소와 전체적 조화가 리조트로서의 성립에 중요한 의미를 갖고 있다.

정신과 육체의 피로를 푸는 것뿐만 아니라 내일의 활력을 배양하고, 가족 또는 친한 사람들과 즐겁게 한 때를 보내거나, 잃어 버렸던 자연으로 회귀하거나, 혹은 창조적인 활동을 하기 위해서 많은 사람들이 리조트를 찾고 있다고 할 수 있다. 이러한 요구에 대응하는 것이 본래의 의미에서 '리조트'라고 부르는 것이다.

(2) 리조트사업의 특성

리조트를 현실의 사업이라는 측면에서 보는 경우, 다른 산업과 비교해 어떠한 특색을 갖고 있는지 살펴보면 다음과 같다.

① 생산과 소비의 동시점(同時點)·동지점성(同地點性)

② 수요의 불안정성

③ 막대한 초기투자

이러한 특징의 하나하나를 보면 다른 산업에도 적합한 것이지만, 이러한 3가지 특징을 전부 갖는 것이 리조트사업의 특색이다.

첫째, 생산과 소비의 동시점·동지점성인데, 이것은 서비스업 전반에 걸친 공통적인 특징이다. 다시 말하면 재고(stock)가 없다는 표현이 가능하다. 예를 들면, 리조트지역의 개인용 풀장 주변공간에서 음료를 제공한다는 서비스 제공행위와 음료를 마시면서 일광욕을 하고 시간을 보낸다는 소비행위는 공유하는 시간(동시점)에 공유하는 장소(동지점)를 고려하지 않으면 안된다. 이 때문에 이용자가 많아 의자의 수용량을 상회할 경우에는 자리가 빌 때까지 고객을 기다리게 하지 않으면 안된다(하지만, 기다리고 있는 사이에 기후가 변화하든가, 저녁이 되어서 일광욕을 할 수 없다는 상황도 있을 수 있다). 기다리는 사람이 이용을 단념하지 않게 하기 위하여 공간을 확대한다면(풀 사이드를 넓혀 의자를 증설하고, 숙박시설의 수용량을 올리고, 음료수와 서비스맨의 수를 늘린다), 고객수가 적을 때에는 시설과 노동력이 유효화하게 된다. 이렇듯 리조트사업은 재고가 없기 때문에 안정적인 서비스 제공이 불가능하다. 이것이 경영을 압박하는 원인이 된다.

둘째, 수용의 불안정성이다. 이것은 수요자측에서 볼 때, 리조트가 그들의 생활 가운데에서 얼마만큼의 비중을 갖고 있는가라는 것과 리조트가 시간소비형의 행동이라는 것에 크게 유래하고 있다. 그렇기 때문에 리조트는 대부분의 사람들에게 생활필수는 아니다. 리조트에 대한 수요크기는 경기와 가계의 상황에 크게 좌우되어지는 것이라 생각된다. 더욱이 무슨 일이 있어도 리조트가 생활에 자리잡지 않으면 안된다고 생각하는 사람은 적다. 어차피 리조트에서 시간을 보낸다면, 가능한 한 지내기 쉬운 기후시기와 그 리조트지에서 특정계절에만 있는 것(스키 · 해수욕 등)이 가능한 시기를 선택하고 싶어 한다. 이 때문에 수요가 불안정하다는 것과 함께 전망도 불투명한 것이 리조트경영을 불안정하게 하는 하나의 요소로 존재한다.

셋째, 막대한 초기투자이다. 리조트사업은 일반적으로 거대한 토지취득과 시설건설 및 기반정비에 거액의 선행투자가 필요하다. 특히 일본처럼 지가가 높고 토지이용상의 각종 규제가 많은 나라에서는 넓은 용지를 확보하는 것만으로도 큰 비용이 발생하게 된다.

3) 한국 리조트의 유형

우리나라 리조트는 고원형이 주종을 이루었으나, 앞으로는 우리나라가 3면이 바다인 지리적 여건으로 해양형 리조트의 개발도 활기를 띨 것으로 전망된다. 관광객들의 휴가철 방문지 선호도에서 바닷가가 단연 1위를 차지하고 있다는 점에서도 개발가능성이 높다고 본다.

주5일제 근무와 조기 출퇴근제 등 탄력적 근무 분위기 확산에 따라 자유시간이 늘어났고, 국민소득 증가와 승용차 보급의 확대 및 가족단위의 레저생활 등으로 레저 패턴이 단순 숙박 관광형에서 체류 · 휴양형으로 변화함에 따라 다양한 시설을 구비한 대형 리조트의 필요성이 대두되고, 이러한 레저수요의 확대성향이 대기업들의 활발한 참여 현상으로 이어지고 있다.

리조트는 산악형, 수변형, 임해형, 건강 · 온천 · 스포츠형, 위락형으로 나눌 수 있다.

2. 주요 분야별 리조트사업

현재 우리나라에서 운영 중인 리조트는 산악고원형으로 스키장중심으로 구성되어 있다. 따라서 다른 경쟁업체들과 비교해서 특별한 시설이나 컨셉을 가지지 않고 차별화되지 못하고 있는데, 이는 좁은 국토에서 기후에 차이가 없고 산지가 많기 때문이다. 또한 운영면에서도 초기투자자본의 조기회수를 위하여 콘도미니엄 분야을 중심으로 이루어지고 있다.

1) 스키리조트

스키리조트는 스키장을 기본으로 다른 레크리에이션시설을 갖춘 종합휴양지를 의미하는데, 특히 4계절이 뚜렷한 우리나라의 경우 비수기 기간이 너무 길어 스키장만을 운영하기보다는 골프장, 콘도미니엄 등을 복합적으로 갖추는 것이 일반적이다.

스키리조트는 눈이라고 하는 천연자원이 가장 핵심적인 상품으로 다른 리조트에 비해 계절성이 강하다. 또한 스키로 활강하기에 적합한 경사도를 확보하기 위해서는 산악지대에 위치하는 것이 가장 큰 특징이다.

'겨울철 스포츠의 꽃'으로 불리는 스키는 1990년대 중반 이후 국민소득 수준의 향상, 자유시간의 증가 등으로 빠르게 보급되고 있다. 1989년 이전까지는 용평, 양지파인, 베어스타운 등 5개소에 불과했으나, 1990년에 무주리조트와 사조마을이 개장해 총 7개소로 늘었다. 그후 1992년에는 서울, 대명홍천이, 1995년에는 현대성우, 휘닉스파크 등이 문을 열어 총 11개소로 늘어났다. 그리고 1996년 지산스키장, 2002년 강촌스키장, 2006년에는 오크밸리 스키장, 하이원리조트, 에덴밸리스키장이 개장하였고, 2008년에는 오투리조트와 곤지암리조트가 개장하였으며, 가장 최근에는 알펜시아리조트가 2009년 12월에 개장하였다.

〈표 7-6〉 한국의 스키리조트 현황(2018년 10월 기준)

■ 총괄

구분	경기	강원	충북	전북	경남	계
등록	6	10	1	1	1	19

■ 회원사

스키장명(법인명)	스키장 위치	슬로프(면)	리프트(기)	최초등록년월일
용평리조트	강원(평창, 대관령)	28	14(곤도라 1기 포함)	75.12.21
양지파인리조트	경기(용인, 처인)	8	6	82.12.07
스타힐리조트	경기(남양주, 화도)	4	5	82.12.20
덕유산리조트	전북(무주, 설천)	34	14(곤도라 1기 포함)	90.12.20
비발디파크(대명)	강원(홍천, 서면)	10	10(곤도라 1기 포함)	93.12.24
휘닉스 평창	강원(평창, 봉평)	21	9(곤도라 1기 포함)	95.12.15

웰리힐리파크	강원(횡성, 둔내)	18	9(곤도라 1기 포함)	95.12.15
지산포레스트리조트	경기(이천, 마장)	7	5	96.12.23
엘리시안 강촌	강원(춘천, 남산)	10	6	02.12.07
오크벨리리조트	강원(원주, 지정)	7	3	06.11.27
하이원리조트	강원(정선, 고한)	18	9(곤도라 1기 포함)	16.12.07
곤지암리조트	경기(광주, 도척)	9	5	08.12.17
알펜시아	강원(평창, 대관령)	6	3	09.11.24
베어스타운리조트	경기(포천, 내촌)	7	8	85.12.19
에덴밸리리조트	경남(양산, 원동)	7	3	06.11.27

■ 비회원사

스키장명(법인명)	스키장 위치	슬로프(면)	리프트(기)	최초등록년월일
이글벨리리조트	충북(충주, 수안보)	9	4	90.12.29
오투리리조트	강원(태백, 서학)	19	6(곤도라 1기 포함)	08.12.11
알프스리조트	강원(고성, 간성)	6	5	84.12.22
서울리조트(운영중단)	경기(미금, 호평)	4	3	93.01.28

자료: 한국스키장경영협회(2021.12. 기준)

2021년 12월 기준으로 국내에서 운영중인 스키장은 19개소인데(위의 〈표 7-6〉 참조), 스키장의 대부분이 경기도와 강원도에 편중되어 있음을 알 수 있다. 이는 이들 지역이 눈이 많이 내리고 눈의 질이 좋은데다 수도권의 스키어를 유치하는 데 접근성이 유리하기 때문이다.

2) 골프리조트

골프리조트란 골프장을 기본으로 각종 레크리에이션시설이 부가적으로 설치되어 있는 리조트를 말한다. 일반적으로 골프장은 컨트리클럽과 골프클럽으로 나누고 있다. 컨트리클럽(country club)은 골프코스 외에 테니스장, 수영장, 사교장 등을 갖추고 있으며 회원중심의 폐쇄적인 사교클럽의 성격을 가지고 있다. 이에 대하여 골프클럽(golp club)은 다소 부대시설은 있을 수 있으나 골프코스가 중심이고 회원제이긴 하나 컨트리클럽에 비해 덜 폐쇄적이다.

이용형태에 따라서는 회원제 골프장과 퍼블릭 골프장으로 구분된다. 회원제 골프장(membership course)은 회원을 모집하여 회원권을 발급하고 예약에 의해 이용하게 하는 골프장으로 회원권 분양에 의해 투자자금을 조기에 회수하는 것이 용이한 장점이 있다. 퍼블릭골프장(public course)은 기업이 자기자본으로 코스를 건설하고 방문객의 수입으로 골프장을 경영하는 형태로 누구나 이용할 수 있고 이용요금도 저렴한 편이지만, 투자비 회수에 장기간이 소요된다는 단점이 있다.

국내 골프장 시장은 골프인구 정체 및 골프장 공급 확대 등으로 공급과잉 현상이 지방을 중심으로 나타나고 있다. 즉 골프장산업이 2000년대의 고(高)수익 블루오션(blue ocean)에서 저(低)수익 레드오션(red ocean)으로 바뀌고 있다.

2017년 이후의 골프장 공급은 골프장 공급과잉 현상 심화, 회원권 시장의 붕괴 및 골프장사업의 수익성 악화 내지 둔화 등으로 크게 줄어들 것이다. 특히 회원제 골프장은 입회금 반환 사태 및 회원권 시장의 붕괴 등으로 신규 개장이 거의 없는 반면, 일반세율을 적용받고 수익성이 우수한 대중 골프장 개장이 늘어날 것으로 예상된다.

골프장 시장이 공급자(사업자) 주도시장에서 수요자(골퍼) 주도시장으로 변하면서 경쟁력 없는 부실한 회원제 골프장들의 부도가 증가할 것으로 전망된다. 이에 따라 그동안 시장이 형성되지 못했던 골프장 M&A 시장이 부도난 회원제 골프장들을 중심으로 활성화될 것으로 예상된다.

우리나라 골프장의 현황을 살펴보면 2000년에는 135개소로 증가하였고, 2014년에는 460개소로 증가하였으며, 2020년 1월 기준 전국의 골프장은 총 533개소로 집계되고 있다. 따라서 현재 운영 중인 골프장은 전국적으로 494개소(회원 : 169, 대중 : 325)이며 나머지 39개소는 건설 중이거나 미착공 상태에 있으며 전국 골프장 현황은 〈표 7-7〉과 같다.

〈표 7-7〉 전국 골프장 현황(2020.1월 기준)

■ 총 계

구분 \ 지역		서울	부산	대구	인천	대전	광주	울산	세종	경기	강원	충북	충남	전북	전남	경북	경남	제주
합계	533	1	10	2	10	3	4	4	3	159	59	37	30	25	47	55	40	44
회원	178	0	6	1	2	1	1	2	1	72	16	7	9	3	9	14	14	20
대중	355	1	4	1	8	2	3	2	2	87	43	30	21	22	38	41	26	24

■ 운영 중

구분 \ 지역		서울	부산	대구	인천	대전	광주	울산	세종	경기	강원	충북	충남	전북	전남	경북	경남	제주
합계	494	1	10	2	9	3	4	4	3	150	57	35	24	24	40	49	38	41
회원	169	0	6	1	2	1	1	2	1	72	14	7	7	3	6	13	14	19
대중	325	1	4	1	7	2	3	2	2	78	43	28	17	21	34	36	24	22

자료: 골프경제, 2020. golfbiz.co.kr

3) 마리나리조트

(1) 마리나리조트의 개념

마리나(marina)에 관한 통일적인 정의는 없으나, 일반적인 의미로는 다양한 종류의 선박을 위한 외곽시설, 계류시설, 수역시설 및 이와 관련된 다양한 서비스를 갖춘 종합적인 해양레저시설을 말한다.

해양성 레크리에이션에 대한 수요가 점진적으로 더욱 다양화 · 전문화되어지고 있으므로 수상 및 레크리에이션의 중심시설인 마리나 리조트에 대한 국민의 요청도 함께 증가하고 있다.

요즘에 와서는 여가활동이 진행되는 가운데 해양레저 레크리에이션도 다양화되어 해수욕, 선텐, 낚시, 해상유람 등 전통적인 것에 비하여 세일링요트, 모터요트, 수상오토바이, 수상스키, 서핑 등 해양 레저활동의 유형이 다양화되어지고 있다. 이와 같이 해수욕, 보트타기, 요트타기, 수상스키, 스킨다이빙, 낚시, 해저탐사 등과 같은 다양한 해변 레저활동을 즐길 수 있는 체재를 위한 종합적인 레저 · 레크리에이션 시설 또는 지역을 마리나 리조트(marina resort)라고 말한다.

해양 레저스포츠의 발전을 위하여 마리나의 개발이 세계 각 도시에서 시작된 배경에는 지역에 따라 특성이 다르겠지만, 공통점은 마리나의 개발이 도시조성에 있어서 매력적인 요소가 매우 많다는 점과 대도시 주변에서는 항만의 재개발에 대한 요청이 높아지고 있다는 것이다.

마리나리조트 개발형태는 해변형, 마리나형, 종합휴양형, 기능전환형, 신규개발형으로 분류할 수 있는데, ① 해변형은 해수욕을 중심으로 하며, 주로 해변을 이용하는 해양 레크리에이션을 진흥하는 형태이고, ② 마리나형은 마리나를 중심으로 해양성 레크리에이션 기지화를 목표로 하는 형태이고, ③ 종합휴양형은 장기체재를 염두에 두고 종합적 휴양지 개발을 지향하는 형태이고, ④ 기능전환형은 어항 · 창고 등을 포함하여 기존기능을 전환시켜 새로운 레크리에이션적 수변이용을 촉구시키는 형태이며, ⑤ 신규개발형은 대규모 인공개발을 통하여 해양성 레크리에이션 공간을 새롭게 조성하는 형태로 타 기능도 포괄적으로 포함하여 개발을 전개하는 형태이다.

(2) 한국의 마리나리조트 현황[20)]

우리나라 마리나리조트는 해양관광시대를 맞이하여 지속적으로 개발되고 있는 실정이다. 규모면에서는 부산 수영만 요트경기장이 가장 크고 경남 통영의 충무마리나리조트와 제주 서귀포의 중문마리나리조트가 그 뒤를 잇고 있다. 그 외 경남 진해시의 진해마리나리조트, 경남 사천시의 삼천포마리나리조트, 전남 여수시의 소호마리나리조트, 경남 거제시의 거제마리나리조트, 충남 보령시의 보령마리나리조트, 그리고 2009년 11월 경기 화성시의 전곡마리나리조트가 해상 60척, 육상 53척의 계류시설 규모로 최근에 개장되었다.

〈표 7-8〉 한국의 마리나리조트 현황

명칭(위치)	개발/운영	비 고
수영(부산 해운대)	부산시	「공유수면 관리 및 매립에 관한 법률」(약칭 : 공유수면법)
충무(경남 통영시)	금호충무	항만법(무역항)
진해(경남 진해시)	코리아마린	「공유수면 관리 및 매립에 관한 법률」(약칭 : 공유수면법)
삼천포(경남 사천시)	삼천포마리나	〃
중문(제주 서귀포)	퍼스픽랜드	〃
소호(전남 여수시)	여수시/전남요트협회	〃
거제(경남 거제시)	거제시/경남요트협회	〃
보령(충남 보령시)	보령시	〃
전곡(경기 화성시)	화성시/경기도	〃

20) 고상동 · 원문규 공저, 리조트경영과 개발(서울: 백산출판사, 2018), pp.127~220.

① 충무마리나리조트 사례

충무마리나리조트는 경남 통영시 도남동의 도남관광단지 내에 위치하고 있다. 한국 최초로 민간기업 금호그룹에 의해 육상 · 해상 종합리조트로서 1995년에 개장되었다.

119,000m²(약 36,060평) 부지 위에 150여 척의 보트를 계류시킬 수 있으며, 콘도 272실의 객실을 갖추고 있는 해양리조트 시설이다. 아름다운 한려수도를 배경으로 유람선을 이용한 관광이 활성화되어 있는 통영보트계류장은 계류장과 리조트 시설을 함께 갖춘 국내의 유일한 해양리조트로, 여름철이면 해양스포츠를 즐기기 위해 전국에서 많은 관광객들이 이용하고 있다. 그 외 통영요트학교를 개설 · 운영하고 있다.

② 전곡마리나리조트 사례

전곡마리나리조트는 2009년 11월 경기도 화성시 전곡항에 개장한 최근의 현대식 마리나리조트다. 전곡마리나리조트는 2005년부터 4년간의 공사기간 동안 244억원을 투입하였으며, 육상에 21ft(6m급) 27척, 26ft(8m급) 36척, 36ft 24척 등 60척으로 육 · 해상 합하여 총 113척의 계류시설을 갖추었다. 그 외 요트아카데미를 개설하여 요트조종면허시험 교육과 체험프로그램을 실시하고 있다.

전곡마리나리조트에서는 2009년 6월 3일부터 6월 7일까지 5일간 전곡항과 인근 탄도항 일원에서 세계요트대회가 개최되었다. '2009년 경기국제보트쇼'에서는 40개국 380개사가 참여하였으며 보트전시회와 수출상담, 투자설명회 등이 이루어졌으며, 요트와 보트 211척, 관련제 품회사 88개사가 참가하여 2,400여 건의 계약으로 3,829억원의 성과를 거두었다. 이러한 사실로 볼 때 해양마리나리조트의 개발효과가 점진적으로 확대되는 것을 알 수 있다.

③ 부산수영만 요트경기장 사례

부산수영만 요트경기장은 아시안게임과 올림픽요트경기를 개최한 곳으로 아시아 최고의 요트경기장이다. 특히 2001년부터 외국요트를 많이 유치하기 위하여 장기간 계류시키는 요트에 한해 관세를 부과하지 않는 관계법을 개정하여 시행함으로써 외국요트 동호인들과의 교류활성화에 한몫을 하고 있다.

부산 수영만 요트경기장은 계류능력 1,400여 척을 계류할 수 있으며 자연조건 또한 요트를 즐기기에 적정한 곳이다. 그러나 연안역을 매립하여 인공적인 건설 관계로 자연재해의 영향을 많이 받는 단점이 있으며 계류장의 형태가 직선이므로 위화감이 우려되기도 한다.

④ 목포 요트마리나

개항 117년의 유구한 역사를 지닌 목포항에 위치한 목포 요트마리나는 2009년 7월 개정한 이후 서남권 마리나 산업의 랜드마크로서 수년에 걸쳐 다수의 국제요트대회 및 해양문화행사를 개최하여 새롭고 다양한 해양스포츠 문화를 접할 수 있었고, 연관된 산업의 활성화를 주도하는 거점형 마리나로 거듭나고자 노력하고 있다.

특히 목포 요트마리나는 지정학적 이점으로 인해 자연재해로부터 안전하며, 육·해상으로의 접근성이 뛰어난다고 한다. 2018년 현재 60여척 규모의 육·해상 계류장을 비롯하여 클럽하우스 내 편의시설 및 국내 최대 규모의 인양기 등 서남권 최고의 시설을 보유하고 있으며, 2019년까지 600척 이상의 계류선 확보계획을 가진 국내의 대표적인 마리나로 성장할 것으로 기대되고 있다.

현재 목포 요트마리나의 운영은 목포에 위치하고 있는 세한대학교에서 위탁경영하고 있다.

4) 온천리조트

온천(hot spring)이란 지열로 인해 높은 온도로 가열된 지하수가 분출하는 샘을 말하는 것으로 휴양, 요양의 효과가 크고 주변풍경과 결합되어 관광자원으로서의 가치를 구성한다. 대개 화산대와 일치하는 지역에 주로 분포하고 있는데, 화산국인 일본, 아이슬랜드, 뉴질랜드를 비롯해 미국, 캐나다, 에콰도르, 콜롬비아 등 남북아메리카 화산대와 중부유럽 내륙국가에 많이 산재되어 있다. 이 중에서 세계적으로 유명한 온천은 독일의 바덴바덴(Baden Baden), 캐나다의 뱀프(Banff), 미국의 옐로스톤 공원(Yellowstone Park), 일본의 아타미(熱海) 등을 꼽을 수 있다.

국내 온천의 이용형태는 여관, 호텔, 콘도 등과 같은 숙박시설과 밀접한 관련성을 맺고 있기 때문에 온천리조트는 숙박시설 중심의 관광지가 형성되는 것이 일반적이며, 1980년대 후반까지도 국내 국민관광시설의 상당수가 온천을 중심으로 발달했었다. 최근까지도 대부분의 국내 온천리조트의 개발유형은 가족단위 여행객들이 쉽게 접할 수 있는 장소에 소규모 숙박시설 하나만으로 시작되는 정체된 개발이 주를 이루고 있다.

우리나라 온천리조트는 선진국의 그것에 비해 관광자원으로서 뒤떨어지지 않으며 그 이상의 효용을 가지고 있다. 하지만 온천리조트마다 특성이 없고 획일적인 개발방식과 단순한 이용시설로 인해 건강 · 보양을 목적으로 하는 체류형보다는 단순한 경유형 숙박 관광지로서의 역할밖에는 하지 못하는 곳이 대부분이라 할 수 있다.

그러나 국내에서도 1990년대 중반부터는 부곡하와이를 시작으로 설악 워터피아, 아산스파비스, 리솜스파캐슬과 같은 몇몇 온천리조트들은 일반 온천에 보양기능과 레저기능을 가미한 새로운 온천리조트로의 획기적인 전환을 시도하였으며, 현재는 선진국 못지않은 시설과 규모를 갖춘 온천리조트로 자리매김하고 있다.

이렇듯 몇몇 선진형 온천리조트의 등장은 국민들의 높아진 온천문화 욕구와 워터파크 시설의 대중화와 맞물려 대중적인 성공을 거두고 있다. 특히 온천과 워터파크가 결합된 현대식 시설은 그동안 온천은 노년층이 주로 이용하는 시설이라는 편견을 벗고, 젊은 층의 유입효과를 가져오고 있으며, 온천탕 위주의 영업만으로는 더 이상 생존할 수 없다는 위기의식을 일깨우는 혁신적 계기를 전국적으로 불러일으켰다.

이와 같은 전환적 계기는 전국에 산재한 보양온천들이 시설을 대구모로 증설하거나 온천에 놀이시설을 가미한 워터파크 형태로 탈바꿈하는 현상으로 이어지고 있으며, '부곡온천' 등과 같은 획일적인 지역명 위주의 브랜드 네임(brand name)도 '스파랜드', '스파캐슬', '아쿠아월드', '워터피아' 등으로 테마가 있는 브랜드로 변경하거나 어떠한 경우는 아예 '워터파크'로 변경하는 식으로 바뀌어가고 있다.

국내에는 약 68개소의 온천 관광지가 전국에 분포되어 있으며, 그중에 기본적인 리조트의 여건을 지닌 온천리조트를 살펴보면 〈표 7-9〉와 같다.

〈표 7-9〉 국내 온천(Spa)리조트 현황

지역	업체명	주소
경기	일동제일 유황온천	포천시 일동면
	신북리조트 스프링풀	포천시 신북면
	북수원 스파랜드	수원시 장안구 율전동
	여주온천	여주군 강천면
	스파플러스(미란다호텔)	이천시 안흥동
	이천테르메덴	이천시 모가면
	율암온천	화성시 팔탄면
	하피랜드	화성시 팔탄면
인천	강화온천 스파월드	강화군 길상면
	인스파월드	중구 신흥동
울산	울산대공원 아쿠아시스	남구 옥동
부산	광안해수월드	수영구 민락동
	스포원 워터파크	금정구 두구동
내구	홈스파월드	남구 본덕3동
	온천엘리바덴	달서구 상인동
	스파밸리	달성군 가창면
강원	설악 워터피아	속초시 장사동
	척산온천 실크로드	속초시 노학동
	횡성온천 실크로드	횡성군 갑천면
	북골온천	양양군 강현면
	내멍아쿠아월느 설악	고성군 토성면
충남	리솜스파캐슬 덕산	예산군 덕산면
	리솜오션캐슬 안면도	태안군 안면읍
	파라다이스 도고	아산시 도고면
	아산스파비스	아산시 음봉면
충북	대명아쿠아월드 단양	단양군 단양읍
	오창온천 로하스파	청원군 오창읍
전북	대명아쿠아월드 변산	부안군 변산면
	진안홍삼스파	진안군 진안읍

전남	화순아쿠아나 도고스파랜드 지리산온천랜드 담양온천리조트	화순군 북면 화순군 도고면 구례군 신동면 담양군 금성면
경북	경주 스프링돔 경주아쿠아월드 덕구온천스파월드 청도용암웰빙스파	경주시 북군동 경주시 신평동 울진군 북면 청도군 화양읍
경남	부곡하와이 통도아쿠아환타지	창녕군 부곡면 양산시 하북면

자료: 유도재, 리조트경영론(서울: 백산출판사, 2018), pp.329~330.

제8절 카지노업

1. 카지노업의 이해

1) 카지노의 개념

카지노란 갬블링(gambling), 음악, 쇼, 댄스 등 여러 가지 오락시설을 갖춘 연회장이라는 의미의 이탈리아어 카사(Casa)에서 유래한 것으로 르네상스(Renaissance) 시대에 귀족들이 소유하고 있던 사교 · 오락용의 별장을 의미하였으나, 오늘날에 와서는 일반적인 사교 또는 여가선용을 위한 공간으로서 각종 게임기구를 설치하여 갬블링이 이루어지는 장소로 이해하고 있다.

그리고 웹스터사전(Webster's College Dictionary)에서는 카지노란 모임 · 춤 특히 전문 갬블링(professional gambling)을 위해 사용되는 건물이나 넓은 장소로 정의하고 있으며, 국어사전에서는 음악 · 댄스 · 쇼 등 여러 가지 오락시설을 갖춘 실내 도박장으로 정의하고 있다.

우리나라에서 카지노업은 종래 「사행행위등 규제 및 처벌특례법」에서 '사행행위영업(射倖行爲營業)'의 일환으로 규정되어 오던 것을 1994년 8월 3일 「관광진흥법」을 개정할 때 관광사업의 일종으로 전환 규정한 것이다. 그리고 「관광진흥법」은 제3조 제1항 5호에서 카지노업이란 "전문영업장을 갖추고 주사위 · 트럼프 · 슬롯머신 등 특정한 기구 등을 이용하여 우연의 결과에 따라 특정인에게 재산상의 이익을 주고 다른 참가자에게 손실을 주는 행위 등을 하는 업"이라고 정의내리고 있다.

우리나라의 카지노업은 관광산업의 발전과 크게 연관되어 있다. 특히 카지노는 특급호텔 내에 위치하여 외래관광객에게 게임 · 오락 · 유흥 등 야간관광활동을 제공함으로써 체류기간을 연장시키고, 관광객의 소비를 증가시키는 주요한 관광산업 중 하나로 발전되어 왔다. 또한 카지노업은 외래관광객으로부터 외화를 벌어들여 국제수지를 개선하는 데 기여해 왔으며, 국가재정수입의 확대와 소득 · 고용창출 등 긍정적인 경제적 효과를 가져온 주요 수출산업이라고도 할 수 있다.

2) 카지노업의 특성

카지노업은 우선 외래관광객을 위해서 게임장소와 오락시설을 제공한다. 게임장소와 오락시설의 제공이라는 두 가지 서비스는 우리나라 카지노업의 기본적인 기능이라고 할 수 있다. 이러한 카지노업의 특징을 살펴보면 다음과 같다.[21]

첫째, 카지노업은 다른 산업에 비하여 고용창출효과가 높다. 카지노업은 타 관광관련 산업에 비해 규모나 시설은 적으나 카지노의 특수한 조직구조와 운영으로 인해 하루 24시간 게임테이블을 운영하기 위하여 많은 종사원을 필요로 하기 때문에 경영규모에 비해 많은 고용창출을 하고 있다. 카지노는 순수한 인적 서비스상품이며 노동집약적인 산업으로, 수출산업인 섬유 · 가죽업, TV부문, 반도체산업 및 자동차산업에 비해 고용승수가 훨씬 높게 나타나고 있다.

둘째, 카지노업은 전천후 관광상품이다. 카지노가 주로 실내공간에서 이루어지는 여가활동이므로 악천후에도 전혀 상관하지 않고 이용이 가능한 관광상품

21) 고택운, 카지노산업 프로젝트 기획실무, p.7.

이다. 또한 24시간 영업함으로써 야간 관광상품으로도 이용될 수 있으며, 자연관광자원의 기후에 대한 한계성을 극복할 수 있는 훌륭한 대체관광산업이 된다.

셋째, 카지노업은 무공해 관광산업이라고 정의할 수 있는데, 카지노산업의 외화가득률은 우리나라 대표적 수출산업인 자동차산업, 섬유 · 가죽 등의 의류산업, 텔레비전 · 세탁기 등 가전제품산업 및 반도체산업에 비해 훨씬 높다. 카지노이용객 한 사람을 유치하면 컬러TV 4대, 반도체 76개를 수출한 것과 같으며, 카지노에 외국인 관광객 11명이 유치된다면 고급승용차 1대를 수출하는 것과 맞먹는 효과가 있다고 한다.

넷째, 카지노는 외래관광객의 소비액을 증가시키고 체류기간을 연장시킨다. 카지노 이용객 1인당 소비액은 외래관광객 1인당 소비액의 약 48%를 차지할 정도로 단일 지출항목으로는 상당히 높은 비중을 차지한다. 카지노는 외래관광객에게 게임장소와 오락시설을 제공하는 기능을 함으로써 체류기간 연장과 소비지출을 증가시키기 때문에 실제로 카지노가 없는 나라의 관광객의 체류 일수가 평균 1.5일인데 비해 카지노 게임을 하는 고객들의 체류 일수는 3.4일로 2일이나 차이가 나는 현상으로 설명할 수 있다.

다섯째, 카지노산업의 경제적 파급효과는 매우 크다. 정부의 강력한 규제와 도박산업이라는 사회적으로 부정적인 인식하에서도 각 지방자치단체에서 카지노를 유치하려는 치열한 경쟁에서 볼 수 있듯이 세수의 확보, 외래관광객 유치에 따른 외화가득효과, 호텔 등 관광관련 산업의 매출에 지대한 영향을 미치는 등 다양한 경제적 효과를 발생시킨다.

여섯째, 카지노는 양면성이 있다. 카지노가 여가선용을 위한 건전한 오락산업이며 세수확보, 외화유출방지, 고용창출 등 지역경제 활성화에 지대한 영향을 미치고 있어 국가 및 지방자치단체에서 적극적으로 카지노의 도입을 추진하려고 하는 긍정적인 사회경제적 측면이 있는가 하면, 카지노는 단순한 도박산업이며 범죄와 도박중독증, 가정파탄 및 도산, 과소비, 사행심 조장, 폭력조직과의 연루 등 각종 사회악의 온상이라는 부정적인 측면이 공존하고 있다.

3) 카지노산업의 파급효과

카지노산업을 파급효과 면에서 살펴보면, 지역경제에 미치는 영향으로는 지역경제활성화, 고용창출, 조세수입의 증대와 지역개발의 효과 등 긍정적 측면이 있는가 하면, 지역사회에 미치는 영향으로는 도박중독의 증가 및 범죄의 증가, 과도한 게임비용의 증가와 같은 부정적 효과가 나타나는 등 양면성을 가지고 있다.

(1) 긍정적 효과

첫째, 우리나라의 내국인출입 카지노(강원랜드카지노)의 허용에서 볼 수 있듯이 카지노를 허용하는 국가들에 있어 주된 허용목적으로 지역경제 활성화를 들고 있다. 이는 카지노를 허용함으로써 카지노이용객의 지출과 이로 인한 카지노 종사원의 지출을 지역경제에 흡수시키고, 이를 통해 지역경제 활성화를 도모하려는 데에 목적을 두고 있는 것이다.

둘째, 카지노업의 고용창출 효과는 수출산업인 섬유산업과 TV부문 및 반도체 부문에 비해 매우 높게 나타나고 있어 다른 산업에 비해 지역주민들에게 높은 고용기회를 제공하고 있는 것으로 조사되고 있다.

셋째, 카지노업을 허용하는 국가 및 지역에 있어서 카지노업 허용의 목적은 관광객 유치 및 관광수입의 증대, 지역경제 활성화 그리고 세수증대 등을 들고 있다. 특히 카지노업은 불건전한 도박으로서의 사행산업으로 인식되어 중과세를 부과하고 있는데, 이는 역설적으로 카지노업이 세수증대에 크게 기여하는 것으로 평가할 수 있다.

(2) 부정적 효과

첫째, 카지노를 비롯하여 각종 사행산업을 허용함에 있어서 가장 문제시되는 부문이 과도한 이용에서 오는 사회적 부작용이다. 즉 카지노게임에 자신이 의도한 것보다 더 많은 시간과 돈을 소비하게 되고, 마약 또는 알코올 중독현상이 나타나 정신적 · 신체적 · 사회적으로 심각한 문제에 직면하게 된다는 점이다.

둘째, 카지노를 허용함에 있어서 또 다른 문제점은 범죄와의 관련성이라 하겠다. 카지노 이용객들은 카지노에서 돈을 잃게 되면 친구나 가족에게 돈을 빌리거나 은행 또는 금융회사로부터 돈을 대출받으며, 고리대금업자에게 재산을 담보로 돈을 빌려 카지노 자금으로 사용하게 되는데, 심지어는 불법적인 방법으로 돈을 마련하느라 범죄를 저지르는 경우도 허다하다. 이와 같이 카지노업은 단순한 도박산업이며 범죄와 도박중독증, 가정파탄 및 도산, 과소비, 사행심 조장, 폭력조직과의 연루, 불법고리대금, 돈세탁 등 각종 사회악의 온상이라는 부정적인 측면이 공존하고 있는 것이다.

따라서 대부분의 국가에서는 이러한 부작용들을 최소화하기 위해서 카지노감독위원회를 두고 관리 · 감독을 하고 있다. 우리나라에는 국무총리실 산하에 '사행산업통합감독위원회'가 설치되어 있다.

2. 우리나라 카지노업의 현황

1) 우리나라 카지노업의 발전과정[22)]

우리나라 카지노 설립의 법적 근거가 된 최초의 법률은 1961년 11월 1일에 제정된 「복표발행현상기타사행행위단속법」이다. 1962년 9월 동법의 개정된 사항에 "외국인을 상대로 하는 오락시설로서 외화획득에 기여할 수 있다고 인정될 때에는 이를(외국인을 위한 카지노설립) 허가할 수 있도록 한다"고 규정함으로써 카지노 설립의 근거가 마련되었다.

이와 같은 법적 근거에 따라 외국인 관광객 유치를 위한 관광산업 진흥정책의 일환으로 카지노의 도입이 결정되어 1967년에 인천 올림포스호텔 카지노가 최초로 개설되었고, 그 다음해에 주한 외국인 및 외국인 관광객 전용의 위락시설(게임시설)로서 서울에 워커힐호텔 카지노가 개장되었다.

그런데 1969년 6월에는 「복표발행현상기타사행행위단속법」을 개정하여 이때까지 카지노에 내국인출입을 허용했던 것을, 이후로는 카지노 내에서 내국인을 상대로 사행행위를 하였을 경우 영업행위의 금지 또는 허가취소의 행정조치를 취할 수 있게 함으로써 카지노에 내국인 출입이 제한되고, 외국인만을 출입시키

22) 오수철 외 3인 공저, 제2판 카지노경영론(서울: 백산출판사, 2018), pp.97~100.

는 법적 근거가 마련되었다.

1970년대에 들어 카지노산업이 주요 관광지에 확산되어 4개소가 추가로 신설되었으며, 1980년대에는 2개소가 추가 신설되었고, 1990년대에는 5개소가 신설되면서 전국적으로 13개 업소가 운영하게 되었다.

한편, 1991년 3월에는 「복표발행현상기타사행행위단속법」이 「사행행위등 규제 및 처벌특례법」으로 개정됨에 따라 계속적으로 '사행행위영업'의 일환으로 규정되어 오던 카지노를 1994년 8월 3일 「관광진흥법」을 개정할 때 관광사업의 일종으로 전환 규정하고, 문화체육관광부장관이 허가권과 지도 · 감독권을 갖게 되었다. 다만, 제주도에는 2006년 7월부터 「제주특별자치도 설치 및 국제자유도시 조성을 위한 특별법」이 제정 · 시행됨에 따라 제주특별자치도에서 외국인전용 카지노업을 경영하려는 자는 제주도지사의 허가를 받도록 하였다.

또 한편, 1995년 12월에는 「폐광지역개발지원에 관한 특별법」이 제정되면서 강원도 폐광지역에 내국인 출입카지노를 설치할 수 있는 근거가 마련되었으며, 이에 따라 2000년 10월 28일에 강원도 정선군에 강원랜드 스몰카지노가 개장되었고, 2003년 3월 28일에는 메인카지노를 개장하였다. 이로써 1969년 6월 이후 금지되었던 '내국인출입 카지노의 시대'가 다시 개막된 것이다.

2) 우리나라 카지노업체 현황

외국인전용 카지노는 1967년 인천 올림포스호텔 카지노 개설을 시작으로 2005년 한국관광공사에 신규허가 3개소를 포함하여 2017년 12월 말 기준으로 전국에 16개 업체가 운영 중에 있으며, 지역별로는 서울 3개소, 부산 2개소, 인천 1개소, 강원 1개소, 대구 1개소, 제주 8개소이다. 내국인출입 카지노는 강원랜드카지노 1개소가 운영 중에 있다.

〈표 7-10〉 우리나라 카지노업체 현황

(단위 : 명, 백만원, ㎡)

시 · 도	업체명 (법인명)	허가일	운영형태 (등급)	종사원 수	'19매 출액	'19입 장객	허가증 면적
서 울	파라다이스카지노 워커힐점 【(주)파라다이스】	'68.03.05	임대 (5성)	1,106	291,233	515,441	2,685.86
	세븐럭카지노 강남코엑스점 【그랜드코리아레저(주)】	'05.01.28	임대 (컨벤션)	919	188,005	549,176	2,158.32
	세븐럭카지노 강북힐튼점 【그랜드코리아레저(주)】	'05.01.28	임대 (5성)	556	221,460	901,723	1,728.42
부 산	세븐럭카지노 부산롯데점 【그랜드코리아레저(주)】	'05.01.28	임대 (5성)	366	83,638	269,695	1,583.73
	파라다이스카지노 부산지점 【(주)파라다이스】	'78.10.29	임대 (5성)	423	76,332	154,087	1,483.66
인 천	파라다이스카지노(파라다이스시티) 【(주)파라다이스세가사미】	'67.08.10	직영 (5성)	872	376,924	382,666	8,726.80
강 원	알펜시아카지노 【(주)지바스】	'80.12.09	임대 (5성)	19	244	3,462	632.69
대 구	호텔인터불고대구카지노 【(주)골든크라운】	'79.04.11	임대 (5성)	184	20,723	88,102	1,485.24
제 주	공즈카지노 【길상창휘(유)】	'75.10.15	임대 (5성)	206	32,187	33,811	1,604.84
	파라다이스카지노 제주지점 【(주)파라다이스】	'90.09.01	임대 (5성)	243	40,433	165,650	1,232.72
	아람만카지노 【(주)청해】	'91.07.31	임대 (5성)	111	7,651	6,040	1,366.30
	로얄팔레스카지노 【(주)건하】	'90.11.06	임대 (5성)	133	16,795	20,588	865.25
	엘티카지노 【(주)엘티엔터테인먼트】	'85.04.11	임대 (5성)	109	4,659	14,459	1,175.85
	제주썬카지노 【(주)지앤엘】	'90.09.01	직영 (5성)	150	8,234	31,245	1,543.62
	랜딩카지노(제주신화월드) 【람정엔터테인먼트코리아(주)】	'90.09.01	임대 (5성)	510	62,453	85,884	5,646.10
	메가럭카지노 【(주)메가럭】	'95.12.28	임대 (5성)	113	17,897	11,732	800.41

시 · 도	업체명 (법인명)	허가일	운영형태 (등급)	종사원 수	'19매 출액	'19입 장객	허가증 면적
16개 업체(외국인 대상)			직영:2 임대:14	6,020	1,448,868	3,233,761	34,719.81
강 원	강원랜드카지노 【(주)강원랜드】	'00.10.12	직영 (5성)	1,905	1,481,555	2,895,191	14,052.72
17개 업체(내 · 외국인 대상)			직영:3 임대:14	7,925	2,930,423	6,128,952	48,772.53

자료 : 문화체육관광부. 2020 카지노업 현황. 2020년 4월 기준 통계보고서

주) 종사원수(수시변동) : 세븐럭강남(본사 포함), 강원랜드(카지노 오퍼레이션(영업 및 영업지원) 인원 기준), 매출액: 관광기금 부과 대상 매출액 기준

3) 카지노시설 및 운영 현황[23)]

(1) 외국인전용 카지노

2020년 4월 기준으로 외국인전용 카지노 기구는 총 12종 1,897대이며, 테이블게임 955대, 슬롯머신 42대, 비디오게임 1,190대를 보유하고 있다. 테이블게임은 바카라가 715대로 가장 높게 나타났으며, 블랙잭 95대, 룰렛 45대, 포커 75대, 다이사이 19대, 빅휠 2대, 카지노워 5대 등을 보유하고 있다.

2019년도 외국인전용 카지노 이용객은 323만 3,761명으로 전년 대비 13.9% 감소하였다. 2019년도 카지노 외화수입은 124만 3,280 달러로 전년 대비 15.8% 증가하였다.

(2) 강원랜드카지노

강원랜드는 강원도 정선군 사북읍 사북리 및 고한읍 고한리 일원에 총 5,324,432m^2 규모의 카지노 리조트를 조성하였다. 주요 시설물로는 강원랜드호텔 · 카지노, 하이원호텔 · 골프장, 하이원CC, 하이원 스키장 및 콘도, 하이원 고한사무실, 고한사옥 등을 포함하고 있다.

강원랜드의 카지노시설은 강원랜드 호텔 내 12,792.95m^2 공간에 테이블게임 175대와 머신게임 1,360대로 구성되어 있다. 테이블게임 기구는 바카라 79대, 블

23) 사행산업통합감독위원회(2016), 「사행산업 관련 통제」

랙잭 62대, 룰렛 11대, 다이사이 6대, 포커 12대, 빅휠 2대, 카지노워 3대 등이며, 머신게임 기구로는 슬롯머신 169대, 비디오게임 1,191대 등을 보유하고 있다.

2019년의 강원랜드 전체 매출액은 1조 5,201억원으로 전년 대비 5.7% 증가하였다. 강원랜드 회계매출액은 2000년 이후 지속적인 증가추세를 나타내고 있으며, 영업매출액은 2011년 일시 감소한 것을 제외하면 2013년까지 증가추세를 나타내고 있다. 하지만 2019년 COVID-19의 여파로 2020년의 전체 매출은 4,786억원에 그쳐 첫 적자를 기록하게 되었다.

2019년 강원랜드 카지노 입장객은 289만 5,191명으로, 2006년과 2011년에는 일시적으로 감소하였으나, 2019년 말 글로벌 팬데믹 악재 이전 전반적으로 증가 추세를 나타내고 있다.

3. 우리나라 카지노업의 허가 등[24)]

1) 카지노업 허가의 개요

우리나라 카지노설립의 법적 근거가 된 최초의 법률은 1961년 11월 1일에 제정된 「복표발행현상기타사행행위단속법」으로, 이 법이 1991년 3월에 「사행행위등 규제 및 처벌특례법」으로 개정됨에 따라 계속적으로 사행행위영업의 일환으로 규정되어 오던 카지노를 1994년 8월 3일 「관광진흥법」을 개정할 때 관광사업의 일종으로 전환 규정하고, 문화체육관광부장관이 허가권과 지도 · 감독권을 갖게 되었다. 다만, 제주도에는 2006년 7월부터 「제주특별자치도 설치 및 국제자유도시 조성을 위한 특별법」이 제정 · 시행됨에 따라 제주특별자치도에서 외국인전용 카지노업을 경영하려는 자는 제주도지사의 허가를 받도록 하였다.

한편, 2005년에는 「기업도시개발특별법」 개정을 통하여 관광레저형 기업도시 조성시 호텔업을 포함하여 관광사업 3종 이상, 카지노업 영업개시 신고시점까지 미화 3억달러 이상 투자하고 영업개시 후 2년 이내 미화 총 5억달러 이상을 투자할 경우 외국인전용 카지노의 신규허가가 가능하도록 하였다.

24) 조진호 · 우상철 공저, 최신관광법규론(서울: 백산출판사, 2018), pp.188~199.

또 2009년에는 「경제자유구역의 지정 및 운영에 관한 특별법」 개정을 통하여 경제자유구역에서 외국인 투자금액이 미화 5억달러 이상이고 호텔업을 포함한 관광사업 3종 이상, 카지노 신고시점까지 미화 3억달러 이상을 투자하고 영업개시 이후 2년 이내 총 5억달러를 투자할 경우 외국인전용 카지노 신규허가가 가능하도록 하였다.

2) 카지노업의 허가관청

관광사업 중 카지노업은 허가대상업종이다. 즉 카지노업을 경영하려는 자는 전용영업장 등 문화체육관광부령으로 정하는 시설과 기구를 갖추어 문화체육관광부장관의 허가(중요 사항의 변경허가를 포함한다)를 받아야 한다(관광진흥법 제5조 1항). 다만, 제주도는 2006년 7월부터 「제주특별자치도 설치 및 국제자유도시 조성을 위한 특별법」(이하 "제주특별법"이라 한다)이 제정 · 시행됨에 따라 제주특별자치도에서 외국인전용 카지노업을 경영하려는 자는 제주도지사의 허가를 받아야 한다(제주특별법 제244조).

3) 카지노업의 허가요건 등

(1) 허가대상시설

문화체육관광부장관(제주특별자치도는 도지사)은 카지노업의 허가신청을 받은 때에는 다음 요건의 어느 하나에 해당하는 경우에만 허가할 수 있다.

① 최상등급의 호텔업시설

첫째, 카지노업의 허가신청을 할 수 있는 시설은 관광숙박업 중 호텔업시설이어야 한다. 둘째, 호텔업시설의 위치는 국제공항 또는 국제여객선터미널이 있는 특별시 · 광역시 · 특별자치시 · 도 · 특별자치도(이하 "시 · 도"라 한다)에 있거나 관광특구에 있어야 한다. 셋째, 호텔업의 등급은 그 지역에서 최상등급의 호텔 즉 특1등급(5성급)이라야 한다. 다만, 시 · 도에 최상등급의 시설이 없는 경우에는 그 다음 등급(특2등급 즉 4성급)의 시설에만 허가가 가능하다.

② **국제회의시설업의 부대시설**

국제회의시설의 부대시설에서 카지노업을 하려면 대통령령으로 정하는 요건에 맞는 경우 허가를 받을 수 있다.

③ **우리나라와 외국을 왕래하는 여객선**

우리나라와 외국을 왕래하는 2만톤급 이상의 여객선에서 카지노업을 하려면 대통령령으로 정하는 요건에 맞는 경우 허가를 받을 수 있다.

(2) 허가요건

① 관광호텔업이나 국제회의시설업의 부대시설에서 카지노업을 하려는 경우 허가요건은 다음과 같다. 〈개정 2015.8.4.〉

가. 삭제〈2015.8.4.〉

나. 외래관광객 유치계획 및 장기수지전망 등을 포함한 사업계획서가 적정할 것

다. 위의 '나.목'에 규정된 사업계획의 수행에 필요한 재정능력이 있을 것

라. 현금 및 칩의 관리 등 영업거래에 관한 내부통제방안이 수립되어 있을 것

마. 그 밖에 카지노업의 건전한 운영과 관광산업의 진흥을 위하여 문화체육관광부장관이 공고하는 기준에 맞을 것

② 우리나라와 외국 간을 왕래하는 여객선에서 카지노업을 하려는 경우 허가요건은 다음과 같다.

가. 여객선이 2만톤급 이상으로 문화체육관광부장관이 공고하는 총톤수 이상일 것(개정 2012.11.20.)

나. 삭제〈2012.11.20.〉

다. 외래관광객 유치계획 및 장기수지전망 등을 포함한 사업계획서가 적정할 것

라. 위의 '다.목'에 규정된 사업계획의 수행에 필요한 재정능력이 있을 것

마. 현금 및 칩의 관리 등 영업거래에 관한 내부통제방안이 수립되어 있을 것

바. 그 밖에 카지노업의 건전한 육성을 위하여 문화체육관광부장관(제주도지사)이 공고하는 기준에 맞을 것

(3) 허가제한

카지노업의 허가관청(문화체육관광부장관 또는 제주도지사)은 공공의 안녕, 질서유지 또는 카지노업의 건전한 발전을 위하여 필요하다고 인정하면 대통령령으로 정하는 바에 따라 카지노업의 허가를 제한할 수 있다.

즉 카지노업에 대한 신규허가는 최근 신규허가를 한 날 이후에 전국 단위의 외래관광객이 60만명 이상 증가한 경우에만 신규허가를 할 수 있되, 신규허가 업체의 수는 외래관광객 증가인원 60만명당 2개 사업 이하의 범위에서만 가능하다. 이때 허가관청(문화체육관광부장관 또는 제주도지사)은 다음 각 호의 사항을 고려하여 결정한다. 〈개정 2015.8.4.〉

1. 전국 단위의 외래관광객 증가 추세 및 지역의 외래관광객 증가 추세
2. 카지노이용객의 증가 추세
3. 기존 카지노사업자의 총 수용능력
4. 기존 카지노사업자의 총 외화획득실적
5. 그 밖에 카지노업의 건전한 운영과 관광산업의 진흥을 위하여 필요한 사항

4) 폐광지역에서의 카지노업 허가의 특례

(1) 개요

「폐광지역개발 지원에 관한 특별법」(제정 1995.12.29, 최종개정 2014.1.1.; 이하 "폐광지역법"이라 한다)의 규정에 의거 문화체육관광부장관은 폐광지역 중 경제사정이 특히 열악한 지역의 1개소에 한하여 「관광진흥법」 제21조에 따른 허가요건에 불구하고 카지노업의 허가를 할 수 있다. 이 경우 그 허가를 함에 있어서는 관광객을 위한 숙박시설 · 체육시설 · 오락시설 및 휴양시설 등(그 시설의 개발추진계획을 포함한다)과의 연계성을 고려하여야 한다.

그리고 문화체육관광부장관은 허가기간을 정하여 허가를 할 수 있는데, 허가기간은 3년이다(폐광지역법 제11조 제4항). 그런데 이 '폐광지역법'은 2005년 12월 31

일까지 효력을 가지는 한시법(限時法)으로 되어 있었으나(동법 부칙 제2조), 그 시한을 10년간 연장하여 2015년 12월 31일까지 효력을 갖도록 하였던 것을, 다시 10년간 연장하여 2025년 12월 31일까지 효력을 갖도록 하였다(동법 부칙 제2조, 개정 2012.1.26.).

이는 「폐광지역개발 지원에 관한 특별법」에 따른 카지노업 허가와 관련된 「관광진흥법」 적용의 특례라 할 수 있는데, 이 규정에 따라 2000년 10월 28일 강원도 정선군 고한읍에 내국인도 출입이 허용되는 (주)강원랜드 카지노가 개관되었다.

(2) 내국인의 출입허용

"폐광지역법"에 따라 허가를 받은 카지노사업자에 대하여는 「관광진흥법」 제28조 제1항 제4호(내국인의 출입금지)의 규정을 적용하지 아니함으로써 폐광지역의 카지노 영업소에는 내국인도 출입할 수 있도록 하였다. 다만, 문화체육관광부장관은 과도한 사행행위 등을 예방하기 위하여 필요한 경우에는 출입제한 등 카지노업의 영업에 관한 제한을 할 수 있다(폐광지역법 제11조 제3항, 동법시행령 제14조).

(3) 수익금의 사용제한

폐광지역의 카지노업과 당해 카지노업을 영위하기 위한 관광호텔업 및 종합유원시설업에서 발생되는 이익금 중 법인세차감전 당기순이익금의 100분의 25를 카지노영업소의 소재지 도(道) 즉 강원도 조례에 따라 설치하는 폐광지역개발기금에 내야 하는데, 이 기금은 폐광지역과 관련된 관광진흥 및 지역개발을 위하여 사용하여야 한다(폐광지역법 제11조 제5항).

5) 제주특별자치도에서의 카지노업 허가의 특례

(1) 개요

「제주특별자치도 설치 및 국제자유도시 조성을 위한 특별법」(이하 "제주특별법"이라 한다)의 규정에 따라 제주자치도지사는 제주자치도에서 카지노업의 허가를 받고자 하는 외국인투자자가 허가요건을 갖춘 경우에는 「관광진흥법」 제21조(문화체육관광부장관의 카지노업 허가권)의 규정에도 불구하고 외국인전용의 카지노업을 허가할 수 있다. 이 경우 제주도지사는 필요한 경우 허가에 조건을 붙이거나 외국인투자의 금액 등을 고려하여 둘 이상의 카지노업 허가를 할 수 있다(제주특별법 제244조 제1항). 이에 따라 카지노업의 허가를 받은 자는 영업을 시작하기 전까지 「관광진흥법」 제23조 제1항의 시설 및 기구를 갖추어야 한다(제주특별법 제244조 제2항).

(2) 외국인투자자에 대한 카지노업 허가

① 허가요건

제주도지사는 제주자치도에 대한 외국인투자(「외국인투자촉진법」 제2조제1항제4호의 규정에 의한 외국인투자를 말한다)를 촉진하기 위하여 카지노업의 허가를 받으려는 자가 외국인투자를 하려는 경우로서 다음 각 호의 요건을 모두 갖추었으면 「관광진흥법」 제21조(허가요건 등)에도 불구하고 카지노업(외국인전용의 카지노업으로 한정한다)의 허가를 할 수 있다(제주특별법 제244조 제1항).

1. 관광사업에 투자하려는 외국인투자의 금액이 미합중국화폐 5억달러 이상일 것
2. 투자자금이 형의 확정판결에 따라 「범죄수익은닉의 규제 및 처벌 등에 관한 법률」 제2조제4호에 따른 범죄수익 등에 해당하지 아니할 것
3. 투자자의 신용상태 등이 대통령령으로 정하는 사항을 충족할 것
   여기서 "대통령령으로 정하는 사항"이란 다음 각 호의 사항을 말한다(개정 2013.8.27.).
   가. 「자본시장과 금융투자업에 관한 법률」 제335조의3에 따라 신용평가업 인가를 받은 둘 이상의 신용평가회사 또는 국제적으로 공인된 외국의 신용평가기관으로부터 받은 신용평가등급이 투자적격 이상일 것
   나. '제주특별법' 제244조 제2항에 따른 투자계획서에 호텔업을 포함하여 「관광진흥법」 제3조에 따른 관광사업을 세 종류 이상 경영하는 내용이 포함되어 있을 것

② 허가취소

도지사는 카지노영업허가를 받은 외국인투자자가 다음 각 호의 어느 하나에

해당하는 경우에는 그 허가를 취소하여야 한다(제주특별법 제244조 제2항).

1. 미합중국화폐 5억달러 이상의 투자를 이행하지 아니하는 경우
2. 투자자금이 형의 확정판결에 따라 「범죄수익은닉의 규제 및 처벌 등에 관한 법률」 제2조제4호에 따른 범죄수익 등에 해당하게 된 경우
3. 허가조건을 위반한 경우

③ 카지노업 운영에 필요한 시설의 타인경영

외국인투자자로서 카지노영업 허가를 받은 자는 「관광진흥법」 제11조(관광시설의 타인경영 및 처분과 위탁경영)에도 불구하고 카지노업의 운영에 필요한 시설을 타인이 경영하게 할 수 있다. 이 경우 수탁경영자는 「관광진흥법」 제22조에 따른 '카지노사업자의 결격사유'에 해당되지 아니하여야 한다(제주특별법 제244조 제1항).

6) 관광레저형 기업도시에서의 카지노업허가의 특례

(1) 개요

「기업도시개발특별법」(이하 "기업도시법"이라 한다)의 규정에 따라 문화체육관광부장관은 「관광진흥법」 제21조(카지노업의 허가요건 등)에도 불구하고 '관광레저형 기업도시'의 개발사업 실시계획에 반영되어 있고, '기업도시' 내에서 카지노업을 하려는 자가 카지노업 허가요건을 모두 갖춘 경우에는 외국인전용 카지노업의 허가를 하여야 한다(기업도시법 제30조 제1항).

(2) 외국인전용 카지노업의 허가요건

관광레저형 기업도시에서 카지노업을 하려는 자는 다음의 요건을 모두 갖추어야 한다(기업도시법 시행령 제38조 제1항).

1. 신청인이 관광사업에 투자하는 금액이 총 5천억원 이상으로 카지노업의 허가신청시에 이미 3천억원 이상을 투자한 사업시행자일 것
2. 신청내용이 실시계획에 부합할 것
3. 관광진흥법령에 따른 카지노업에 필요한 시설·기구 및 인력 등을 확보하였을 것

여기서 "카지노업에 필요한 시설 · 기구 등"은 관광레저형 기업도시 내에 운영되는 호텔업시설 (특1등급) 5성급을 받은 시설로 한정하며, (특1등급) 5성급이 없는 경우에는 (특2등급) 4성급을 받은 시설로 한정한다. 또는 국제회의업시설의 부대시설 안에 설치하여야 한다(기업도시법 시행령 제38조 제2항).

7) 경제자유구역에서의 카지노업허가의 특례

(1) 개요

「경제자유구역의 지정 및 운영에 관한 특별법」(이하 "경제자유구역법"이라 한다)의 규정에 따라 문화체육관광부장관은 경제자유구역에서 카지노업의 허가를 받으려는 자가 외국인투자를 하려는 경우로서 외국인투자자에 대한 카지노업의 허가요건을 모두 갖춘 경우에는 「관광진흥법」 제21조(카지노업의 허가요건 등)에도 불구하고 카지노업(외국인전용 카지노업만 해당한다)의 허가를 할 수 있다(경제자유구역법 제23조의3 제1항).

(2) 외국인투자자에 대한 카지노업의 허가요건

경제자유구역에서 카지노업의 허가를 받으려는 자는 다음의 허가요건을 모두 갖추어야 한다(동법시행령 제20조의4).

1. 경제자유구역에서의 관광사업에 투자하려는 외국인 투자금액이 미합중국 화폐 5억달러 이상일 것
2. 투자자금이 형의 확정판결에 따라 「범죄수익은닉의 규제 및 처벌 등에 관한 법률」 제2조 제4호에 따른 범죄수익 등에 해당하지 아니할 것
3. 그 밖에 투자자의 신용상태 등 대통령령으로 정하는 사항을 충족할 것 여기서 "투자자의 신용상태 등 대통령령으로 정하는 사항"이란 다음 각 호의 사항을 말한다(동법시행령 제20조의4).

   가. 신용평가등급이 투자적격일 것

   나. 투자계획서에 다음 각 목의 사항이 포함되어 있을 것

      a. 호텔업을 포함하여 관광사업을 세 종류 이상 경영하는 내용

      b. 카지노업 영업개시 신고시점까지 미합중국화폐 3억달러 이상을 투

자하고, 영업개시 후 2년까지 미합중국화폐 총 5억달러 이상을 투자하는 내용

다. 카지노업 허가신청시 영업시설로 이용할 다음 각목의 어느 하나의 시설을 갖추고 있을 것

a. 호텔업: 「관광진흥법 시행령」 제22조에 따라 특1등급(5성급)으로 결정을 받은 시설

b. 국제회의시설업: 「관광진흥법」 제4조에 따라 등록한 시설

제9절 외식산업

1. 외식산업의 이해[25)]

1) 외식산업의 정의

외식산업이란 인간의 기본적인 욕구를 충족시켜 주는 음식과 관련된 산업으로 경제발전과 더불어 국민경제에서 차지하는 비중이 매우 높은 대표적 서비스산업이라 할 수 있다. 또한 외식산업은 식사를 조리해서 제공하는 식품제조업, 소비자에게 직접 판매하는 소매업, 서비스를 중심으로 하는 서비스산업의 성격이 강한 복합산업이라 할 수 있다.

외식산업은 1940년대와 1950년대를 거치면서 미국에서 "Dining-out industry" 또는 "Foodservice industry" 등으로 불려졌으며, 이 용어를 1970년대 이후 일본에서 외식산업이라고 번역하여 사용하였다. 이후 우리나라에도 롯데리아를 시작으로 외식업이 본격화되면서 외식산업이라는 용어를 사용한 것으로 본다.

우리나라는 1980년대 이전만 해도 음식의 생산 및 판매와 관련된 사업들을 요식업, 식당업, 음식업 등으로 지칭하여 오다가 1979년도에 일본에서 패스트푸드

25) 정용주, 외식마케팅(서울: 백산출판사, 2012), pp.13~33.

업체인 롯데리아가 상륙하면서 일반적으로 매스컴 등에서 "외식산업"이라는 용어가 본격적으로 사용되기 시작하였다.

이러한 외식산업에 대한 다양한 의견들을 종합해 정의하면 "외식산업은 서비스가 주된 상품이므로 그 명칭을 외식서비스산업으로 부르는 것이 옳다고 생각되지만, 일반적인 표현으로 외식산업이라고 정의한다면 가정 밖에서 식사 혹은 이에 따르는 서비스를 제공하는 외식업 상업시설의 총체"로 볼 수 있겠다. 또한 "외식산업은 식사를 조리해서 제공한다는 측면에서는 식품제조업에 가까우며, 최종 소비자와 직결되어 판매한다는 측면에서는 소매업의 특성을 갖추고 있다. 바꾸어 말하면 외식산업은 식품제조업, 소매업, 서비스업의 3가지 산업적 성격을 합한 복합산업"이라고 정의할 수 있겠다.

2) 외식산업의 기능

외식산업이란 인간의 기본적인 욕구를 충족시켜 주는 음식과 관련된 산업으로 경제발전과 더불어 국민경제에서 차지하는 비중이 매우 높은 대표적 서비스산업이라 할 수 있다. 이 같은 외식산업은 음식판매를 기본으로 하여 안락하고 편안한 분위기 속에서 고객의 수요에 맞춰 식음료서비스를 제공하며, 각종 모임을 위한 장소를 주선하고 주차시설을 확보하는 등 각종 편의를 제공하는 사회적·문화적 기능을 하고 있는데, 세부적인 기능을 살펴보면 다음과 같다.

첫째, 외식산업의 본질적 기능은 도시에서 생활하는 사람들에게 그들 생활의 선 영역, 예컨대 거주지에 가까운 곳, 근무지와 외출하는 곳에서 가까운 곳에 점포를 개설하고 그들의 생명유지에 필요한 식사수요의 발생을 기다리고 그것이 이루어졌을 때 식사를 제공하는 것이다.

둘째, 외식산업은 도시사회의 진화와 보조를 맞추어서 입지조건의 변화를 계속 발생시킴으로써 외식점포의 다산다사(多産多死) 현상을 되풀이하면서 식(食)의 다양화와 서비스 수준의 향상을 실현하는 기능을 갖고 있다.

셋째, 외식서비스산업의 3대 기능은 ① 식자재의 조달기능, ② 식사와 요리를 제공하는 조리·가공기능, ③ 판매와 서비스를 하는 기능이다. 외식서비스산업이 이러한 3개의 활동기능을 갖고 있는 면에서 보면 3가지 산업적 성격이 합쳐진 면에서 기능적인 면을 고려할 수 있다. 즉 조리 · 가공기능이란 구체적으로는 요리라는 상품을 만드는 것(제조기능), 식사 또는 요리를 상품으로 하여 최종 소비자에게 판매되는 외식서비스산업으로서의 소매업적 성격을 갖고 있다(소매기능). 제조기능과 소매기능에 병행한 또 하나의 기능은 서비스기능이다. 따라서 외식서비스산업은 서비스산업의 한 분야이다.

3) 외식산업의 특성

외식산업은 단순한 음식업의 개념에서 벗어나 식사는 물론 인적 서비스나 분위기를 소비자의 기호에 맞게 제조하여 판매하는 복합적인 산업으로 자리 잡고 있다. 이러한 외식산업은 사업적 측면에서 볼 때 점포의 위치를 중시하는 입지산업이며, 경영주, 종업원, 고객과의 관계가 중요하다.

외식산업의 특성은 크게 인적 서비스의 의존도가 높은 노동집약성, 생산과 소비의 동시성, 시간과 공간의 제약성, 식자재의 부패 용이성, 입지의존성 등을 들 수 있는데, 이외에도 외식산업은 고객의 기호가 강하게 영향을 미치는 산업이므로 고객지향적인 관점에서 운영방침을 설정하는 것이 중요하다. 이러한 외식산업의 독특한 특성을 살펴보면 다음과 같다.

(1) 노동집약성

타 산업이 기술 · 자본집약적인 데 비해 외식산업은 생산에 있어 자동화의 한계 때문에 인간에 의존하는 노동집약적인 특성이 있다. 이는 외식산업의 서비스 자체가 인적인 요소가 많다는 것을 의미한다. 따라서 총비용 중 인건비가 차지하는 비중이 높다. 외식업체 종사자의 대고객 서비스의 질은 고객이 인지하는 상품의 가치에 중요한 영향을 미치기 때문에 외식산업에 있어 인적 자원에 대한 관리는 특히 중요한 요소다.

(2) 생산 · 판매 · 소비의 동시성

제조산업은 일정한 유통경로에 의하여 상품을 고객에게 판매하는 데 비하여,

외식산업은 보통 유통경로 없이 소비자가 상품의 구매를 위해 외식업체를 방문하기 때문에 상품의 생산과 소비가 동시에 이루어진다. 물론 배달을 위주로 하는 음식점은 예외가 될 수 있지만, 대개는 같은 장소에서 유통경로 없이 상품이 생산되어 판매되는 것이 일반적이다. 따라서 상품의 재고가 불가능하다.

(3) 시간과 공간의 제약성

외식산업은 사람의 식사시간을 기준으로 일정한 공간에서 상품을 생산하여 판매하기 때문에 시간과 공간의 제약을 크게 받는 특성이 있다. 일정한 시간에 수요과잉이나 부족현상이 일어나며 수요가 많다 하더라도 공간이 없으면 상품의 판매가 이루어질 수 없다. 또한 소비자의 가처분소득, 기후, 요일 등의 변화에 민감하게 반응하는 산업이기 때문에 정확한 수요예측으로 계획적인 생산활동을 하기가 어렵다.

(4) 식자재의 부패 용이성

다른 상품의 자재는 상품의 저장 및 보존이 가능하다. 그러나 외식산업의 식자재는 상품의 저장에 있어 신선도의 저하 및 부패위험이 높아 그 관리와 보존에 어려움이 있다. 식재료의 신선도는 음식의 맛을 좌우하는 중요한 요인이다. 따라서 맛과 신선도의 유지를 위해 구매단계부터 신중한 선택이 요구되는데, 검수 시 주의하여 유효기간을 확인하고 저장 시에는 다른 식재료와 섞어서 보관해도 되는지의 여부, 냉동 또는 냉장에서의 보관 정도, 오염 · 환경 · 위해 등 제반적인 상황을 고려한 철저한 관리가 필요하다.

(5) 입지의존성

외식업체는 정해진 장소에 고객이 직접 방문해야만 상품의 생산과 소비가 이루어진다. 따라서 어디에 위치하느냐에 따라 매출실적이 크게 차이가 난다. 아무리 훌륭한 시설 및 서비스를 제공하는 외식업체라 하더라도 입지에 의해 그 성패가 좌우된다.

2. 외식산업의 범위[26)]

1) 외식산업의 분류기준

외식산업은 사회 · 경제 · 문화적 생활패턴의 변화와 국민소득의 증가에 따른 소비자들의 외식형태의 변화에 따라 다양화 · 세분화되어 왔다. 외식산업의 분류는 시대별 사회 · 경제적 환경의 변화에 따라 혹은 관련법규의 변천에 따라 그 기준을 달리하고 있으며, 국가나 학자마다 분류체계가 다르다.

외식산업을 분류하기 위해서는 먼저 업종과 업태의 구분이 필요하다. 여기서 업종(type of business)이란 외식업체가 판매하고 있는 상품, 즉 어떤 메뉴를 제공하는가를 의미하는 것으로 예를 들어 한식, 양식, 일식, 중식 등을 말한다. 이에 대하여 업태(type of service)란 외식업체의 영업방식이나 서비스형태를 의미하는 것으로 커피숍, 패스트푸드(fast food), 패밀리 레스토랑(family restaurant) 등이라 볼 수 있다. 이러한 업태의 차이에 따라 메뉴와 가격, 점포 및 입지, 마케팅시스템 등이 다르다.

2) 우리나라 외식산업의 분류

우리나라의 외식산업 분류는 통계청에서 분류하는 '한국표준산업분류', '식품위생법상의 분류', '관광진흥법상의 분류'로 구분하고 있다.

(1) 한국표준산업분류

통계청의 한국표준산업분류(Korea Standard Industrial Classification)는 산업관련 통계자료의 정확성 및 비교성을 확보하기 위해 생산단위(사업체단위, 기업체단위)가 주로 수행하는 산업활동을 유사성에 따라 체계적으로 유형화한 것이다.

우리가 외식산업이라 칭하는 '음식점업'은 한국표준산업분류에서 구분하고 있는 대분류인 '숙박 및 음식점업'으로 되어 있으며, 그 하위개념인 중분류에서는 다시 '음식점 및 주점업(56)'으로 분류된다. 그리고 중분류의 하위체계인 소분류에는 '음식점업(561)' 등으로 분류되고 있다.

---

26) 정용주, 전게서, pp.23~33.

〈표 7-11〉 한국표준산업분류상의 음식점업 및 주점업

대분류	중분류	소분류	세분류	세세분류		비고
I 숙박 및 음식점업	56 음식점 및 주점업	561 음식점업	5611 한식 음식점업	56111	한식 일반 음식점업	
				56112	한식 면 요리 전문점	
				56113	한식 육류 요리 전문점	
				56114	한식 해산물 요리 전문점	
			5612 외국식 음식점업	56121	중식 음식점업	
				56122	일식 음식점업	
				56123	서양식 음식점업	
				56129	기타 외국식 음식점업	
			5613 기관 구내식당업	56130	기관 구내식당업	
			5614 출장 및 이동 음식점업	56141	출장 음식 서비스업	
				56142	이동 음식점업	
			5619 기타 간이 음식점업	56191	제과점업	
				56192	피자, 햄버거, 샌드위치 및 유사 음식점업	
				56193	치킨 전문점	
				56194	김밥 및 기타 간이 음식점업	
				56199	간이 음식 포장 판매 전문점	
		562 주점 및 비알코올 음료점업	5621 주점업	56211	일반 유흥 주점업	
				56212	무도 유흥 주점업	
				56213	생맥주 전문점	
				56219	기타 주점업	
			5622 비알코올 음료점업	56221	커피 전문점	
				56229	기타 비알코올 음료점업	

자료: 통계청, 한국표준산업분류(제10차 개정), 2017년.

세분류의 하위개념인 '세세분류'에서는 '세분류'를 기준으로 더욱 자세하게 분류되고 있다. 특히 소분류에서의 '음식점업(561)'은 "국내에서 직접 소비할 수 있도록 접객시설을 갖추고 조리된 음식을 제공하는 식당, 음식점, 간이식당, 카페, 다과점, 주점 및 음료점업 등을 운영하는 활동과 독립적인 식당차를 운영하는 산업활동"을 말한다. 또한 여기에는 접객시설을 갖추지 않고 고객이 주문한 특정 음식물을 조리하여 즉시 소비할 수 있는 상태로 주문자에게 직접 배달(제공)하거나 고객이 원하는 장소에 가서 직접 조리하여 음식물을 제공하는 경우가 포함된다. 위의 〈표 7-11〉은 한국표준산업분류에 따른 우리나라 외식업의 분류이다.

(2) 「식품위생법」상의 외식산업 분류

「식품위생법」은 제36조(시설기준) 제1항 제3호에서 '식품접객업'이라는 용어를 사용하여 외식업소를 표현하고 있으며, 「식품위생법 시행령」 제21조(영업의 종류) 제8호에서는 식품접객업의 종류 및 영업내용을 명시하고 있다. 즉 휴게음식점영업, 일반음식점영업, 단란주점영업, 유흥주점영업, 위탁급식영업, 제과점영업으로 분류하고 있다.

(가) 휴게음식점영업

주로 다류(茶類), 아이스크림류 등을 조리 · 판매하거나 패스트푸드점, 분식점 형태의 영업 등 음식류를 조리 · 판매하는 영업으로서 음주행위가 허용되지 아니하는 영업을 말한다. 다만, 편의점, 슈퍼마켓, 휴게소, 그 밖에 음식류를 판매하는 장소에서 컵라면, 일회용 다류 또는 그 밖의 음식류에 뜨거운 물을 부어주는 경우는 제외한다.

(나) 일반음식점영업

음식류를 조리 · 판매하는 영업으로서 식사와 함께 부수적으로 음주행위가 허용되는 영업을 말한다.

(다) 단란주점영업

주로 주류를 조리 · 판매하는 영업으로서 손님이 노래를 부르는 행위가 허용되는 영업을 말한다.

(라) 유흥주점영업

주로 주류를 조리 · 판매하는 영업으로서 유흥종사자를 두거나 유흥시설을 설치할 수 있고 손님이 노래를 부르거나 춤을 추는 행위가 허용되는 영업을 말한다.

(마) 위탁급식영업

집단급식소를 설치 · 운영하는 자와의 계약에 따라 그 집단급식소에서 음식류를 조리하여 제공하는 영업을 말한다.

(바) 제과점영업

주로 빵, 떡, 과자 등을 제조 · 판매하는 영업으로서 음주행위가 허용되지 아니하는 영업을 말한다.

(3) 「관광진흥법」에 따른 외식산업 분류

관광과 외식산업은 불가분의 관계에 있다. 「관광진흥법」에서는 구체적으로 외식업소를 분류하고 있지는 않지만, 음식점 또는 식당이라는 표현으로 명시하고 있다. 외식산업과 관계가 있는 관광객 이용시설업의 관광공연장업과 관광 편의시설업에서의 관광유흥음식점업, 관광극장유흥업, 외국인전용 유흥음식점업, 관광식당업 등이 있다. 세부적인 사항은 다음과 같다.

(가) 관광공연장업

관광객을 위하여 공연시설을 갖추고 한국전통가무가 포함된 공연물을 공연하면서 관광객에게 식사와 주류를 판매하는 업을 말한다. 관광공연장업은 1999년 5월 10일 「관광진흥법 시행령」을 개정하여 신설한 업종으로서 실내관광공연장과 실외관광공연장을 설치 · 운영할 수 있다.

(나) 관광유흥음식점업

식품위생법령에 따른 유흥주점영업의 허가를 받은 자가 관광객이 이용하기 적합한 한국 전통분위기의 시설(서화 · 문갑 · 병풍 및 나전칠기 등으로 장식할 것)을 갖추어 그 시설을 이용하는 자에게 음식을 제공하고 노래와 춤을 감상하게 하거나 춤을 추게 하는 업을 말한다.

(다) 관광극장유흥업

식품위생법령에 따른 유흥주점 영업의 허가를 받은 자가 관광객이 이용하기 적합한 무도(舞蹈)시설을 갖추어 그 시설을 이용하는 자에게 음식을 제공하고 노래와 춤을 감상하게 하거나 춤을 추게 하는 업을 말한다.

(라) 외국인전용 유흥음식점업

식품위생법령에 따른 유흥주점영업의 허가를 받은 자가 외국인이 이용하기 적합한 시설을 갖추어 그 시설을 이용하는 자에게 주류나 그 밖의 음식을 제공하고 노래와 춤을 감상하게 하거나 춤을 추게 하는 업을 말한다.

(마) 관광식당업

식품위생법령에 따른 일반음식점영업의 허가를 받은 자가 관광객이 이용하기 적합한 음식 제공시설을 갖추고 관광객에게 특정 국가의 음식을 전문적으로 제공하는 업을 말한다.

3. 외식산업의 성장과 발전[27)]

1) 외식산업의 발전요인

인류의 출현과 함께 생명유지를 위한 수단으로 이용되었던 음식 섭취는 오늘날 인간 삶의 질과 수준을 높여 풍요롭게 할 뿐만 아니라 개인적 · 사회적 욕구까지도 충족시키는 수단으로 이용되고 있다. 특히 산업화 · 국제화 등의 사회적 환경변화로 인해 외식산업도 양적인 성장과 함께 질적인 성장을 하게 되었다.

국내 외식산업이 성장 · 발전하게 된 배경으로는 경제발전에 따른 소득의 증가와 일자리 증가로 인한 여성의 사회진출 및 맞벌이 가정의 증가, 핵가족화와 독신자 증가, 고령화시대 도래로 인한 건강기능성 식품에 대한 관심 증가, 주5일 근무로 인한 여가시간의 증대 등을 들 수 있다. 외식산업의 발전요인을 구체적으로 살펴보면 다음과 같다.

---

27) 함동철 · 강재희 공저, 창업과 경영(서울: 백산출판사, 2013), pp.21~32.

(1) 경제적 요인

경제가 발전함에 따라 국민소득을 비롯한 가처분소득이 증가하여 가치소비가 증가하게 되었으며, 외식시장이 세분화 · 다양화되었다. 또한 세계화로 인한 경제교류 및 시장개방으로 해외 외식기업의 국내 진출이 활발해졌을 뿐만 아니라 국내 대기업의 외식시장 참여율이 높아져 국내 외식기업의 해외시장 진출 또한 확대되고 있다.

(2) 사회적 요인

산업화로 인해 일자리가 증가하면서 여성의 사회진출로 인한 맞벌이 부부와 부모세대가 분리하여 생활하는 핵가족화 현상이 야기되었다. 특히 주5일 근무로 인한 여가시간의 증대로 외식에 대한 욕구가 고급화 · 다변화되었다. 또한 독신자와 신세대, 노령층, 여피족 등 새로운 세대의 출현은 외식의 증대뿐만 아니라 배달서비스, 테이크아웃, 인터넷 쇼핑몰, 홈쇼핑 등의 판매방식에도 영향을 미치게 되었다.

(3) 문화적 요인

현대인들이 항상 시간에 쫓기는 생활을 하다 보니 식생활 패턴이 밥과 반찬으로 구성된 전통적인 식습관에서 반조리식품, 패스트푸드 등 간편식을 추구하는 식생활로 바뀌고 있다. 또한 해외여행의 증가와 인터넷의 생활화는 식생활을 서양화 · 다양화하여 국내 외식시장에 글로벌음식과 퓨전음식을 취급하는 식당들이 증가하게 되었다. 그러나 최근 전통음식의 우수성이 입증되었을 뿐만 아니라 다양한 상품이 개발됨에 따라 전통음식에 대한 관심이 다시 증가하고 있다.

(4) 과학기술적 발전요인

주방시설의 과학화와 식품가공기술 등의 발달로 인해 식품이 다양화되고 포장기술의 발달로 장기보존이 가능해졌다. 또한 메뉴상품의 과학화 · 표준화를 통해 대량생산이 가능하게 되었으며, 이로 인한 자동화시스템 도입으로 생산성이 향상되어 원가절감에 크게 기여하게 되었다. 이러한 과학기술의 발달로 인해 외식프랜차이즈 산업이 보급 · 확산되어 해외 외식브랜드의 국내 보급과 국내 외식브랜드의 해외진출이 활발해지는 계기가 되었다.

(5) 고객요인

위의 경제적 · 사회적 · 문화적 · 과학기술적 요인은 고객 인식의 변화를 가져왔다. 기존의 식당이 단순히 배를 채우는 장소였다면, 오늘날 음식을 판매하는 외식업체는 만남의 장소, 여가와 휴식의 장소, 가치추구의 장소로 인식되는 등 고객의 인식이 변하고 있다. 또한 웰빙 트렌드로 건강기능성 음식, 저열량 음식 등에 대한 관심이 증가하고 있으며, 자신의 취향을 고려한 음식을 선호하는 등 변화하는 고객의 욕구 충족을 위해 다양한 메뉴상품을 개발함으로써 외식산업 발전에 기여하고 있다.

2) 외식산업의 문제점

국내 외식산업은 산업기반이 확고하게 정립되지 못한 상태에서 양적인 급성장 추세를 보여왔다. 따라서 미래의 유망산업으로 지속적인 성장이 기대되는 외식업계는 내외적으로 해결해야 할 몇 가지 과제를 안고 있는데, 이를 살펴보면 다음과 같다.

(1) 경영기법의 미축적

일찍이 외식산업을 발전시킨 선진국의 다국적 외식업체에 비해서 우리나라의 외식업체는 아직도 경영기법의 축적이 이루어지지 못하고 있는 것이 현실이다. 대기업들은 해외브랜드들과 제휴하여 선진경영기법을 습득하여 경영하고 있으나, 대부분 영세성을 면치 못하고 있는 외식산업체들은 체계적인 경영이 이루어지지 못하고 있는 실정이다.

(2) 영세한 생업형

대부분의 외식업소가 가족 노동력 중심의 영세한 생업형으로 운영하고 있기 때문에 직원교육, 서비스, 메뉴개발, 원가의식, 위생관리 등의 사항에 대하여는 힘을 쏟을 여력이 없다.

(3) 직업의식 결여

외식업이 발전한 선진국에서는 전문직종으로 분류되면서 사회적으로 각광받고 있는 데 반해, 우리나라에서는 직업의식의 결여로 전문적인 직업의식을 통해 얻을 수 있는 경영기법의 축적이 이루어지지 못하고 전문인력의 부족난을 겪고 있는 실정이다.

(4) 외식관련 산업의 미발달

외식관련 산업의 미발달이 외식산업 발전에 장애요인이 되고 있다. 그중에서 가장 심각한 것이 주방기기 부문이다. 현재의 주방기기 회사들 대부분이 영세하고 기술수준이 낮기 때문에 외식업소에서는 품질관리와 대량생산에 어려움이 많다.

(5) 규제위주의 전근대적 법제도

다국적 외식기업의 국내진출이 본격화되고 새로운 개념의 신업종 및 업태출현이 가속화되고 있음에도 불구하고, 변화하는 사회 · 경제적 환경에 대처할 수 있는 법규 및 행정제도가 뒤따라 개선되지 못하고 규제위주의 전근대적인 법제도가 지배하고 있는 현실이다.

(6) 다국적 외식기업의 국내 진출

다국적 외식기업의 국내진출은 선진화된 경영노하우를 전수받아 국내 외식산업이 성장할 수 있는 긍정적인 면도 있으나, 막대한 자본력과 우수한 경영시스템으로 무장한 이들 기업이 대거 국내에 진출하여 시장을 잠식하고 있다. 뿐만 아니라 여기에 일부 재벌도 가세하여 자체개발보다는 손쉬운 방법으로 다국적 외식기업의 국내진출에 앞장서고 있어 막대한 로열티가 국외로 유출되는 현상이 나타나고 있다.

3) 외식산업의 발전방안

위에 예시한 문제점들은 단기간 내에 모두 해결하기는 불가능하지만, 이를 단계적으로 해결하는 방안으로 다음 사항을 제시하고자 한다.

(1) 현대적 대단위 시스템 구축

영세한 자영업체들이 연합회조직을 구성해 식재료 및 양념을 중앙공급식으로 배달하는 현대적인 대단위시스템을 구축하면 규모의 경제를 추구할 수 있게 될 것이다.

(2) 독자적인 브랜드 개발

외국브랜드의 라이선스 사업에는 한계가 있다. 따라서 외국업체와 대등한 입장에서 승부를 걸기 위해서는 그동안 외국체인점을 운영했던 노하우를 가지고 품질과 가격 면에서 외국브랜드와 충분한 경쟁력을 갖추어, 이제는 독자적인 브랜드를 개발하여 능력껏 외식산업을 전개해야 한다. 최근에는 외국브랜드와 제휴관계를 맺고 외식산업에 뛰어들었던 대기업들이 독자브랜드 사업을 활발하게 전개하면서 외국에 진출하고 있다.

(3) 전문인력 양성 및 교육훈련 강화

정기적인 교육프로그램 실행 및 각종 세미나 참석 등으로 종업원에게 전문기술을 습득하게 하고 직업의식을 고양시켜야 한다. 그리고 우수한 종업원에게는 해외연수의 기회를 부여하여 선진외국의 기술을 배워오도록 해야 한다. 또한 대학에도 정규과정을 개설하여 전문인력을 양성하고 체계적인 틀 속에서 연구도 병행하는 노력이 수반되어야 한다.

(4) 전통음식의 과학화 개발

한국특유의 입맛을 겨냥하는 이른바 신토불이 식품인 전통음식을 과학화한 식품으로 개발함으로써 소비자의 기호에 적극 부응해야 할 것이다. 건강식 등 전통음식의 관광상품화는 우리 고유의 전통문화를 세계에 알릴 뿐만 아니라 외화획득으로 국가경제발전에도 기여할 수 있다.

(5) 외식산업 관련 법제도의 정비

외식산업이 경쟁력을 갖추고 사회경제에 기여할 수 있는 산업으로 정착하기 위해서는 규제일변도의 법제도를 외식업계의 현실에 맞게 재정비되어야 한다. 이로써 외식업계가 능력껏 합리적 경영을 할 수 있도록 정부의 적극적인 지원이 필요하다고 본다.

4. 외식산업의 환경변화와 전망[28)]

1) 외식산업의 환경변화

(1) 국내 외식산업의 환경변화

현대 산업사회의 식생활 구조는 다양화, 세분화의 특성을 갖는다. 식생활의 글로벌화 추세, 식생활의 가공식품화, 외식기회의 증가 등 이러한 경향들이 상호보완적으로 작용하면서 외식의 새로운 개념을 형성하여 외식서비스 산업을 본격적으로 발전시키는 요인이 되고 있다.

특히 신세대층이 소비수요를 주도하고 가족중심의 생활패턴이 자리 잡으면서 패밀리 레스토랑, 피자, 햄버거 등 외래음식을 취급하는 체인브랜드들이 급성장하고 있는 추세다. 국내 외식산업의 환경변화를 사회 · 경제 · 문화 · 기술적 측면에서 살펴보면 다음과 같다.

(가) 경제적 환경변화

경제적 환경변화로서 국민소득의 증가에 따라 가처분소득과 생활수준의 향상이 외식의 기회를 증대시키고 있다. 가처분소득의 증대는 외식의 주된 요인이 된다. 특히 여가소비가 유한계층의 신분을 규정하는 표상으로 자리 잡으면서 외식문화의 발전이 가속화되고 있다.

또한 국경을 초월한 무한경쟁시대에 돌입함으로써 해외 유명브랜드가 국내로 유입되고, 막대한 자금력과 조직력을 갖고 있는 대기업의 외식시장 진출이 외식산업의 경제수준과 기술환경을 자극하고 있다.

(나) 사회적 환경변화

사회적 환경변화로서 대량생산, 대량판매에 뒤이어 대중소비사회가 정착되고 있으며 소비자의 라이프스타일(life style) 변화, 가치관의 변화, 소비의식구조의 변화가 일어나고 있다. 특히 여성의 사회진출 확대는 외식행위의 결정요인인 수입증대를 가져와 외식산업 발전에 기여하는 절대적 중요 요인으로 지적되고 있

28) 함동철 · 강재희 공저, 전게서, pp.32~33.

다. 맞벌이 부부의 증가, 독신가정의 증가 등 가정 개념의 변화와 소비자의 건강식에 대한 욕구, 신세대 출현, 레저패턴의 다양한 변화양상이 외식기회의 증가를 가져오는 요인으로 분석된다.

(다) 문화적 환경변화

문화적 환경변화로서 간편식 위주의 패스트푸드 수요의 증가와 식생활 패턴의 서양화 현상은 외식행태의 변화뿐만 아니라 외식시장 전반에 큰 영향을 미치고 있다. 경제가 발전하고 국민의 소득수준과 교육수준 등이 향상되면서 삶에 있어 의식주 문제의 해결이 아닌 인간으로서의 삶을 의미있게 살아가려고 하는 삶의 질과 행복의 추구를 고려하게 되었다.

가처분소득의 증가로 인해 문화생활의 향유를 갈구하게 되었으며, 여가에 대한 새로운 가치관의 정립과 더불어 다양한 문화 및 레저활동에 참여함으로써 외식의 참여기회가 증대되었다. 또한 세계화시대가 도래하면서 많은 사람들이 해외여행을 통하여 타국의 문화를 접할 수 있는 계기가 되었고, 선진 외국의 식생활 및 문화를 많이 받아들이게 되었다.

(라) 기술적 환경변화

공급 측에서의 변화, 즉 컴퓨터와 주방기기의 현대화 등 기술적 환경변화 요인은 외식산업을 공업화, 산업화시키는 계기가 되고 있다. 컴퓨터시스템의 일반화가 진행되면서 그간의 주먹구구식 경영에서 보다 합리적이고 신속한 경영관리가 이루어지게 되었으며, 해외 유명브랜드와의 기술제휴, 체인시스템의 보급 · 확산 등 선진 경영기법의 도입으로 국내 외식업계는 단기간 내에 급속도로 성장하게 되었다.

(2) 국외 외식산업의 환경변화

미국의 경우 1960년대에 프랜차이즈시스템(franchise system)의 도입으로 체인기업경영이 확립되었고, 1970년대에는 미국 외식기업의 해외진출로 외식기업의 국제화가 급속하게 행하여졌으며, 품목확대, 패스트푸드 점포의 이원화(소형화와 좌석을 도입한 대형화)가 이루어져 전 세계에 급속도로 보급되었다.

그 후 1980년대에 들어와서는 외식기업체에 매수, 합병, 시장점유율의 확대 등 자본력의 경쟁이 치열해졌고, 한편으로는 계열화가 진행되어 경영 면의 산업화가 합리적으로 이루어졌다. 또한 미국의 거대식품 메이커의 다수가 외식분야에 진출하고 있고, 유럽, 일본, 동남아시아의 자본이 미국의 외식산업에 참여하고 있음에 따라 미국의 외식메뉴는 급속하게 국제적 다양성을 띠어가고 있다.

특히 소비자의 건강욕구가 증대하고 일본식 외식풍이 상륙하면서 외식업체에서는 소비자의 욕구충족을 위한 건강과 미식을 강조하는 새로운 메뉴개발과 마케팅 전략을 도입하게 되었다. 또한 드라이브 스루(drive though)형의 점포가 유행하여 새로운 외식업태로서 관심을 끌게 되었다.

일본 외식산업의 본격적인 공업화 내지 기업화단계는 1960년대부터라고 볼 수 있는데, 1970년대에 접어들면서 패스트푸드나 패밀리 레스토랑과 같은 서양화의 신종업태가 출현해 체인조직을 갖추면서 새로운 영업과 광고 판촉이 매스컴에 등장해 사회적 관심과 소비자들의 욕구를 불러일으키게 되었다.

1980년대의 일본 외식산업은 주방시스템의 자동화, 식재공장 붐, 종합 네트워크 및 점포 종합관리시스템 구축 등 성숙한 외식산업으로 진입하게 되는데, 프랜차이즈 시스템의 가속화와 대기업의 신규진출이 두드러지고, 스카이락, 데니스 재팬 등이 증권거래소에 상장기업으로 등장하게 된다.

1990년대로 접어들면서 일본의 외식산업은 일본고유의 민속 민족요리점의 출현, 다른 업종과의 복합점포나 공동출점 형태의 영업, 외식업의 해외진출 등이 눈에 띄게 나타나고 있다.

2) 외식산업의 향후 전망

외식산업은 서비스산업이자 성장산업이며, 미래지향적인 21세기 최첨단산업이다. 아울러 식품 · 유통 · 서비스산업의 최종복합산물이며 첨단산업이기 때문에, 적응성장기에 있는 국내 외식산업은 이제부터 21세기 미래를 향한 변화와 발전을 모색해야 할 시점에 있는 것이다.

우리나라 외식산업은 해외 시장개방이 가시화되면서 강력한 자본력과 마케팅

능력을 갖춘 유명 해외브랜드들이 대거 국내시장에 진출하게 되었고, 그 결과 동일상권 내에서 동일업종, 유사업종 간의 다각화된 시장경쟁상태에 놓이게 되었다. 특히 UR 협상과 UNWTO 체제 출범 및 발전 등 세계 경제환경의 변화와 함께 막대한 자금력과 마케팅 능력을 갖춘 외국 유명브랜드의 국내시장 진출이 늘고 있는 실정이며, 향후에도 어떤 형태로든 외국 외식업체의 국내진출은 계속 증가할 것으로 전망된다.

소비자 라이프스타일의 변화와 식생활에 있어서의 국제화 추세, 개인이나 모임의 외식증가로 인해 다양한 형태의 고급식당 및 전문식당의 도입과 더불어 새로운 개념의 서비스와 맛의 차별화, 개성 있고 쾌적한 업장분위기 연출 등의 노력이 끊임없이 필요할 것이다.

한편, 대기업 계열 외식업체들의 잇단 진출은 주로 기존 대형음식점 등의 독립적 외식업체와 영세 프랜차이즈업체, 자영업체들의 시장을 잠식할 것이다. 그러나 미국의 예를 보면, 맥도날드(McDonald's)와 같은 대형업체들이 여전히 시장을 주도하고 있지만 성장은 더딘 반면, 중소업체 중 서비스 등을 차별화하여 고객에게 접근하는 중소체인이 급속한 성장을 보이는 사례가 많다. 이는 외식업체의 규모나 브랜드 이미지만큼이나 차별적인 서비스 전략이 필요함을 암시하는 것이라 할 수 있다.

장기적으로 보면 외식시장은 대기업과 일부 시스템이 완비된 중견기업들이 시장을 선도하는 가운데 기존의 외식업체들이 시장을 세분하는 형태의 이분적 시장개편이 이루어질 전망이다. 또한 소규모 · 자영 외식업체는 서비스 및 맛이 차별화된 기업, 혹은 일상생활자들에게 접근이 용이한 업체들을 중심으로 다이닝아웃(dining-out) 업체, 이팅아웃(eating-out) 업체의 두 부분으로 재편될 것으로 본다.

따라서 외식업이 경쟁력을 제고시키고 한층 더 성장하기 위해서는 자금력, 조직력, 전문성, 노하우(know-how) 등을 갖춘 업체가 전문화, 선진 서비스기법의 습득 등으로 고품질과 차별화된 서비스를 통하여 시장 전체의 신규 수요창출에 힘써야 할 것이다.

[참고문헌]

고택운 외, 카지노경제학, 백산출판사, 2014.
강만호, 카지노경영론, 백산출판사, 2010.
고상동 외, 리조트경영과 개발, 백산출판사, 2018.
고종원 외, 여행사경영론, 백산출판사, 2010.
김광근외, 관광학의 이해, 백산출판사, 2017.
김광득, 여가와 현대사회, 백산출판사, 2011.
김미경 외, 관광학개론, 백산출판사, 2017.
김미경 외, 신관광학, 백산출판사, 2012.
김사헌, 관광경제학, 백산출판사, 2013.
김상무 외, 최신 관광사업론, 백산출판사, 2011.
김성혁 외, MICE산업론, 백산출판사, 2011.
김성혁 외, 최신 관광사업개론, 백산출판사, 2013.
김용상 외, 관광학(제7판), 백산출판사, 2018.
김원인 외, 관광학원론, 백산출판사, 2015.
김종은, 관광자원해설론, 백산출판사, 2014.
김천중, 크루즈관광의 이해, 백산출판사, 2008.
김홍렬, 관광학원론, 백산출판사, 2015.
김홍렬 외, 관광자원론, 백산출판사, 2018.
문화체육관광부, 관광동향에 관한 연차보고서(2000~2016)
박상수 외, 해설관광법규, 백산출판사, 2016.
사행산업감독위원회, 사행산업백시, 국무총리실, 2009~2014.
오수철 외, 신판 카지노경영론, 백산출판사, 2015.
위정주 외, 최신 관광학의 이해, 백산출판사, 2014.
유도재, 리조트경영론, 백산출판사, 2017.
이경모·김창수, 관광교통론, 대왕사, 2004.
이교종, 국외여행실무, 백산출판사, 2017.
이상춘, 관광자원론, 백산출판사, 2018.
이호길 외, MICE산업과 국제회의, 백산출판사, 2012.
정용주 외, 외식마케팅, 백산출판사, 2012.
정의선, 관광학원론, 백산출판사, 2011.

조진호 · 우상철, 최신관광법규론, 백산출판사, 2018.
최기종, 관광학개론, 백산출판사, 2014.
최풍운 외, 호텔경영관리론, 백산출판사, 2013.
통계청, 한국표준산업분류(제10차 개정), 2017.
한국관광대학교, [개정신판] 관광학원론, 2015.
함동철 · 강재희, 외식산업창업과 경영, 백산출판사, 2013.
鈴木忠義, 現代觀光論, 有斐閣. 1974.
前田 勇著, 金鎭卓譯, 現代觀光總論, 백산출판사, 2003.
岡本伸之著, 최규환 역, 觀光學入門, 백산출판사, 2003.
小谷達男, 觀光事業論, 日本: 學文社, 1998.
末武直義, 觀光論入門, 日本: 法律文化社, 1981.
末武直義, 觀光事業論, 日本: 法律文化社, 1984.
鹽田正志, 觀光學研究, 日本: 學術選書, 1974.
津田昇, 觀光交通論, 東洋經濟新聞社, 1989.
津田昇, 國際觀光論, 東京: 有斐閣. 1974.
長谷政弘, 觀光學辭典, 東京: 同文館, 1997.

저자약력

홍민정

우송정보대학 호텔관광학부 교수

박경호

숭의여자대학교 호텔관광과 교수

관광학개론

2022년 3월 5일 초판 1쇄 인쇄
2022년 3월 10일 초판 1쇄 발행

지은이 홍민정 · 박경호
펴낸이 진욱상
펴낸곳 (주)백산출판사
교 정 박시내
본문디자인 오행복
표지디자인 오정은

등 록 2017년 5월 29일 제406-2017-000058호
주 소 경기도 파주시 회동길 370(백산빌딩 3층)
전 화 02-914-1621(代)
팩 스 031-955-9911
이메일 edit@ibaeksan.kr
홈페이지 www.ibaeksan.kr

ISBN 979-11-6567-447-2 93980
값 25,000원